義湘大師 求法 建築巡禮行記

… 의상대사 구법 건축순례행기 …

의상대사 구법 건축순례행기

義湘大師 求法 建築巡禮行記

조계종
출판사

차례

0 들어가며

의상과의 인연 _ 13
원고의 출발 _ 15
유불도 습합의 이해 _ 17
체용론과 건축 _ 19
건축은 인간탐구로부터 _ 21

1 의상의 생애

1부 출생에서 입당까지 _ 25

출생 25 / 출가 28 / 1차 입당 시도와 실패 31 / 2차 입당 시도와 성공 36 / 출가에 대한 기존 학설의 오판 43 / 사도승과 관도승의 존재 44

2부　입당 후 화엄 수학 _ 48

화엄종의 선택 48 / 입당 후 지상사로 가는 길 50 / 모든 길은 장안으로 51 / 지엄과의 만남 53 / 화엄일승법계도 완성 54 / 의상과 현수법장 56 / 귀국시기와 장소 59

3부　신라 귀국 후 입적까지 _ 61

당군 격퇴 61 / 화엄일승법계도 강론 62 / 화엄대전 강론 63 / 왕성신축 반대 63 / 입적 64 / 화엄십찰 창건 66 / 의상의 제자들 68 / 의상의 저술 71

2　동북아시아의 불교 전래

1부　한국의 불교 _ 79

불교전래의 의미 79 / 고구려의 불교전래 82 / 백제의 불교전래 85 / 일본에서의 백제 불교 전래 기록 86 / 신라의 불교전래 89 / 신라의 당 유학승 94 / 구산선문의 발전과 쇠퇴 97

2부　중국의 불교 _ 101

중국의 불교전래 101 / 중국 불교의 변천과정 102 / 중국 불교의 시련과 발전 102 / 중국불교는 도교와 유교의 융합 산물 106 / 당나라는 교종과 선종의 공존시대 109 / 교종이란

110 / 선종이란 111 / 육조혜능 115 / 중국불교와 인도불교의 차이 118 / 말법사상의 성행 119 / 밀교의 융성 122 / 세계적 종교 철학의 집대성인 당나라 124 / 세계 제일의 도시 장안 124 / 너무나도 엄격한 위진남북조시대 126 / 너무나도 세속적인 당나라 불교 127 / 선종의 출발은 시대적 요청 128

3부 **일본의 불교** _ 130

백제로부터의 불교전래 130 / 한반도와의 불교교류 133 / 천태종과 진언종의 성립 134 / 의상과 원효의 영향 136

4부 **일본 비조사와 백제 군수리사의 동질성 탐구** _ 138

서론 138 / 목만치와 소아만지 139 / 목만치의 부여 거주지 추정 143 / 비조사 서문의 의미 144 / 부여와 비조의 지리적 조건 147 / 비조사와 군수리사지의 사람배치 148 / 감강구와 화지산 151 / 풍포사와 화지산 153 / 화전지와 궁남지 155 / 비조천과 화지천 156 / 사찰간의 거리와 접근 방법 156 / 결론 158

3 석가모니와 불교

1부 석가모니의 생애 _ 165

시대적 정치상황 166 / 탄생지 룸비니 168 / 출가와 고행 171 / 성도지 부다가야 172 / 초전법륜지 녹야원 174 / 열반지 쿠시나가라 175 / 석가모니 10대 제자 176 / 사제 177 / 불교 종단의 발전 178 / 정사의 성립 182 / 도시형 불교 185

2부 불교의 세계 _ 187

전통적 불교의 이해 187 / 불상의 성립 189 / 불상의 종류 191 / 석가모니의 모습 - 삼십이상 203 / 밀교와 현교 206 / 깨달음이란 209 / 구역과 신역 211 / 윤회와 극락세계 213 / 지옥과 명부전 214 / 미륵과 화랑 219

4 의상과 불교건축

1부 신라의 삼국통일 _ 229

7세기 신라의 정치적 상황 229 / 일통삼한의 여명 231 / 비담의 난 232 / 김춘추와 김유신의 만남 235 / 중대형황자와 중신겸족의 만남 237 / 의상과 김춘추와 김법민의 만남 239

2부 구도자 의상의 거점 _ 241

출가이전까지 의상의 행적 241 / 의상의 구법 영역 244 / 축서사 246 / 각화사 249 / 고운사 251 / 골암사 253 / 보문사 255 / 봉정사 255 / 불영사 257 / 청량사 257 / 의상과 부석사 260

3부 선묘와 부석사 _ 264

선묘설화 266 / 창건 이전 부석사의 모습 268 / 부석 신앙·용신앙·태양신앙 270 / 새로운 '신앙 축'의 발견 271 / 일본의 선묘신앙 273 / 부석사의 독특한 지리적 배경 274 / 소조여래좌상의 실체 275 / 산전사 불두 279 / 비조대불 280 / 법륭사 281 / 쌍봉사 삼층목탑과 목조삼존불상 283 / 금산사 대적광전 284 / 금각사 285

4부 문무왕과 석굴암 _ 286

꿈속에서의 만남 286 / 탈해왕은 누구인가 289 / 문무왕은 누구인가 291 / 태양신앙과 석굴암 293 / 용신앙 294 / 감은사 298 / 해중릉 299 / 석굴암과 부석사의 동질성 302

5부 낙산사 홍련암 _ 306

홍련암 창건 설화 306 / 홍련암의 배치특성 308 / 관음보살 친견 310

6부   망해사와 처용암 _ 314

망해사 314 / 처용암 316 / 신라인의 신앙구조 317

5   의상대사 입당구법 건축순례행기

1부   입당구법 건축순례 _ 321

건축순례의 준비 321 / 입당구법순례행기와의 동행 323 / 의상의 오대산 방문 325 / 건축순례의 출발 327

2부   의상관련 중국사찰 탐방 _ 329

대명사 329 / 개원사 331 / 척계광 고택 331 / 봉래각 선묘 선착장 334 / 용산 석굴 동자사 336 / 탑원사 337 / 대라정 339 / 보살정 341 / 라후사 343 / 수상사 343 / 현통사 345 / 대흥선사 347 / 대자은사 대안탑 349 / 천복사 소안탑 352 / 청룡사 352 / 종남산 지상사 357

후기

들어가며

의상과의 인연

한국 불교가 낳은 불멸의 성사이신 의상과 필자와의 첫 만남은 어느 누구와 마찬가지로 평범하다. 초등학교 시절에 교과서 혹은 만화나 동화에 나오는 이야기로 원효와 함께 토굴에서 해골 물을 마신 후 원효는 경주로 돌아가고 의상은 그대로 당나라로 구법을 위해 간다는 내용을 통해서 시작된다.

대학에서 건축을 가르치는 필자가 다시 의상을 만나게 됨도 역시 평범하게 계속된다. 1970년대에는 부석사 무량수전이 우리나라에서 가장 오래된 목조 건축물로 알려져 있었는데, 이 부석사를 의상대사가 창건하였다는 정도의 내용일 뿐이었다. 그 후 대학을 졸업하고 일본 동경대학으로 유학을 하게 되면서 평소 역사에 관심이 많았던 필자는 동경 시내 서점과 대학 도서관 등에서 한반도의 고대사에 관한 책자를 쉽게 접할 수 있었다.

1980년대 초중반까지만 해도 한국 고대사에 대한 우리나라의 역사책은 대부분이 교과서적이며 정형적인 내용이 일반적이었다. 그런데 일본에서는 일본 자국의 역사에 대한 연구와 저술이 매우 다양하게 출판되고 있음에 놀랐다. 저자들도 대학 교수 등의 역사 전문가뿐만 아니라 일반인들도 자신의 논리를 가지고 신뢰가 가는 자료를 제시하면서 체계적이며 설득력이 있는 내용의 다양한 역사서를 자유롭게 출판하고 있었다. 그런데 한 가지 신기하게 생각되었던 점은 이상하게도 일본은 자국의 고대사를 서술할 때에 어김없이 우리나라의 고구려·백제·신라의 삼국을 언급한다는 점이다.

고대 4세기경에 한반도 남반부 지역인 가야국을 자신들이 경영하였다는 임나任那주장설과 일본 최초의 국가라 주장하는 사마태국邪馬台國 등에 관한 매우 국수적인 책자가 특히 눈에 많이 띄었다. 또한 백제의 일본 불교 전래에 대한 내용과 일본 최초의 사찰인 비조사와 우리나라 교과서에서도 나오는 법륭사 등 우리들에게 낯설지 않은 사찰 건축에 관한 연구와 저술도 많았다. 물론 19세기 말 한일합방 시절의 역사서라든지 제2차 세계대전, 한국전쟁 등의 자료도 쉽게 접할 수 있었다.

그러는 가운데 동경 신주쿠新宿의 기노쿠니야紀伊國屋로 기억되는데, 그곳에서 부석사와 문무왕에 대한 매우 흥미로운 책자를 접할 수 있게 되었다. 그리고 그 책자로부터 필자의 의상과 부석사 그리고 문무왕에 대한 호기심의 문이 열리기 시작한다.

원고의 출발

필자가 이 책을 구상하기 시작한 것은 1983년 동경 유학 시절부터이다. 본고는 의상대사의 입당구법건축순례행기라는 가제로 시작된다. 의상대사에 대한 국내 기존 연구는 비교적 많이 다루어졌다. 그럼에도 불구하고 의상대사에 대한 초기 역사적 자료는 매우 적으며, 더욱이 의상대사의 활동 행적에 대한 기록이 저마다 달라 더욱 혼란스러움에 놀랄 뿐이다.

필자가 매우 궁금해 하던 부분, 즉 바로 의상대사가 입당하여 귀국하기까지 당나라에서의 수행과정에 대한 구체적인 내용의 저술은 더욱 찾을 수가 없었다. 필자는 의상대사가 구법을 위해 두 차례에 걸친 어려운 과정을 통하여 입당에 성공하며 장안의 종남산에 위치한 지상사에 가서 화엄 2대교주인 지엄을 만나기까지, 어떠한 행로를 통하여 이동하였으며 또한 유학생활은 어떠하였는지 또한 귀국은 어떻게 이루어졌는지에 대해 궁금함과 관심을 계속 두고 있었다.

1992년 북경에서 한중수교 공동성명에 서명한 이후 지금은 비자 한 장만으로 그전까지는 적대 국가였던 중국에 언제라도 갈 수 있는 시대가 되었다. 10년 전인 2007년부터 광운대학교의 5년제 건축 설계 프로그램으로 청도이공대학 국제학부 건축학과에서 강의하게 되면서 연간 4~5차례 중국을 방문하는 인연이 이어지고 있다. 최근 10여 년간의 시간은 한국전쟁 이후 한류가 중국에서 물결치는 등 가장 친중의 시대인지도 모른다.

그럼에도 불구하고 여전히 중국은 공산국가이며 혼자서 여행을 하는 것은 매우 어려운 일이다. 중국은 지리적 · 역사적으로나 정서적으로도 우리나라와 매우 유사한 느낌의 나라이다. 언어는 서로가 달랐지만 7세기 삼국시대의 유학승들이 한자 필담으로 의사소통한 것처럼 지금도 한자를 사용하며 쉽게 친근해지고 서로의 의사가 전달되기도 한다. 하지만 여전히 중국어와 한국어는 서로 매우 다르다.

　　그러한 가운데 마침내 필자의 연구실에 중국 유학생이 입학을 하게 되면서 이제까지 마음속에 품고 있었던 중국에서의 의상대사의 행적에 대한 궁금증의 해답을 찾을 수 있을 것이라는 막연한 기대가 열리기 시작했다. 이제부터라도 의상대사의 중국에서의 구법 행적을 찾을 수 있다면 우리는 그 길을 따라 의상대사의 입당 순례 여행의 발자취를 찾는 것이 가능할 것이라는 새로운 의욕을 가지게 되었다.

　　당연한 일이지만 공산국가인 중국에서 의상대사에 대한 연구 자료를 찾는 것은 어려운 일이다. 때문에 기존의 옛 자료를 통하여 신라와 중국에서의 행적을 추이해 보는 수밖에 없었다. 그러나 여러 자료를 면밀히 비교 분석해 보면서 기존에 알려진 의상대사의 행적에 대한 오류를 발견하고 새로운 제안을 할 수 있게 되었다.

　　의상대사의 당나라에서의 행적에 대한 국내 자료는 더 이상 찾아보기 어려워 중국 자료를 살펴보게 되었지만 중국에서도 의상대사에 대한 기록을 찾을 수 없었다. 그런데 우연히도 기존의 등주 도착설이 아닌 양주 도착설을 뒷받침하는 기록을 찾을 수 있었다. 물론 의상대사에 대한 직접적인 자료는 아니지만 당나라 당시 양주 대명사大明寺의 큰스님인 감진鑒眞

(688-763)이 일본 승려들의 간절한 요청을 받아들여 753년에 일본으로 건너가 일본 천태종天台宗의 시조가 된다는 기록이 있다. 그 후 838년에는 엔닌圓仁(794-864)이 당나라로 유학을 떠났다가 847년에 일본으로 귀국하면서 당나라에서 겪은 내용을 기록한 입당구법순례행기入唐求法巡禮行記를 저술한다.

그 당시에 바다를 건넌다는 것은 죽음을 무릅쓰고 가는 험난한 길이었음에 틀림이 없다. 엔닌의 입당구법순례행기에서는 배를 타고 일본을 출발하여 황해를 건너 양주에 도착한 후 다시 장안에 이르기까지, 그리고 장안에서 귀국하기까지 다사다난한 당시의 상황 설명이 자세히 기록되어 있음을 발견하였다. 그리고 그동안 안개 속에 가려져 있던 궁금증이 한 번에 걷히는 듯한 느낌이 들었다.

필자는 곧 엔닌이 다녀온 그 길이 바로 의상대사가 이미 다녀왔던 길이었다는 확신을 가지게 되었다. 당나라 시대에는 승려들의 이동에 대한 규제 등이 엄격히 이루어진 점과 당시 장안으로 가는 것은 극히 제한적으로 이루어졌으리라 생각되기 때문이다. 중국에서 의상대사의 행적에 대한 자료는 찾아볼 수 없으나 기존의 애매모호하고 서로 다른 내용의 입당 과정을 정리하면서 의상대사가 입당한 후 신라로 귀국하기까지의 행적을 추정할 수 있었다.

유불도儒佛道 습합의 이해

동양철학의 대표가 되는 불교 유교 도교에는 매우 친숙하고 오랜 가르침이 있다. 유교는 지천명知天命이라 하여 하늘의 뜻을 실현하는 현세철학으로 견식見識과 출세의 방법으로 격물치지格物致知 혹은 입신양명立身揚名을 추구하려는 현세지향現世指向의 가르침이며, 도교는 초월超越과 무위無爲의 방법으로 우화등선羽化登仙과 소요자적逍遙自適을 추구하는 탈인간지향脫人間指向의 가르침이다. 한편 불교는 입멸入滅과 자비慈悲를 통하여 해탈성불解脫成佛과 중생구제衆生救濟 등을 목표로 하는 깨달음을 위한 내세지향來世指向의 가르침이다. 때문에 유교가 이름을 세운다는 점과 도교가 몸 수련을 중요시 한다는 점과 비교해 볼 때 불교는 마음의 수련을 통하여 형상이 없는 깨달음을 추구하기 때문에 가장 달성하기 어려운 주제이기도 하다.

이처럼 유불도의 삼교는 각각 다른 목적을 추구하는 철학으로 출발하였지만 오랜 시간을 지나면서 삼교담론 등의 과정을 통하여 서로 습합되면서 복합적인 정신으로 발전하게 된다.

세상을 온전히 살아가기 위해서는 정신적, 육체적, 현세적인 문제를 해결하는 것이 무엇보다 중요하다. 정신적 문제를 해결할 수 있는 불교, 육체적 문제를 해결할 수 있는 도교, 현세적 문제를 해결할 수 있는 유교는 현대인들에게 매우 중요하고도 필요한 가치관이 된다. 때문에 유불도의 습합으로 이루어진 한국인의 전통 사상은 대단히 위대하다고 생각한다.

동양철학을 일목요원하게 알기 쉽게 설명하는 것은 불가능한 것 같다. 아마도 이러한 점이 동양철학의 특징이기도 하다. 우리들은 단순 명쾌한 논리로 설명이 가능한 동양 철학을 이해하고 싶은데 아마도 불가능한 일인 것 같다. 왜냐하면 인간의 다양한 가치관을 인정하고 이를 해결하기 위한 대책으로서의 유불도 동양철학의 다양한 복합성을 이해하지 못하고, 일신교인 기독교 교리의 획일적인 판단 기준으로 동양철학을 이해하려는 모순에서 출발하였기 때문일 것이다.

　　복잡하고 다양한 동양철학을 서로서로가 연계되어 있음을 명료한 이론으로 알려주는 논리를 찾아 보기 어렵다. 서구적 사고 방식으로는 풀어내기 어려운 과제이지만 이제부터는 누군가가 동양적 방식으로 풀어 나아가야 할 과제라 생각된다. 아무튼 동양철학은 복잡하다. 서로 복합 정신으로 구성된 우리들의 정신세계는 19세기 이래 서구의 단순한 논리와의 혼잡과 함께 더욱 복잡해진 것 같다.

체용론體用論과 건축

　　건축이라는 사물을 이해하는 방법 중에서 체용론은 매우 유익하다. 건축물을 이해하는 데 있어서 지금까지는 규모, 크기, 모양, 스타일 등의 물리적 형상에 대한 내용이 주로 다루어져 왔다. 이러한 물리적 접근 방법은 건축물에 대한 이해를 단순화시킨다.

　　모든 사물은 음陰과 양陽의 성질을 동시에 가지고 있다는 태극太極 사상은 매우 흥미로우며 설득력이 있는 이론이다. 즉 음과 양은 이원적인 것이 아니라 일원적인 것이라는 점이다. 양은 음을 기본으로 해서 움직이고 음은 양을 기본으로 해서 고요하다. 즉 음의 극단이 양이고 양의 극단이 음이다. 음은 정靜으로 고요함이며 움직이지 못하게 하는 힘이다. 양은 동動으로 움직임으로 밀고 나아가는 힘이다. 음과 양이 함께한다는 태극사상은 바로 양의 힘인 미는 힘과 끌어당기는 힘인 음의 힘이 반응을 일으켜 움직이는 현상을 태극으로 표현한 것이다. 태극 그림을 보면 음 속에 양이 있고 양 속에 음이 있음을 쉽게 이해할 수 있다. 이러한 음양론은 체용론으로 발전하는데 이론 배경은 비슷하다. 체용론은 한나라 정현鄭玄(127-200)에서 시작되는데 위나라 유학자인 하안何晏(193?-249)과 왕필王弼(226-249)에 의해 정립된다.

> 정현은 예기禮記에서 "마음을 통제하는 것을 체體라 하고 그것을 실천하고 행하는 것을 용用이라 한다."라며 체용을 정의하고 있다. 즉 체는 사물의 본체 근본적인 것이며 용은 사물의 작용 현상을 가리키는 개념이다. 도가의 무無와 유有의 관계인 본말론本末論과도 유사하다. 불교에서의 체용 논리는 인과의 논리와 대비되는 것으로, 원인과 결과의 관계가 바람과 파도의 관계로 비유된다면 체와 용의 관계는 물과 파도의 관계이다. 다른 예로 휘발유의 체는 물(水)이지만 용은 불(火)로 해석된다.

안에 들어 있는 작용성을 체體라 한다면 밖으로 드러난 형체를 용用이라 부를 수 있다. 쉽게 설명하자면 기본 혹은 본체는 체가 되고, 활용 혹은 작용은 용이 된다. 용은 체를 얻어야 작용할 수 있고 체는 용을 얻어야 목적을 이룰 수 있다는 불가분의 관계가 체용론이다. 모든 우주만물은 크던 작던 음과 양 혹은 체와 용으로 구성되어 있다는 논리이다.

건축에서도 체용론 논리에 따라 해석해 볼 수 있다. 건축물은 형상이니 용이라 부르고 건축물에 깃든 정신은 체가 된다. 따라서 건축물을 이해하기 위해서는 체와 용의 이해에서부터 출발해야 할 것이다. 그런데 기존의 건축물을 이해하는 방법은 거의 대부분이 형태적 의미, 즉 물리적 의미인 용에 해당하는 부분에 치우쳤던 것 같다. 특히 사찰 건축에서 정신이 되는 불교 사상이라는 체를 이해하지 못하고서야 어찌 건축물 형체인 용을 이해할 수 있겠는가.

건축은 인간 탐구로 부터

건축이란 '인간', '시간', '공간'이라는 세 가지 조건이 조화를 이루면서 만들어지는 행위이다. 그러한 의미에서 '누가', '언제', '어디서', '무엇을', '어떻게', '왜'라는 "육하원칙"에서의 접근방법은 건축물 이해에 있어서 매우 중요하다. 따라서 '인간=누가', '시간=언제', '공간=어디서'라는 3대 요소로부터 건축에 대한 이해가 출발한다. 즉 건축물을 이해하기 위해서는 시간인 역사성과 공간인 장소성을 이해해야 하며 건축을 실현시킨 인간 탐구가 중요하다.

건축의 근간이 되는 '인간', '시간', '공간'이라는 세 가지 조건의 이해를 통하여 불교 건축의 심오한 의미에 가까이 갈 수 있으리라는 바람에서 본 원고는 출발한다.

의상대사 구법 건축순례행기
義湘大師 求法 建築巡禮行記

1편

의상의 생애

화엄일승법계도
| 華嚴一乘法界圖 |

1부

출생에서 입당까지

의상대사의 출생과 출가, 입당, 귀국에 대한 기록은 다양하다. 여기에서는 1차적 자료로서 평가되고 있는 삼국유사의 ① 의상전교義湘傳敎 ② 부석본비浮石本碑와 ③ 송고승전宋高僧傳 석의상전釋義湘傳 ④ 백화도량발원문약해百花道場發願文略解 ⑤ 해동고승전海東高僧傳의 석안함전釋安含傳의 기록을 중심으로 정리한다.

출생

① 義湘傳敎 … 法師義湘 考曰韓信 金氏 …
　　　　… 법사 의상은 아버지가 한신이며 성은 김씨이다 …
② 浮石本碑 … 湘武德八年生 …

의상대사 소상(부석사 조사당)

　　　　　... 의상은 무덕 8년에 태어났다 ...
　③ 宋高僧傳 ... 釋義湘 俗姓朴 雞林府人也 ...
　　　　　... 석의상은 속성은 박씨이고 계림부 사람이다 ...
　④ 百花道場發願文略解 ... 法師俗姓金氏
　　　　　... 법사의 속성은 김씨이다 ...
　⑤ 海東高僧傳 ... 相眞平建福四十二年受生 ...
　　　　　... 의상은 진평왕 건복 42년에 태어났다 ...

　　의상의 출생연도를 알려주는 기록은 부석본비와 해동고승전에 나온다. 부석본비에서의 무덕 8년은 625년이 되며, 해동고승전에서 건복 42년 역시 625년이 되므로 두 자료는 일치한다. 참고로 진평 건복 1년이 진평왕 즉위 6년에 해당되므로 건복 42년은 곧 625년이 된다.

　　가족관계에 대해서는 의상전교, 송고승전, 백화도량발원문약해에 기록이 있다. 의상전교에서는 아버지가 한신이며 성은 김씨라 하였고, 송고승전에서는 속성이 박씨이고 계림부 사람이라 한다. 백화도량발원문약해에서는 김씨라고만 기록되어 있다. 박씨 설에 대해서 가마다 시게오鎌田武雄씨는 신라불교사 서설에서 의상이 왕족임을 강조하기 위하여 박씨라고 한 것으로 추정하고 있다. 따라서 의상은 김씨이다.

　　한편 이종익의 소설 "의상대사"와 허장욱의 소설 "법성게"에서는 의상의 속명이 일지日芝이고 아버지 한신공韓信公은 지증왕의 5대손이며 어머니 선나先那부인은 박혁거세의 22대 손인 세덕공世德公의 딸이며, 여동생으로 소희素嬉가 있었다 한다.

의상이라는 이름의 한자漢字 표현은 다양한데, 총수록叢髓錄과 백화도량발원문약해에서는 의상義相이라 되어 있고, 원종문류圓宗文類에는 의상義想으로 되어 있으며, 삼국유사와 송고승전에는 의상義湘으로 되어 있다. 우리나라에서는 보편적으로 의상義湘으로 표기하고 있다.

- 부석본비浮石本碑는 의상의 가장 오래 된 전기자료로 추정되는데, 현존하지 않는다. 그 내용의 일부가 삼국유사에 수록되어 있다.
- 송고승전宋高僧傳은 북송北宋의 찬녕贊寧이 988년 한술한 책으로 의해義解편 석의상전釋義湘傳에 선묘와 의상탑비가 언급되어 있다.
- 해동고승전海東高僧傳은 고려 고종때인 1215년에 각훈覺訓이 찬술한 책으로 석안함전釋安含傳에서 의상의 출생연대를 언급하고 있다.

출가

① 義湘傳敎 ... 年二十九依京師皇福寺落髮 ...
　　　　　　... 29세에 경주 황복사에서 머리를 깎았다 ...
② 浮石本碑 ... 卯歲出家 ...
　　　　　　... 초세에 출가했다 ...
③ 宋高僧傳 ... 生且英奇 長而出離 逍遙入道 性分天然 ...
　　　　　　... 태어나면서부터 영기하였는데 성장하자 세상과 인연을 끊고 자유롭게 이리저리 거닐며 돌아다니면서 도를 닦았으며 성분은 진실되었다.

경주 황복사지 삼층석탑(국보 제37호)

○ 의상관련 문헌 주요내용

	義湘傳教	浮石本碑	宋高僧傳	白花道場發願文略解	釋安含傳
출생		湘武德八年(625)生			相眞平建福四十二年(625)受生
가족	法師義湘 考曰韓信 金氏		釋義湘 俗姓朴 雞林府人也	法師俗姓金氏	
출가	年二十九(653) 依京師皇福寺落髮	卯歲出家	生且英奇 長而出離 逍遙入道 性分天然		
1차입당시도	未幾西圖觀化 遂與元曉道出遼東 邊戍邏之 爲諜者 囚閉者累旬 僅免而還	永徽元年庚戌(650)與元曉同伴欲西入至高麗, 有難而廻	年臨弱冠 聞唐土教宗鼎盛 與元曉法師 同志西遊		
2차입당시도	永徽初(650) 會唐使舡有西還者 寓載入中國 初止揚州 州將劉至仁請留衙內 供養豊贍 尋往終南山至相寺 謁智儼	至龍朔元年辛酉(661)入唐就學於智儼	總章二年(669) 附商船達登州岸分衛到一信士家…湘乃徑趨長安終南山智儼	唐高宗永徽元年庚戌(650)入唐, 投終南山智儼尊者	
귀국	以咸亨元年庚午(670)還國	咸亨二年(671)湘来還新羅			
입적		長安二年壬寅(702)示滅, 年七十八		年七十八坐脫, 即大周則天皇帝長安元年辛丑(701)三月也	

의상전교에서는 출가연도를 성인이 된 이후인 '29세'(653)로 기록하고 있는데 반하여 부석본비와 송고승전에서는 20세 미만이라 추정되는 '초세' 혹은 '성장하자' 라 하면서 정확한 나이를 기록하지 않고 있다. 학계에서는 부석본비 기록을 신뢰하여 초세를 19세로 생각하고 있다. 의상대사의 출가 시기에 대해서는 매우 혼란스러운 부분이며 본고에서 새로운 이론으로 제시되는 중요한 내용이 된다.

1차 입당 시도와 실패

①義湘傳敎 … 皇福寺落髮 未幾西圖觀化 遂與元曉道出遼東邊戍邏之爲諜者 囚閉者累旬 僅免而還 …

　　　　… 황복사에서 출가하고 얼마 뒤 중국으로 건너가 부처님의 교화를 보려는 마음으로 원효와 함께 요동 변방으로 길을 떠났다. 그러나 변방의 병사들에게 간첩으로 오인받아 갇힌 지 수십 일 만에 간신히 석방되어 돌아왔다 …

②浮石本碑 … 永徽元年庚戌與元曉同伴欲西入至高麗, 有難而廻 …

　　　　… 영휘 원년 경술(650)에 원효와 함께 당나라에 들어가려고 고구려까지 이르렀다가 어려운 일이 있어서 그대로 돌아왔다 …

③宋高僧傳 … 年臨弱冠聞唐土敎宗鼎盛與元曉法師同志西遊 行至本國海門唐州界計求巨艦將越滄波倏於中途遭其苦雨遂

依道旁土龕間隱身所以避飄濕焉洎乎明旦相視乃古墳骸骨旁也天猶霢霂地且泥塗尺寸難前逗留不進又寄埏甓之中夜之未央俄有鬼物為怪曉公嘆曰前之寓宿謂土龕而且安此夜留宵託鬼鄉而多祟則知心生故種種法生心滅故龕墳不二又三界唯心萬法唯識心外無法胡用別求我不入唐却攜囊返國湘乃隻影孤征誓死無退以 ...

... 약관의 나이에 임하여 당나라 땅에 교종이 왕성함을 듣고 원효법사와 함께 같은 뜻으로 서쪽으로 유람했다. 본국 신라의 항구 관문인 당주경계에 이르러 큰 배를 구하여 장차 차갑고 푸르른 바다를 넘으려 했다. 진흙길을 재촉하다가 괴로운 비를 만나자 곧 길 가까이 흙방에 의지해 은신하며 비바람을 피하였다. 그리고 다음날 아침에 이르러서야 비로소 옛 무덤의 해골이 곁에 있음을 알 수 있었다. 하늘에는 가랑비가 내리고 땅은 진흙탕과 같았다. 한 치도 앞으로 나아가기 어려워 한동안 머무르게 되어 나아가지 못하고, 또한 무덤 벽에 기대는 중에 야밤중에 귀신이 문득 있어 괴이하였다. 원효공이 탄식해 말하길 '이전의 정한 숙소가 흙방이라 하여 자못 편안하여 이 밤을 묵어가는데 귀신이 나오는 마을에 의탁하고 여러 생각을 하게 되니 마음에 따라 여러 법들도 생김을 알겠다. 마음이 없어지면 흙방과 고분이 둘이 아님이로다. 또한 이 세상의 온갖 현상은 모두 마음에서 일어나며 모든 법은 오직 인식일 뿐이다. 마음 밖에 법이 없는데 어찌 따로 구할 필요가 있겠는가. 나는 입당하지 않으리라' 하며 물러나면서 자루를 들고 신라

로 돌아갔다. 의상은 곧 짝을 잃고 홀로 가면서 죽어도 물러서지 않음을 맹세하였다 …

○ **1차 입당 시기**

1차로 입당을 시도하는 기록을 기준으로 볼 때, 의상전교에서는 출가한 후 얼마 안 되어 요동 지방으로 입당을 시도하였으나 실패하였다고 기술한다. 부석본비에서는 영휘 원년 경술로 650년의 명확한 연도를 제시하고 있다. 그런데 의상전교에서는 29세인 654년에 출가한다고 하였으니 출가 이전에 입당을 시도한 것이 된다. 여기서 부석본비와 의상전교의 기록 사이에 서로 모순을 보여 주게 된다. 또 하나의 자료인 송고승전에서는 약관의 나이에 입당을 시도하였다 하여 학계에서는 이점에 주목하여 약관이란 20세 이전을 말함이니 15세설(639)과 19세설(643)이 가능하다. 현재 학계에서는 부석본비의 기록을 신뢰하여 650년을 1차 입당 시기로 비정하고 있다. 그러다 보니 결국은 의상전교의 29세(653) 출가연도를 부정하게 된다. 바로 이 부분의 재해석이 필요하다고 필자는 생각한다.

○ **1차 입당 방법**

의상전교, 부석본비, 송고승전 세 자료 모두에서 1차 입당 시도에 대해 원효와 함께 고구려를 통해 입당을 시도하였으나 실패하였다고 기록하고 있다. 의상전교에서는 원효와 요동 지방으로 갔다 하였고, 부석본비에서는 원효와 고구려에 이르렀다 하였다. 반면에 송고승전에서는 원효와 함께 신라 서쪽으로 유람하여 당나라로 가는 항구로 갔다고 하였다. 송고승전에서는 큰 배를 구해 입당하려 한 점에서 황해 해로를 통해 입당이 시도되었음을 알 수 있다.

우리에게 잘 알려진 의상과 원효의 토감土龕 설화는 송고승전에서만 보이는 내용이며, 그것도 1차 시도 때의 사건이다. 그런데 언제부터인가 의상전교, 부석본비, 송고승전의 기록을 바탕으로 토감 설화의 장소에 대한 다양한 의견이 나타난다. 예를 들어 육로를 통해 고구려로 가는 도중에 일어난 내용을 바탕으로 토감 설화 장소를 당시의 신라와 고구려의 경계인 경상북도 문경 지역의 어느 동굴, 혹은 충청남도 직산 부근이라고 주장하는 의견이 있다. 또한 신라의 항구로서 당나라와의 교역이 활발하게 이루어졌던 장소인 남양반도를 주목하여 당항성 부근이 토감 설화의 역사적 장소라는 주장도 있다.

우리나라에서는 토감 설화의 장소가 남양반도의 당항성이며, 그곳에서 원효는 신라로 돌아가고 의상은 혼자서 배를 타고 입당하였다는 내용이 주를 이루고 있다. 물론 의상과 원효의 1차 입당 시도는 실패로 끝나고 만다.

송고승전에는 무덤 속에서 귀신을 만나는 것으로 기록되어 있는데, 임간록에서는 해골 물로 기록하고 있고, 종경록에서는 시체 썩은 물로 표현하고 있다. 학계에서는 중국 문헌인 임간록이나 종경록의 이야기는 신뢰하지 않지만 우리나라에서는 해골 물로 더 잘 알려져 있다. 일본 승려인 묘에고벤明惠高辯(1173-1232)은 송고승전의 기록을 근거로 하여 화엄연기회권華嚴緣起繪卷에서 토감과 귀신을 사실적으로 표현하였는데 그 그림이 교토의 고산사高山寺에 전해 내려온다. 묘에고벤은 아마도 중국 황제의 명

의상과 원효의 토감 설화(화엄연기회권, 고산사)

으로 편찬된 송고승전의 내용이 다른 기록보다 믿을 만하다고 생각한 것 같다.

- 임간록林間錄은 북송 혜홍 각범慧洪覺範(1071-1128)이 1107년에 찬술한 책
- 종경록宗鏡錄은 북송 영명 연수永明延壽(904-975)가 961년에 찬술한 책

2차 입당시도와 성공

의상은 1차 입당 시도를 실패한 후 다시 2차 입당 시도에 성공하게 되는데 그 시기와 장소에 대한 이견이 많다. 2차 입당에 대한 기록은 의상전교, 부석본비, 송고승전, 백화도량발원문약해(1차 시도만으로 입당 성공했다는 내용임)에 나와 있다.

① 義湘傳敎 … 永徽初會唐使舡有西還者寓載入中國初止揚州州將劉至仁請留衙內供養豊贍 …

　　　　　… 영휘 초년(650)에 마침 당나라 사신이 배를 타고 본국으로 돌아가는 자가 있으므로 그 배를 타고 중국에 들어갔다. 처음 양주에 머물렀는데 주장 유지인이 의상을 청해다가 관청에 머무르게 하고 매우 성대히 대접했다 …

② 浮石本碑 … 至龍朔元年辛酉入唐 …

　　　　　… 용삭 원년 신유년(661)에 당나라에 들어가 …

③ 宋高僧傳 … 總章二年附商船達登州岸分衛到一信士家見 …

... 총장 2년(669) 상선에 딸려 등주 해안에 도착하여 일신사가의 믿음직한 집에 머물렀다 ...

④ 白花道場發願文略解 ... 唐高宗永徽元年庚戌入唐 ...

... 당고종 영휘 원년 경술년(650)에 당나라에 들어가 ...

○ 2차 입당시기

송고승전에서의 총장 2년(669)이라는 입당 기록에 대하여 학계에서는 잘못된 기록으로 평가되고 있다. 왜냐하면 의상의 스승인 지엄은 668년에 입적하며, 의상이 저술한 일승법계도가 완성된 해가 668년이라는 점, 그리고 670년(의상전교) 혹은 671년(부석본비)에 의상이 신라로 귀국한다는 기록을 볼 때 합당하지 않기 때문이다. 또한 백화도량발원문약해에서 당고종 영휘 6년 경술(655)에 입당했다고 기록되어 있지만 원元을 육六으로 잘못 표기한 것으로 학계는 판단하고 있다.

또한 의상이 2차에 걸쳐 입당을 실시한 것은 의상전교, 부석본비, 송고승전에 기록되어 있고, 백화도량발원문약해에서는 1회만이 기록되어 있어, 학계에서는 2차에 걸쳐 입당을 시도하였을 것으로 인정하고 있다.

결국 의상전교에서는 2차 입당을 영휘 초(650)로, 부석본비에서는 1차 입당은 영휘 원년 경술(650), 2차 입당은 용삭 원년 신유(661)라는 연도 기록이 남게 된다. 현재 학계에서는 부석본비의 내용을 신뢰하여 1차 입당 시도를 650년으로 생각하고 있기 때문에 2차 입당 시기를 용삭 원년 신유인 661년으로 비정하고 있다.

○ 2차 입당 출발 장소와 방법

2차 입당에 대한 기록에는 원효에 관련된 내용이 없으며 의상 혼자서 시도된 것으로 되어 있다. 2차 입당 출발 장소와 방법에 대해서는 의상전교와 송고승전에 언급되어 있다.

의상전교에서는 당사唐使의 배를, 송고승전에서는 상선商船을 이용하였다는 기록이 있다. 관리의 배를 이용하였다 함은 관도승官度僧이라 볼 수 있고, 상선을 이용했다 함은 사도승私度僧이었을 확률이 높다. 두 자료 모두가 배를 이용하여 황해를 건너 당나라로 갔음을 말해 준다. 어떤 배편을 이용했는가는 둘째치더라도 배를 이용하였다는 점은 출발 장소가 당시 신라와 당나라 사이의 황해를 건너는 해로 교역이 이루어진 곳이었음을 뜻한다. 의상이 남양반도의 어느 항구에서 배를 이용하였는지는 기록에서 찾아볼 수 없지만 당시 당나라와 신라의 주요 교역 장소였던 남양반도가 주목되는 장소가 된다.

남양반도 앞바다에는 덕물도(현재 덕적도)가 있는데 이곳은 중국에서 황해를 건너면 남양반도에 이르기 바로 전의 중간 도착지가 된다. 덕물도는 660년 6월에 당나라 소정방이 백제 부여성을 공격하기 위해 김인문과 함께 당군 13만 명과 2,000척의 배를 이끌고 황해를 건너 도착한 곳이다. 소정방은 해상 전투를 위하여 덕물도에 도착한 후 계속해서 연해안을 따라 웅진구熊津口의 기벌포伎伐浦(금강 입구로 현재 장항시)로 이동한다. 그곳에서 김유신이 이끄는 신라군 5만 병사와 100척의 배와 합류하여 부여성을 공격하여 7월 18일 의자왕의 항복을 받고 백제 멸망을 성공시킨다.

조선 말까지 중국과의 중요한 교역 장소였던 남양반도에는 마산포

(현재 경기도 화성시 송산면 고포리)가 있다. 마산포는 임오군란 때 청나라 군대가 입항한 장소이며, 흥선대원군도 이곳에서 천진으로 압송되는 등 당시 중국과의 교역에서 중심이 되는 매우 중요한 항구이다.

19세기 말 당시에는 일본군은 제물포를 장악하고 있었고 청군은 마산포를 장악하고 있었다. 청일전쟁의 주요 격전지로서 알려진 남양반도의 아산만 앞바다에서 벌어진 풍도해전은 1894년 7월 25일 오전 7시 52분에 청나라 육군을 싣고 오는 청의 함정을 일본군이 습격하여 참패시킨 전투이다. 이 전투에서 청나라 군사 1,200여 명이 익사하였다 전해진다.

마산포에서는 오랜 기간 동안 중국과 조선과의 교역이 있어 왔으며 군사적으로도 중요한 항구였다. 7세기 삼국통일 전쟁이 한창일 때 당나라 군대가 백제 침공을 위하여 남양반도에 진출할 때 덕물도와 마산포가 이용되었을 것으로 추정이 가능하다. 마산포는 현재 육지화되어 옛 뱃길은 사라지고 간척지로 개간되어 있으며, 예전에 항구였음을 보여 주는 몇몇 유적들만이 남아 있을 뿐이다. 따라서 의상은 마산포에서 당사의 배 혹은 상선을 이용하여 입당한 것으로 추정이 가능하다.

○ **2차 입당 도착 장소**

우리나라에서의 의상의 입당 이야기는 주로 송고승전의 내용을 토대로 만들어진 것 같다. 즉 1차 입당 시도가 실패할 때 의상은 원효와 토굴 속에서 해골 물을 마시고 아침에 일어나 원효는 마음의 중요함을 깨닫고 당 유학을 포기한다는 내용과, 2차 입당 때에 의상은 배를 타고 등주에 도착하여 그곳에서 선묘를 만난다는 선묘설화 등의 내용이 우리들에게 가장 친숙하게 알려져 있이다.

그런데 의상전교에는 의상이 처음 도착한 곳이 등주가 아니라 양주라는 기록이 나온다. 다시 말하면 의상이 당나라에 도착한 장소에 대하여 송고승전에서는 등주라 하였고, 의상전교에서는 양주라 기록하고 있다. 이 두 가지 기록 가운데 등주도착설이 널리 알려져 있다. 물론 송고승전에 나오는 선묘설화라는 아름다운 이야기가 흥미로운 내용이기 때문일 것이다. 그러나 송고승전에는 의상의 성씨라든지 입당 시기 등 연대서술이 다른 기록과 달라 많은 혼란을 주고 있다는 학계의 의견에 따라 지금은 선묘설화에 대한 내용만이 언급되고 있다.

결국 우리나라에서는 선묘설화와 원효와의 토감설화를 중요시하여 등주도착설이 일반적이지만 필자는 양주도착설을 주장하고자 한다.

7세기에는 한반도에서 당나라까지 배편으로 가는 방법으로 기존의 두 가지가 있었다. 한 가지는 한반도 서해 연안을 따라서 북진하여 신의주를 거쳐 단동과 대련을 지나 등주(현재 봉래시)에 도착하는 방법이었으며, 또 다른 한 가지는 직접 황해를 건너 당나라에 도착하는 방법이다.

첫 번째 방법은 7세기 이전부터 보편적으로 이용되어 왔던 기존의 해양 길이다. 그러나 의상이 입당을 실행하려 했던 661년의 신라와 당나라의 정치적 상황을 살펴보면, 660년에 나당연합군에 의해 백제가 멸망하였으나 아직 고구려가 건재한 시기로 신라의 적국이 되는 고구려 해안 영토를 지나는 방법은 거의 불가능하다고 할 수 있겠다. 때문에 의상은 원효와 함께 요동 지방을 거쳐 1차 입당을 시도하려 하였지만 고구려군에 잡혀 곤혹을 치르고 실패하는 경험을 쌓는다.

등주는 한무제가 고조선을 공격할 때와 수나라와 당나라가 해상으로 고구려를 공격할 때 전진기지로 사용하던 곳이다. 발해 무왕이 732년 장문휴를 보내 등주를 습격한 역사가 있듯이 한반도에 대한 해상 군사 요충 지역이라 할 수 있다. 그런데 660년 백제 멸망에 즈음하여 소정방이 이끄는 당나라 군대가 백제 침공을 위해 중국에서 짧은 시간 내에 직접 황해를 건너 한반도 서해안으로 도착할 수 있도록 군사적 목적으로 뱃길을 만들었다는 이야기가 있다.

따라서 의상은 첫 번째 길인 한반도 서해안을 따라 북쪽 고구려 영토 가까이 이동하는 기존의 방법을 선택할 수 없었기 때문에 직접 황해를 건너는 방법을 선택할 수밖에 없었을 것으로 생각된다. 당시의 항해 방법은 당연히 돛을 이용한 배편이기 때문에 언제 바람이 부는 알 수 없어 출발

7세기경 당과 신라와의 뱃길

과 도착 시간을 기약할 수 없었다.

　　아래의 지도를 보면 얼핏 등주가 양주보다 거리가 가깝기 때문에 등주로 가는 편이 수월할 것이라고 쉽게 생각할 수 있다. 그러나 실제로는 양주로 가는 방법이 등주로 가는 것보다 훨씬 쉽고 자연스럽게 이동할 수 있었다. 바로 황해의 해류 특성을 찾아보면 쉽게 이해할 수 있다. 황해 중심부의 해류는 기본적으로 북에서 남으로 흐른다. 주요 이유 중의 하나가 황하에서 황해로 흘러드는 수량이 한강에서 나가는 수량과 비교해서 20배가 넘을 정도로 많다는 것이다. 때문에 산동반도 등주에서 한반도의 남양반도 방향으로 직접 황해를 건너 이동하기는 수월하지만 반대로 남양반도에서 직접 황해를 건너 등주로 이동하는 것은 황해 해류의 자연 현상에 역행하는 격이 되어 실행하기 어려우며, 바람만을 동력으로 이동하였던 당시의 수단으로는 더욱 불가능하였을 것이다. 따라서 이상을 종합 판단해 보면 남양반도에서 배편으로 황해를 지나 항해를 하게 되면 자연적으로 양주에 이르는 해로가 형성됨을 알 수 있다. 이러한 점에서 양주 도착설이 매우 유력하다고 판단하였다.

　　반대로 의상이 당나라에서 신라로 귀국할 때에는 산동반도인 등주에서 출발하는 것이 훨씬 유리하였을 것이다. 따라서 등주를 출발한 의상이 남양반도 마산포에 도착하여 육로를 통해 경주로 갔거나 남양반도에서 계속하여 배편으로 한반도 남해안을 지나 경주에 갔을 것이라고 생각할 수 있다.

출가에 대한 기존 학설의 오판

여기까지 필자는 의상이 두 차례에 걸쳐 입당을 시도한 끝에 마산포를 떠나 양주 도착에 성공하였다는 새로운 제안을 할 수 있었다. 그런데 아직도 학계에서는 의상의 출가와 입당 과정에 대하여 명확한 연도를 제시하지 못하고 있다. 여기서 필자는 기존의 학설이 해결하지 못하고 있는 몇 가지 의문점에 대하여 새로운 제안을 하고자 한다.

우리나라에서는 의상전교의 기록보다 현존하지 않지만 부석본비의 내용을 보다 신빙하고 있다. 때문에 출가 시기에 대하여 의상전교에 기록된 29세(654)를 믿지 못하고 부석본비의 초세 기록에 무게를 두고 있다.

부석본비에서는 1차 입당 시기가 영휘 원년 경술(650)로, 의상전교에서는 출가연도가 654년으로 각각 명확히 기록되어 있기 때문에 의상이 출가하기 이전에 입당을 시도하였다는 모순이 생기게 된다. 때문에 654년 출가 시기를 신뢰하지 못하게 된 것이다.

결국 학계에서는 부석본비의 초세를 중요시해서 19세로 판단하여 643년에 출가하였다고 보고 있다. 계속해서 부석본비의 기록인 영휘 원년 경술(650)에 원효와 1차 입당 시도에 실패하고, 2차 입당은 용삭 원년 신유(661)에 입당을 성공한다는 억지스럽지만 합리적(?)인 제안을 하게 된다.

그러나 이러한 제안은 의상전교에서 정확하게 표기되어 있는 29세(654)에 출가했다는 기록을 정면으로 부정하는 결과를 낳는다. 이러한 오판은 아마도 당시 신라에는 사도승私度僧과 관도승官度僧이 존재하였다는 사실을 간과했기 때문일 것이다.

사도승이란 유행승遊行僧이라고도 하며 국가의 인가를 얻지 못한 승려로서 개인적으로 불교에 입문하여 공부하는 승려를 말하며, 관도승이란 구족계具足戒를 받아 정식으로 승적僧籍에 들어가는 출가 승려를 말한다.

사도승私度僧과 관도승官度僧의 존재

의상전교에서의 출가(653)와 2차 입당 시기인 영휘 초(650) 그리고 부석본비에서의 1차 입당 시기인 영휘 원년 경술(650)과 2차 입당 시기인 용삭 원년 신유(661)는 명확히 연도를 제시한 기록이다. 따라서 650년, 653년, 661년은 정확한 기록으로 생각한다. 또한 정확한 연대 기록은 없지만 부석본비에서 초세출가라는 기록과 송고승전에서 세상과 인연을 끊고 소요입도하였다는 기록, 그리고 약관의 나이에 원효와 입당을 시도하였다는 기록 역시 중요하다.

신라는 법흥왕 14년(527) 이차돈의 순교 후에 불교가 공인되면서 승관제가 시작된다. 진흥왕 5년(544)에는 자유로운 출가를 국법으로 허락하고 551년에는 고구려승 혜량을 승통僧統으로 삼아 승관제를 정비한다. 참고로 백제 무왕 때인 602년에 백제승 관륵이 일본에 승정으로 취임하면서 일본의 승관제가 시작된다. 신라는 598년부터는 국가에서 종전의 사도승까지 공인하게 된다. 안홍安弘(안함安含과 동일인물)이 진평왕 23년(601)에 국가의 교지를 받아 국가 선발 장학승으로서 중국에 갔다는 기록을 볼 때 7세기 당시 신라에는 사도승과 관도승이 함께 존재하였을 것이라는 가정하에서 새로운 제안을 해본다.

의상전교, 부석본비, 송고승전에서 1차 입당 시도 실패는 모두 원효와 함께 이루어지지만, 2차 입당에 대해서는 원효와의 관계가 보이지 않으며 의상 혼자서 입당에 성공한다고 되어 있다. 1차 입당 시도 시기와 기록의 분위기에는 아직 정식으로 수계를 받지 않은 개인 입장에서 사도승의 신분으로 원효와 함께 부처님의 교화를 보기 위해 입당에 도전한 것으로 해석이 가능하다. 이는 다음 세 가지의 예에서 확신을 할 수 있다.

　　첫 번째는, 의상이 원효와 함께 자장을 만나서 나눈 대화 내용에서 그 실마리를 찾아볼 수 있다. 황룡사에서 원효는 '누구에게 삭발하였는가'라는 자장의 질문에 '군대에 있다가 스스로 불가에 들어가 자수로 삭발하였다'고 말한다. 이에 자장은 '제대로 계를 받으라' 하여 그렇게 하였다는 내용이 있다. 물론 의상에게는 묻지 않았지만 원효와 의상은 당시 항상 형제처럼 같이 다니던 관계라 의상도 원효와 비슷한 처지였음을 짐작할 수 있다. 말하자면 그때까지 의상과 원효는 개인적으로 출가한 사도승의 신분이었던 것이다. 그렇다면 의상이 29세에 정식으로 출가하였다는 의상전교의 기록은 매우 신빙성이 있는 기록이라 할 수 있다. 즉 의상은 자장의 의견을 받아들여 29세인 653년 황복사에서 정식으로 출가하여 관도승이 되었음을 의미한다.

　　두 번째는, 의상이 지상사에서 법장과 함께 지엄에게 화엄을 공부할 때에, 지엄이 묻기를 '법장은 왜 아직도 구족계를 받지 않는 것인가'라고 한 점을 볼 때 당시 당나라에서도 구족계를 정식으로 받아 출가하는 관도승의 신분과 개인적으로 불교를 배우고자 하는 학문승으로서의 사도승의 신분이 있었음을 알 수 있다. 현수 법장은 17세에 지엄에게 화엄을 배우고 난 후 26세인 670년에 태원사에서 출가했다는 기록이 있다. 후의 일이지만 중국 남종선을 대표하는 육조 혜능六祖慧能 역시 깨달음을 얻은 후에 정식으로 출가하였다.

세 번째는, 8세기 초 일본에는 이미 사도승과 관도승이 존재했다는 기록이다. 당시에는 소수의 관도승을 제외하고 무허가라 할 수 있는 사도승이 대부분이었다고 한다. 때문에 승려의 기강이 심각한 문제로 대두되고 통제가 어려웠다고 전한다. 참고로 일본의 공해空海(774-835)는 791년에 이미 사도승으로서 허공장구문지법虛空藏求聞持法을 배우는 등의 수행 기록이 남아 있으며, 804년에 동대사東大寺에서 출가하여 관도승이 되어 같은 해에 입당했다는 흥미로운 기록이 있다. 관도승은 다시 장기간 거주를 조건으로 하는 유학승留學僧과 단기간 거주하는 청익승請益僧(환학승還學僧)으로 나뉜다. 공해는 20년 조건의 유학승이었으며 같은 시기에 입당한 최징最澄(767-822)은 단기간의 청익승 신분이었다.

> 일본서기에는 587년 일본을 방문한 백제인이 백제에서의 비구니에 대한 수계방법에 대해서 상세히 알려 주고 있다. "비구니가 되기 위해서는 우선 비구니 사찰에서 10명의 비구니 스승을 초청하여 받는다. 그리고 다음에는 비구 사찰에 가서 10명의 법사를 초정하여 계를 받는다. 결국 비구니 스승 10명과 비구 스승 10명을 합하여 모두 20명의 스승이 수계하도록 되어 있다." 백제는 6세기 중반에 이미 정식의 수계가 이루어지고 있음을 알 수 있다.

그렇다면 의상은 653년 출가하기 전까지, 언제 사도승이 되었으며 1차 입당 시도까지는 어떠한 일이 있었을까. 정확한 연대 기록은 아니지만 부석본비의 초세출가, 송고승전에서 세상과 인연을 끊고 소요입도逍遙入道 하였다는 기록과 연림약관年臨弱冠에 당唐에 교종敎宗이 정성鼎盛함을 듣고 원효와 입당을 시도하고, 동지서유同志西遊라 하여 서쪽으로 유람하였다는 기록에서 사도승의 의미를 찾을 수 있다. 즉 의상은 불교 학문을 위한 입당의 의미보다는 중국불교에 대한 깊은 호기심으로 입당을 시도했다는 의미로 해석이 가능하다. 따라서 1차 입당 시기까지는 아직 정식 수계를 받지 않은 사도승의 단계로 추정이 가능하다. 때문에 국가의 승인을 받은 관도승이 아닌 개인적인 사도승의 신분으로 원효와 함께 입당을 시도하였고 결국 실패하게 된다.

  1차 입당에 실패한 후 의상은 아마도 원효와 함께 653년 황복사(혹은 황룡사)에서 정식으로 관도승으로서 출가한 것으로 보인다. 이후 37세가 되는 661년에 의상은 독자적으로 관도승의 자격으로 2차 도당에 성공하게 된다. 엔닌의 기록에서 언급된 것처럼 관도승이 아닌 사도승으로서 당나라에서 이동하는 것은 매우 어려운 일이다. 더욱이 왕족 혹은 귀족 출신의 의상이 개인 자격인 사도승으로서 입당한 것은 상상하기 어렵다. 따라서 필자는 현재 통용되는 "625년 출생 → 초세 19세(643) 출가 → 26세(650) 영휘 원년 1차 입당 실패 → 37세(661) 용삭 원년 2차 입당 성공"이라는 기존 제안에 문제점을 지적하면서 "625년 출생 → 초세 19세(643) 출가(사도승) → 26세(650) 1차 영휘 원년 입당 실패 → 29세(653) 황복사에서 출가(관도승) → 37세(661) 용삭 원년 2차 양주 입당 성공"이라는 새로운 제안을 한다.

2부 입당 후 화엄 수학

화엄종의 선택

③宋高僧傳 ... 年臨弱冠 聞唐土教宗鼎盛 與元曉法師 同志 西遊 ...

　　　　　　... 약관의 나이에 임하여 당나라 땅에 교종이 왕성함을 듣고 원효법사와 함께 같은 뜻으로 서쪽으로 유람했다 ...

　의상이 입당하여 화엄종을 선택한 이유에 대해서는 간접적이기는 하지만 송고승전에 간략히 나와 있다. 당나라 교종의 왕성함을 듣고 원효와 함께 1차 입당 시도를 하였다는 기록으로, 의상은 이미 당나라 교종에 대한 관심을 가지고 있었음을 알 수 있다.

젊은 의상이 신라에서 들을 수 있었던 교종에 대한 지식은 아마도 당시 입당 유학승으로서 신라에 귀국하여 경주에서 활동을 하고 있던 자장과 그의 제자인 원승 등에게 배운 것이라 생각된다. 당나라 교종의 왕성함이란 645년에 서역에서 당나라 장안으로 돌아온 현장의 유식론의 소문일 것이다. 물론 650년의 1차 입당 시도는 실패로 끝나버린다. 그 후 661년에 의상은 2차 입당 시도에 성공하면서 양주에 도착하는데 양주에서 어느 정도 머물렀는지는 알 수 없지만 곧바로 지상사의 지엄을 뵈러 종남산으로 향하였다 하였으니 입당하기 이전부터 지상사에 가서 화엄종을 공부하려는 결심을 하였던 것 같다.

의상이 입당하였던 7세기 중반의 당나라는 불교의 여러 종파가 체계적으로 정립되기 시작하는 시기였다. 천태종과 화엄종을 중심으로 하는 격의불교로서 왕족과 귀족이 선호하던 교종과 서민적 성격인 육조 혜능慧能의 선종이 공존하는 시대였다. 의상은 결론적으로 교종인 화엄종을 선택하게 된다. 당시 신라는 통일전쟁 수행 중에 있었으며 난세를 극복하기 위한 호국 이념이 중요한 과제였을 것이다. 의상이 교종인 화엄종을 선택한 것은 왕권의 강력한 통치 이데올로기가 절실히 필요하였던 신라 왕권의 시대적 요청과 부합된다. 이 점은 의상이 관도승의 자격으로 입당한 이유 중의 하나가 될 수 있다.

또한 신라 왕족 출신인 의상이 문무왕의 후원을 얻어 입당하며 정치적인 이유에서 귀국을 서둘렀다는 기록을 미루어 볼 때 자유로운 개인의 해탈 문제가 아닌 호국불교로서 교종인 화엄종을 선택하였음은 당연한 결과였을 것이다. 결국 의상은 신라 최초의 화엄 사상가인 자장의 조언과 호국불교를 위하여 교종인 화엄종을 선택한 것이다.

그럼에도 불구하고 의상은 귀국 후의 활동 기록을 보면 국가불교, 혹은 도시불교보다는 태백산 부석사를 중심으로 하는 산중에서의 수행불교를 실행하였다는 점에서 교종과 선종의 다양한 불교 문화를 학습하고 귀국한 것으로 생각된다.

입당 후 지상사로 가는 길

①義湘傳教 … 永徽初 … 初止揚州 州將劉至仁請留衙內 供養豊贍尋往終南山至相寺 謁智儼 …

… 영휘 초(650) … 양주에 머물렀는데 주장 유지인이 의상을 청해다가 관청에 머무르게 하고 매우 성대히 대접하였다. 그 후 얼마 안 되어 종남산 지상사에 가서 지엄을 뵈었는데 …

③宋高僧傳 … 總章二年 … 達登州岸 … 湘乃徑趣長安終南山智儼 …

… 총장 2년(669) … 등주 해안에 도착하여 … 의상은 이내 곧 지름길을 달려 장안 종남산의 지엄에 이른다 …

의상은 양주에 입당한 후 어느 길을 따라 어떻게 지상사에 갔을까. 의상전교와 송고승전에서 그 상황을 엿볼 수 있다. 의상전교에서는 양주에 도착 후 주장州將 유지인이 청하여 관청에 머무르다가 얼마 안 되어 종남산 지상사에 갔다고 하였으며 송고승전에서는 등주에 도착 후 일신사가

一信士家에 머물다가 곧 지름길을 달려 장안 종남산에 갔다고 기록되어 있다. 즉 의상은 중국에 도착한 후 지체없이 곧바로 지상사로 향하였음을 말해 준다.

모든 길은 장안으로

서양에는 "모든 길은 로마로"라는 말이 있듯이 중국에는 "천하의 도로는 장안으로 통한다"라는 말이 있다. 장안은 당시 세계 최대의 도시였다. 장안으로 연결되는 주요 도로를 살펴보면 9개소의 루트가 가능하다.

이 가운데 장안에서 신라로 가는 출입항은 등주登州, 초주楚州, 양주揚州, 명주明州 등이 있다. 의상은 양주에서 빠른 시일에 장안에 도착하였다 하니 ⑦번 루트를 이용하였을 것이며 671년 귀국 시에는 등주를 통해 신라에 도착하였으니 ⑤번 루트를 이용하였을 것이다. 귀국하기 전 3년 정도의 시간 동안 오대산을 탐방하였다면 ③번 루트를 통하여 오대산을 갔다 왔을 것이다.

① 長安 → 鳳翔 → 蘭州 → 涼州 → 敦煌 甘肅 → 西域 → 印度, 페르시아
② 長安 → 興元 → 成都 → 貴州 혹은 雲南
③ 長安 → 蒲州 → 太原 → 雲州 → 山西縱斷路 → 北遊牧社會
④ 長安 → 洛陽 → 太行산맥 동측 → 幽州(北京) → 遼東
⑤ 長安 → 洛陽 → 汴州(開封) → 齊州 → 登州 → 新羅

⑥ 長安 → 襄州 → 江陵 → 揚子江 → 潭州 → 衡州 → 韶州 → 廣州(廣東) → 海路 → 印度, 페르시아, 아라비아
⑦ 長安 → 洛陽 → 汴州(開封) → 大運河 → 楚州 → 揚州 → 新羅
⑧ 長安 → 洛陽 → 汴州(開封) → 大運河 → 楚州 → 揚州 → 新羅 → 揚州 → 水路 → 蘇州 → 杭州 → 越州 → 明州 → 新羅
⑨ 長安 → 洛陽 → 汴州(開封) → 大運河 → 楚州 → 揚州 → 水路 → 蘇州 → 杭州 → 福州 → 新羅

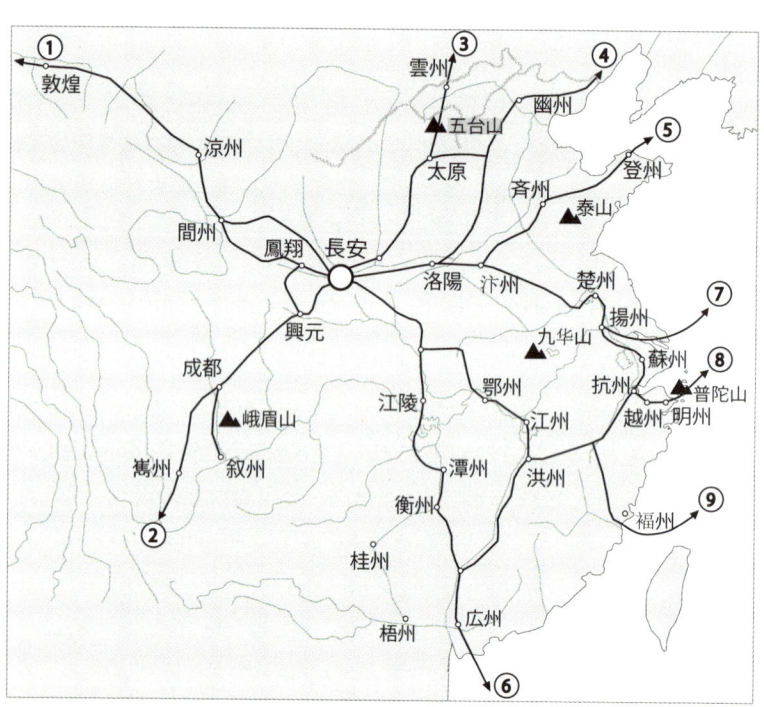

장안으로 통하는 주요 도로

지엄과의 만남

① 義湘傳敎 … 尋往終南山至相寺 謁智儼 儼前夕夢一大樹生海東 枝葉溥布 來蔭神州 上有鳳巢 登視之 有一摩尼寶珠 光明屬遠 覺而驚異 洒掃而待 湘乃至 殊禮迎際 從容謂曰 吾昨者之夢 子來投我之兆 許爲入室 …

… 그 후 얼마 안 되어 종남산 지상에 가서 지엄을 뵈었는데 지엄은 그 전날 밤 꿈에, 큰 나무 하나가 해동에서 났는데 가지와 잎이 널리 퍼져 중국에까지 와서 덮였고, 가지 위에는 봉황새의 집이 있는데, 올라가서 보니 마니보주 하나가 있어 그 광명이 먼 곳에까지 비쳤다. 꿈에서 깨자 놀랍고 이상스러워서 집을 깨끗이 소제하고 기다리는데 의상이 오므로 지엄은 특별한 예로 그를 맞아 조용히 말했다. '내가 꾼 어젯밤 꿈은 그대가 내게 올 징조였구려.' 이에 입실할 것을 허락하니 …

② 浮石本碑 … 至龍朔元年辛酉入唐就學於智儼 …

… 용삭원년신유년에 지엄 스님께 나아가 배웠다 …

③ 宋高僧傳 … 湘乃徑趨長安終南山智儼三藏所 …

… 의상은 곧 지름길을 달려 장안 종남산의 지엄 삼장이 계신 곳으로 …

④ 白花道場發願文略解 … 投終南山智儼尊者 …

.. 종남산의 지엄존자에 투신하여 …

의상과 지엄의 만남은 꿈 이야기를 통해 설화적으로 표현되고 있다. 아마도 지엄은 의상이 신라의 왕족이며 그 덕이 높음을 미리 감지하였으며 의상에게 입실을 정중히 권고한다. 이로써 지상사에서 지엄을 스승으로 의상의 화엄 수행이 시작된다.

- 지엄智儼(600-668) : 당나라 때의 스님. 화엄종 2조이다. 호는 운화雲華 또는 지상존자至相尊者이다. 속성은 조趙씨며 천수天水 사람이다. 12세에 두순杜順의 문하에 들어가서 14세에 출가하였다. 법상法常에게 섭대승론을 배우고, 법림法琳에게 가서 연구에 전력하였다. 지정智正에게 화엄경을 배우다가 별교일승別敎一乘의 깊은 뜻을 깨우쳤다. 지상대사至相大師라 불리우며 668년 10월 청정사淸淨寺에서 69세를 일기로 입적하였다. 화엄경수현기華嚴經搜玄記, 화엄경공목장華嚴經孔目章, 화엄경오십요문답華嚴經五十要問答 등을 저술하였다.

화엄일승법계도華嚴一乘法界圖의 완성

①義湘傳敎 … 許爲入室 雜花妙旨 剖析幽微 儼喜逢郢質 克發新致 可謂鉤深索隱 藍茜沮本色 …

　　　　… 입실할 것을 허락하니 의상은 화엄경의 깊은 뜻을 세밀한 곳까지 해석했다. 지엄은 의상의 영특함을 기뻐하여 새로운 이치를 터득해 내니 이야말로 깊이 숨은 것을 찾아내서 남색과 진홍색의 풀이 그 본색을 잃은 것이라 하겠다 …

... 又著法界圖書印幷畧䟽 括盡一乘樞要... 圖成總章元年戊辰 是年儼亦歸寂 ...

... 또 법계도서인과 약소를 지어서 일승의 요점을 모두 기록하여... 법계도는 총장 원년 무진(668)에 완성되었으며 이 해에 지엄도 세상을 떠난다 ...

③ 宋高僧傳 ... 綜習華嚴經時 康藏國師為同學也 所謂知微知章有倫有要 德瓶云滿 蔵海嬉遊 乃議廻程 傳法開誘 ..

... 화엄경을 다 익혔다. 이때 강장국사가 동학이 되었다. 소위 미세한 것과 드러난 것을 알게 되었고, 질서와 핵심을 가지게 되며, 덕으로 가득차게 되었다. 바다와 같은 넓은 마음으로 즐겁게 지내며, 이에 계획대로 돌아와 전법하고 개유할 것을 논의했다 ...

의상은 지엄의 문하에서 화엄 사상의 이치를 터득하여 대승장大乘章 10권을 저술하고 이것을 고쳐서 입의숭현立義崇玄을 지었으나 지엄이 말하기를 '뜻은 매우 깊고 심오하게 여겨지지만 문장이 너무 옹색하구나 반드시 두께가 두꺼워야 좋은 책이 되는 것은 아니다' 라 하여 대승장을 불속에 넣어 타고 남아 있는 글자 210자를 뽑아 다시 엮어서 석 달 후에 7언 30구로 법성게法性偈를 저술하고 화엄 사상의 핵심을 도인圖印으로 나타낸 화엄일승법계도를 총장 원년 무진년인 668년 7월 15일에 완성한다.

그즈음하여 지엄이 말하기를 '의상은 나의 뜻을 이어가는 의지義持이며 법장은 나의 글의 이어가는 문지文持가 되겠구나 그런데 법장은 왜 아직도 구족계를 받지 않는 것인가'라고 하였다. 이후 지엄은 668년 12월 27일 밤 67세로 입적하고 현수 법장賢首法藏이 3대 화엄교주로서 그 뒤를 잇는다.

- 화엄일승법계도에는 저자의 이름이 기록되어 있지 않다. 책 마지막 부분에 "인연으로 생겨나는 일체의 모든 것에는 주인이 따로 있지 않음을 나타내기 위하여 저자명을 기록하지 않는다." 라고 그 이유를 설명하였을 뿐이다. 해인경海印經으로도 불리운다.

의상과 현수법장

송고승전에서의 강장국사는 현수 법장이며 국일법사國一法師라고도 한다. 의상은 668년 화엄일승법계도를 완성한 후 671년 귀국하기까지 약 3년간의 시간이 남게 되는데 이 시기에 중국 여러 곳을 유람하면서 식견을 넓혔다는 기록이 있다.

의상과 법장은 지엄 밑에서 동학이며 사형사제 관계로서 그 우애가 남달랐다. 때문에 현수 법장이 28세 때인 670년에 장안의 태원사太原寺에서 출가할 때에 의상도 동행하였을 것이라는 추측을 쉽게 할 수 있다. 또한 당시 중국불교의 성지이며 화엄종으로 유명한 현통사가 있는 오대산에 갔을 것으로 추정해 본다.

○ 현수 법장의 활약

　　당나라 시대에서 불교계의 거장 제1호는 화엄종을 대성시킨 법장이라 할 수 있다. 법장은 북위 이래 활성화된 기존의 화엄경 연구 성과 위에 지의의 천태종, 길장의 삼론종, 현장의 유식종 등 그 이전에 성립된 중국 여러 종파의 교위를 비판하고 새로이 화엄경의 교의를 궁극으로 하는 신앙의 실천을 제창한다.

　　현수 법장(643~712)은 속성은 강康씨이며 서역의 강거국康居國 출신으로 할아버지 때부터 중국 장안에서 귀족의 자제로서 살았다. 17세에 태백산 부풍현扶風縣 법문사法門寺에 들어가 불교를 공부한 후 화엄종 제2조 지엄이 장안 운화사雲華寺에서 화엄경을 강론하는 것을 듣고 의상 등과 함께 그 제자가 된다. 670년에 법장은 태원사에서 출가하며 현수賢首라는 호를 측천무후로부터 하사받고, 674년에는 태원사에서 화엄경을 강론한다. 태원사는 687년에는 위국사魏國寺로 부르다가 690년에 다시 숭복사崇福寺로 이름이 바뀐다.

　　태원사는 측천무후가 자신의 어머니 양楊씨인 영국榮國부인의 넋을 위로하기 위해 세운 사찰이다. 701년 측천무후는 장생전長生殿에서 법장의 신역 화엄경인 80화엄의 강의를 들었다고 한다. 이때 측천무후가 화엄의 세계가 어려워 이해가 안된다고 하자 금사자상金獅子像을 예를 들어 십현육상十玄六相의 이치를 설명한 일화가 유명하다. 법장은 또한 산스크리트어에도 능통했기 때문에 의정義淨의 역경 작업에 참여하여 화엄경, 능가경楞伽經 등 10여 부의 경전을 한역한다. 일설에는 현장의 경전 번역에도 참여하였는데 모든 중생이 불성을 가지고 있지는 않다는 현장의 주장에 반대하여 결별했다고 한다.

법장은 화엄오교장華嚴五教章, 화엄경탐현기華嚴經探玄記, 대승기신론의기大乘起信論義記, 화엄경전기華嚴經傳記 등의 수많은 저술을 남기고 숭복사崇福寺(혹은 대천복사大薦福寺)에서 세수 70세, 승납 43세를 일기로 입적한다.

중국 인터넷 자료를 살펴보면 태원사는 낙양에 위치하고 있으며 대복선사大福先寺로 이름을 바꾸어 현재에 이른다고 하며 법장과 측천무후와의 인연에 대해서도 숭복사와 같은 내용으로 전하고 있어 진위를 알 수 없다. 당시 당나라에는 법장이라는 스님이 두 분 계셨는데, 속고승전의 법장은 종남산 자개산문의 법장이고, 송고승전의 법장은 삼계교 주낙경불수기사의 법장(?~714)으로 동명이인이다.

○ **귀국 후 의상과 법장의 인연**

의상이 귀국한 후 장안의 숭복사에 주지로 있던 현수 법장은 자신의 저술을 의상의 제자이며 동시에 법장의 제자가 되는 승전勝詮이 귀국할 때 서간문書簡文인 기해동서寄海東書를 의상에게 전하면서 자신의 저서에 대하여 검토해 주기를 부탁한다. 이때 화엄탐현기華嚴探玄記 20권, 일승교분기一乘教分記 3권, 현의장잡의玄義章雜義 1권, 화엄범어華嚴梵語 1권, 기신소起信疏 2권, 십이문소十二門疏 1권, 법계무차별론소法界無差別論疏 1권 등과 인도의 물병도 하나 포함돼 있었다고 전한다. 의상은 법장의 저서를 살펴본 후 9장과 10장의 순서를 바꾸게 한다. 690년 의상이 66세가 되는 해에 쓴 법장의 서간문인 기해동서는 의상전교에 전하며 그 원본이 신라·중국

· 대만 등을 거쳐 현재 일본 천리_{天理}대학 도서관에 보관되어 있다. 여담이지만 천리도서관은 안견_{安堅}의 몽유도원도_{夢遊桃源圖} 원본을 한국전쟁이 끝난 어수선한 시기인 1955년에 구입하여 보관하고 있다.

법장은 의상의 의견에 따라 수정 보완하여 701년 측천무후에게 새로운 화엄경의 세계를 강연할 수 있었다. 한편 법장의 문하에서 수학한 심상_{審詳}은 일본에 화엄을 전해 일본 화엄종의 시조가 된다.

- 중국 화엄종의 초기 계보 : 도안普安(530-609, 574년 종남산 은거) → 정연精淵(588년 지상사 창건) → 제1조 두순杜順(577-640 1대) → 제2조 지엄智儼(602-668) → 제3조 현수 법장賢首法藏(643-712, 699년에 화엄종 개창) → 제4조 청량 징관淸凉澄觀(738-839) → 제5조 규봉 종밀圭峰宗密(780-841, 선교일치 주장)로 이어진다.

귀국시기와 장소

① 義湘傳敎 ... 旣而本國承(丞)相金欽純(一作仁問) 良圖等 往囚於唐 高宗將大擧東征 欽純等密遣湘誘而先之 以咸享元年庚午還國 ...

... 이때 이미 본국의 승상 김흠순(혹은 김인문) 양도 등이 당나라에 갇혀 있었는데 고종이 장차 크게 군사를 일으켜 신라를 치려 하자 흠순 등은 몰래 의상을 권하여 먼저 돌아가게 하여 함형 원년 경오(670)에 본국으로 돌아왔다.

② 浮石本碑 ... 咸亨二年湘来還新羅 ...

　　　　　... 함형 2년(671)에 귀국한다 ...
③ 宋高僧傳 ... 復至文登舊檀越家謝其數稔供施便慕商船遂巡
　　　　　... 善妙 ... 其舟底寧達於彼岸 ...

　　　　　... 다시 문등의 옛 단월가에 이르러 당시에 매번 공양을 받음에 대해 사례를 하고 다시 상선을 타고 출범을 기다리는데 ... 선묘 ... 피안에 무사히 도달했다 ...

의상전교에서는 정치적인 이유를 들어 귀국 상황에 대하여 비교적 자세히 설명하고 있다. 즉 장안에 입당 중이었던 김인문으로부터 당나라 고종이 군대를 일으켜 신라를 공격한다는 소식을 전해 듣고 이를 전하기 위해 귀국하는 것으로 기록되어 있다. 때문에 서둘러 귀국을 하였을 것이다.

귀국 시기는 의상전교에서는 함형 원년 경오(670)에 귀국하였다 하였고, 부석본기에서는 함형 2년(671)에 귀국했다고 기록되어 있다. 우리나라 학계에서는 부석본비의 기록인 671년을 채택하고 있다. 귀국 방법은 송고승전에 전하는 바와 같이 다시 문등(등주)에 들렀다가 선묘를 만나는데 그 후 피안의 세계인 신라에 무사히 도달했다고 하여 배를 통해 귀국하였음을 알 수 있다.

3부 신라 귀국 후 입적까지

당군 격퇴

① 義湘傳敎 ... 聞事於朝 命神印大德明朗 假設密壇法禳之 國乃免 ...

... 이 일을 본국 조정에 알리자 신인종의 고승 명랑에게 명하여 밀단을 가설하고 비법으로 기도해서 국난을 면할 수 있었다 ...

660년 백제가 멸망하고, 이어서 668년에는 고구려가 멸망한 후인 670년은 당시 신라와 당나라는 교전 상태에 있었으며 당나라가 고구려와 백제 땅을 모두 차지하려는 음모를 꾸미고 있었다. 당 고종은 신라 사신인 김흠순을 억류하고 문무왕을 폐위하고 김인문을 왕위에 앉히려 한다. 김흠순은 이러한 사실을 의상대사를 통하여 문무왕에게 알리게 한다.

671년에 귀국한 의상은 당의 침략을 조정에 알리고 명랑明朗법사를 통하여 경주 낭산狼山 남쪽 신유림神遊林에 사천왕사四天王寺(679년 완성)를 건립하여 불력으로 태풍을 일으켜 당나라 병선을 침몰시켰다(674)고 전해진다. 계속해서 문무왕은 문무왕 15년(675) 9월 매초성買肖城에서 당군을 격파하고 676년 11월에는 기벌포伎伐浦에서 당군을 완전히 몰아냄으로서 실질적 통일을 이루어낸다. 귀국 후 의상은 671년에 낙산사 홍련암과 676년에 부석사를 창건한다.

화엄일승법계도 강론

문무왕 14년 674년에 황복사에서 표훈과 진정 등 제자들에게 그의 저술인 화엄일승법계도를 강론하였다. 1887년에 저술된 법계도기총수록法界圖記叢隨錄에 나오는 기록이다.

의상전교에는 연도를 밝히지 않지만, 의상이 황복사에 있을 때에 여러 무리들과 탑을 돌 때 항상 허공을 밟고 올라가 층계를 밟지 않았으므로 삼척이나 떠나 허공을 밟고 돌았기 때문에 의상은 그 무리들을 돌아다 보면서 '세상 사람들이 이것을 보면 반드시 괴이하다고 할 것이다. 그러니 세상에는 가르치지 못한다.' 하였다는 기록을 보이는데 아마도 이즈음 시기였을 것으로 추정한다.

화엄대전 강론

690년에 의상은 제자 진정의 어머니가 돌아가시자 이를 위해 소백산 추동錐洞에 초가를 짓고 그곳에서 90일간 3,000명에게 화엄대전을 강의한다. 지통은 이 내용을 기록하여 추동기錐洞記 2권을 남긴다. 여기서 추동이란 부석사를 말함인데 당시의 부석사는 초가 형태인 청빈한 모습의 사찰로 추정된다. 삼국유사 진정사효선쌍미眞定師孝善雙美에 나오는 기록이다.

왕성 신축 반대

①三國遺事 … 欲築京師城郭 旣令眞史 時義相法師聞之 致書報云 王之政敎明 則雖草丘盡地而爲城 民不敢蹂 可以潔災進福 政敎苟不明 則雖有長城 災害未消 王於是正罷其役 …

… 서울에 성곽을 쌓으려 하여 이미 관리를 갖추라고 명령했다. 그때 의상법사가 이 말을 듣고 글을 보내서 아뢰었다. "왕의 정교가 밝으시면 비록 풀 언덕에 금을 그어 성이라 해도 백성들은 감히 이것을 넘지 않을 것이나, 정교가 밝지 못하면 비록 장성이 있다 하더라도 재해를 없이할 수는 없을 것입니다." 왕은 이 글을 보고 이내 그 역사를 중지시켰다 …

⑥三國史記 … 文武王二十一年六月 王欲新京城 問浮屠義湘 對曰 雖在草野茅屋 行正道則福業長 苟爲不然 雖勞人作城 亦

無所益 王乃止城 ...

... 문무왕 21년(681) 6월 왕이 경성을 일신하려 하여 부도 의상에게 묻자 그는 대답하기를 비록 초야모옥에 있더라도 행정을 정도로 하오면 곧 복업은 영원할 것이오니 구태여 그렇게 할 것이 아닙니다. 더구나 백성을 괴롭게 하여 성을 만드는 것은 또한 유익되는 바가 아닙니다. 하자 왕은 곧 이 역사를 그만두었다 ...

의상과 문무왕의 인연은 676년 부석사 창건 이후 전혀 기록에 나타나지 않다가 681년 문무왕이 돌아가시는 즈음하여 의상에게 성곽 축조에 대한 의견을 묻는 기록이 나온다.

의상은 부석사를 창건한 이후 줄곧 부석사를 거점으로 수행 생활을 지속하였기 때문에 나라의 정사에는 직접적으로 관여하지 않았다는 점에서 기록이 남지 못하였을 것이다. 문무왕이 죽기 전에 왜 왕성을 다시 쌓으려 했는지는 알 수 없으나 그동안 소원했던 의상과의 인연을 대신하여 기록으로 남아 있는 것 같다. 당연히 문무왕은 의상의 의견을 존중하여 실행하지 않는다.

입적

②浮石本碑 ... 長安二年壬寅示滅, 年七十八 ...

... 장안 2년 임인년(702)에 세수 78세로 돌아가신다 ...

④白花道場發願文略解 ... 年七十八坐脫, 即大周則天皇帝長

安元年辛丑三月也

... 세수 78세로 좌탈한다. 당 측천무후 장안 원년 신축(701) 3월의 일이다 ...

부석본비에서는 702년에 입적하였다는 기록이 있고, 백화도량발원문약해에서는 701년에 입적하였다고 기록되어 있지만 학계에서는 부석본비의 효소왕 11년 702년에 입적한 것으로 생각한다. 입적 당시의 상황에 대한 기록을 찾을 수 없지만 부석사를 본거지로 수도 생활을 해왔기 때문에 부석사에서 입적하셨으리라 예상이 가능할 것이다. 현재 부석사 조사당에는 1975년에 석고로 만들어진 의상좌상이 만들어져 안치되어 있다. 숙종 5년(1101) 8월에 숙종은 의천義天의 건의로 원효에게 대성화쟁국사大聖和諍國師를, 의상에게 대성원교국사大聖圓敎國師를 추증하고 그들이 살던 곳에 비를 세워 공덕을 새김으로서 영원히 기념하게 하라는 조서詔書를 내린다. 부석본비는 고려 숙종 때에 이미 없어진 상태였지만, 부석사 경내 어느 곳엔가에 숨겨져 있을 것으로 희망해 본다.

고려 시대 당시에는 의상의 사상을 균여均如가 전승하고 있었지만 의천에 의해 의상과 원효가 재조명을 받게 된다. 의천은 화엄종에 출가한 승려로서 의상보다는 원효의 화쟁 사상인 통불교에 많은 관심을 가졌다. 원효는 분황사에 머물면서 화엄경 주석을 저술하는 등 의상과 함께 신라 화엄 사상을 널리 알린다.

• 화쟁和諍 사상은 다면적 종파의 개별적 인정을 바탕으로 종파를 초월

한다는 일승귀결이 핵심으로 서로 종파에 대한 편견 없는 회통적 이해를 통해 원융무애圓融無碍를 주장하는 원효의 특징적인 사상이다.
- 통불교通佛教는 종파와 사상에 관계없이 모두가 성불의 길로 회통會通한다는, 원효가 주장한 우리나라 불교의 대표적 사상이다.

의상은 671년 신라로 귀국하여 702년 입적하기까지 약 30여 년 동안 국내에서의 활동이 분명하게 남아 있지 않아 많은 아쉬움이 남는다. 29세인 653년 황복사에서 출가하며 귀국 후인 674년에 황복사에서 화엄일승법계도를 강론하였다는 기록에서 보면 의상은 676년 부석사를 창건하기 전까지는 황복사를 거점으로 국가와 왕실을 위해 참여한 것 같다. 하지만 부석사 창건 이후부터는 부석사를 거점으로 수도 생활을 계속하며 그곳에서 입적한 것으로 추정한다.

1942년 경주 황복사지 삼층석탑(국보 37호) 해체수리시에 706년에 만들어진 황복사금동사리함명皇福寺金銅舍利函銘이 발견되는데 그곳의 기록에 나오는 승려의 명단에서 의상은 물론 그의 제자의 이름이 나오지 않는데 그때는 이미 의상은 수행의 거점을 부석사로 옮긴 후가 아닌가 생각한다. 이러한 모습은 당시 국가의 중요 직책을 맡으며 국가 활동에 적극적으로 참여하였던 원광, 자장 등과 같은 당시의 승려와는 다른 모습이었다.

화엄십찰 창건

① 義湘傳敎 ... 湘乃令十刹傳敎 太伯山浮石寺 原州毗摩羅 伽

耶之海印 毗瑟之玉泉 金井之梵魚 南嶽華嚴寺等是也 ...

... 의상은 이에 영을 내려 열 곳 절에서 불교를 전하니 태백산 부석사, 원주 비마라사, 가야산 해인사, 비슬산 옥천사, 금정산 범어사, 남악 화엄사 등이 이것이다 ...

화엄십찰에 대한 기록은 의상전교에 전하지만 부석사, 비마라사, 해인사, 옥천사, 범어사, 화엄사 등 6개 사찰만 기록하고 있다. 최치원은 법장화상전法藏和尙傳(904)에서 의상대사가 화엄대교를 전하기 위하여 건립한 사찰은 1)중악中岳 공산公山(현 대구광역시 팔공산) 미리사美里寺, 2)남악南岳 지리산智異山(현 전라남도 구례군) 화엄사華嚴寺, 3)북악北岳 태백산太白山 부석사浮石寺 4)강주康州(현 경상남도 합천시) 가야산伽倻山 해인사海印寺와 보광사普光寺, 5)웅주熊州 가야협伽倻峽(현 충청남도 공주시) 보원사普願寺, 6)계룡산鷄龍山(현 대전광역시) 갑사岬寺, 7)삭주朔州(현 강원도 춘천) 계람산鷄藍山 화산사華山寺, 8)양주良州(현 경상남도 양산시) 금정산金井山 범어사梵魚寺, 9)비슬산毘瑟山(현 대구광역시 달성군 현풍면) 옥천사玉泉寺, 10)전주全州 모산母山(현 전라북도 전주시) 국신사國神寺, 11)한주漢州(현 서울) 빈아산貧兒山 청담사淸潭寺 등으로 일명 화엄십찰華嚴十刹이라 한다. 그 가운데 원주 비마라사는 법장화상전法藏和尙傳에 보이지 않는다. 십찰十刹이라는 의미는 10개의 사찰이라는 의미보다는 10이라는 숫자를 만수滿數로 삼는 화엄사상으로 이해하는 것이 좋겠다.

이 밖에도 불영사佛影寺, 삼막사三幕寺, 초암사草庵寺, 홍련암紅蓮庵 등이 의상과 그의 제자들에 의해 창건된 것으로 보고 있다. 신라 말까지만 해도 화엄십찰은 의상계 화엄종과 연결되지는 않았다. 고려 초를 지나면서 신라 화엄종이 의상계로 인식되는 과정을 거치면서 화엄 십찰은 의상계로 파악된다.

화엄십찰은 화엄경 보살주처품菩薩住處品의 이해에서 출발해야 할 것이다. 보살주처품은 매우 짧은 품으로 여러 보살들이 머무르는 공간인 산이나 장소 10곳을 대하여 설명하고 있다. 이곳에 문수보살이 있는 청량산에 대한 기록이 나오는데 징관澄觀은 보살주처품을 주석하면서 자신이 머무르고 있던 오대산, 즉 청량산을 상세하게 설명한다. 도선, 법장, 징관 등이 화엄경의 주석을 저술하면서 모두가 화엄경에 나오는 청량산이 곧 오대산이라고 기술하고 있다. 화엄십찰의 성립은 보살주처품의 내용을 근거로 하였다 하니 한·중·일 삼국의 화엄사찰이 세워진 장소의 의미를 설명할 수 있을 것이다.

의상의 제자들

삼국유사에는 10대 제자로 오진悟眞, 지통智通, 표훈表訓, 진정眞定, 진장眞藏, 도융道融, 양원良圓, 상원相源, 능인能仁, 의적義寂의 화엄10성聖이 있다. 이외에 범체梵體, 도신道身, 신림神琳 등이 있다. 최치원은 법장화상전法藏和尙傳에서 진정, 상원, 양원, 표훈 등을 특별히 의상의 사영四英이라고 했다. 송고승전 의상전에서는 지통智通, 표훈表訓, 범체梵體, 도신道身 등을 등당도오자登堂都奧者라 부르면서 이들은 모두 큰 알 속에서 껍질을 깨고 날아간 가유라조迦留羅鳥와도 같다고 했다. 이외에서 의상은 3,000명의 많은

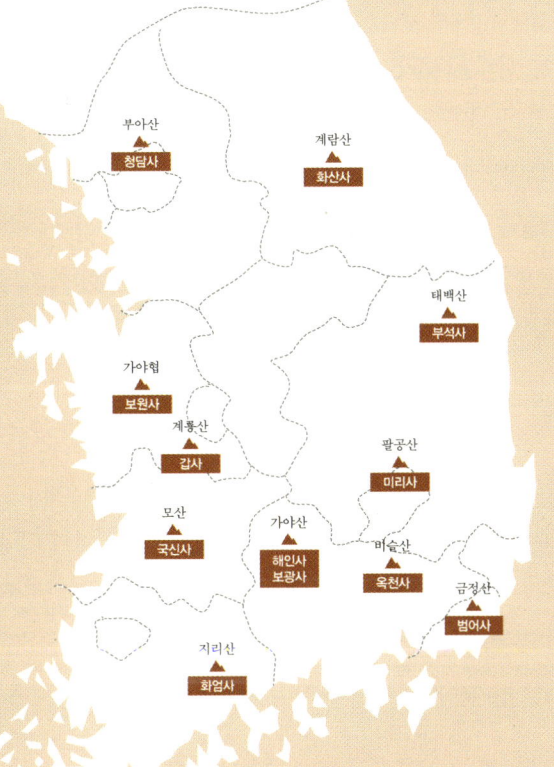
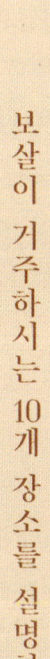

화엄경 보살주처품菩薩住處品에서는 보살이 거주하시는 10개 장소를 설명한다.

1. 동방 선인산仙人山 금강승金剛勝보살과 300권속
2. 남방 승봉산勝峰山 법혜法慧보살과 500권속
3. 서방 금감염산金剛焰山 정진무외행精進無畏行보살과 300권속
4. 북방 향적산香積山 향상香象보살과 3000권속
5. 동북방 청량산淸凉山 문수文殊보살과 1만 권속
6. 바다가운데 금강산金剛山 법기法起보살과 1,200권속
7. 동남방 지제산支提山 천관天冠보살과 1,000권속
8. 서남방 광명산光明山 현승賢勝보살과 3,000권속
9. 서북방 향풍산香風山 향광香光보살과 5,000권속
10. 큰 바다 가운데 장엄굴莊嚴窟

제자를 두었다 한다. 의상은 10대 제자를 자신이 지정한 적이 없다. 아마도 후세 사람들이 석가모니의 10대 제자(물론 이것도 석가모니가 정하지 않았다)를 본받아 만들어진 내용으로 생각된다.

- 오진悟眞은 안동 하가산下柯山 학암사鶴巖寺에 거주하면서 영주 부석사의 석등을 밤마다 팔을 뻗어 켰다고 의상전교에 전한다.
- 지통智通은 노비 출신으로 태백산 미리암굴彌理岩窟에서 화엄관을 닦을 때 의상으로부터 법계도인을 물려받은 제자이며, 추동기錐洞記를 지었다.
- 표훈表訓은 불국사 창건의 사상적 토대를 제공하며 불국사에서 살았으며 항상 천궁天宮을 왕래했다. 경주 흥륜사興輪寺의 금당金堂에 신라의 십성十聖 가운데 한 분으로서 의상 스님과 함께 그 상이 안치될 정도로 신라에서 존경을 받았다. 금강산에 표훈사表訓寺를 창건한다.
- 진정眞定은 천민 출신의 이발사로 집안이 어려웠으며 삼국유사 진정사효선쌍미眞定師孝善雙美에 출가인연과 함께 모친의 명복을 빌기 위해 의상은 소백산 추동에서 3천여 명의 무리를 모아 90일간 화엄대전을 강해했다는 기록이 있다.
- 진장眞藏과 도융道融에 대해서는 이름 이외의 기록이 없다.
- 양원良圓에 대한 기록은 없지만 균여의 석화엄지귀장원통초釋華嚴旨歸章圓通鈔에 나무 등이 부처님의 행덕行德이므로 나무가 설한다고 하는 양원 스님의 설이 남아 있으며, 일승법계도원통기一乘法界圖圓通記에 법성과 진성의 차이에 대해서 양원화상기가 인용되어 있다.

- 상원相源은 부석사 40일회에 참석하여 의상 스님으로부터 일승십지一乘十地 법문을 듣는 등 동문인 진정 스님과 함께 의상 스님에게 문답한 내용이 총수록과 균여의 저술에 남아 있다.
- 능인能仁은 이름 이외의 기록이 없다. 안동의 봉정사鳳停寺를 창건한다.
- 의적義寂은 화엄학승이라기보다 법상학인法相學人으로 더 알려져 있다.
- 도신道身은 삼국유사에도 기록이 없지만, 의상의 강의를 기록한 도신장道身章 2권을 남긴다.
- 범체梵體는 송고승전 이외의 기록이 없다.
- 신림神琳은 802년 해인사를 창건한 순응順應이 신림神琳에게서 공부하였다고 최치원이 전한다.

의상의 저술

의상은 실천 수행을 중요시 여겼기 때문에 저술은 그다지 남기지 않았다고 전해진다. 이에 대하여 삼국유사를 편찬한 일연이 "온 솥의 고기 맛을 알려면 한 점의 살코기로도 충분하다."라고 일갈한 문장으로 유명하다.

현존하는 저술로는 화엄일승법계도기華嚴一乘法界圖記, 백화도량발원문百花道場發願文, 투사례投師禮, 일승발원문一乘發願文이 있으며, 현존하지 않는 저술로는 화엄십문간법관華嚴十門看法觀, 입법계품초기入法界品鈔記 소아미타의기小阿彌陀義記 등이 기록에 남아 있을 뿐이다.

화엄일승법계도의 해설서로서 지통의 추동기錐洞記, 도신의 도신장道身章, 법융의 법융대덕기法融大德記, 진수의 진수대덕기眞秀大德記와 법계도기총수록法界圖記叢髓錄, 균여均如의 일승법계도원통기一乘法界圖圓通記, 김시습金時習의 대화엄일승법계도주大華嚴一乘法界圖註, 유문有聞의 법성게과주法性偈科註 등 이외에도 수많은 해설서가 계속 저술되고 있다.

- 일승발원문一乘發願文은 7언 48구 336자의 게송偈頌으로 1350년 금자사경金字寫經에 필사된 것으로 국립중앙박물관에 소장되어 있으며, 보살도의 실천을 강조한 내용이다.
- 투사례投師禮는 의상이 불보살에게 귀명歸命 경례敬禮하기 위해 지은 의식문儀式文으로, 송나라 때 공진선사拱辰禪師가 편찬한 종문통록宗門通錄을 조선 시대 밀계密契가 찬한 통록촬요通錄撮要에 부록으로 수록되어 있다.

○ 의상대사 연보

625년	진평왕47년	1세	아버지가 韓信이며 金씨로 출생
630년	52년	6세	원광법사 황룡사에서 입적
636년	선덕여왕 5년	12세	자장 입당(관도승)
642년	11년	18세	대야성 전투, 김춘추 도고구려
643년	12년	19세	초세 출가(사도승) 3월 자장 귀국

연도	왕력	나이	사건
645년	14년	21세	현장 귀국, 대안탑
647년	진덕여왕 원년	23세	1월 비담의 난, 김춘추 도일
648년	2년	24세	10월 김춘추 문왕과 함께 입당하여 당태종 만남
650년	4년 영휘 원년	26세	원효와 1차 입당시도 실패 법민(문무왕) 입당
651년	진덕여왕 5년	27세	불영사 창건 김인문 문왕과 교대로 입당
653년	진덕여왕 7년	29세	황복사에서 출가(관도승)
660년	무열왕 7년	36세	백제 멸망
661년	문무왕 원년 용삭 원년	37세	2차 입당시도 양주도착, 지상사 지엄 만남 무열왕 죽음
663년	3년	39세	웅진전 창건(683) 원효 청량사 창건
664년	4년	40세	2월 5일 현장 입적
668년	8년 총장 원년	44세	7월15일 화엄일승법계도기 완성 고구려 멸망, 12월 27일 지엄 입적
670년	10년	46세	법장과 낙양 태원사와 오대산 방문
671년	11년 함형 2년	47세	등주에서 신라귀국, 낙산사 창건 백화도장발원문 지음 명랑법사는 사천왕사에서 밀단을 가설하여 국난을 면함
672년	12년	48세	능인 봉정사 창건
673년	13년	49세	축서사 창건
674년	14년	50세	황복사에서 화엄일승법계도를 강론
676년	16년	52세	2월 부석사 창건, 보문사 창건 원효 각화사 창건, 기벌포 전투 승리

678년	18년	54세	범어사 창건
681년	21년	57세	고운사 창건, 조정에 축성 중지를 건의 7월 문무왕 해중릉에 입적
686년	신문왕 6년	62세	3월 원효 70세로 입적
690년	10년	66세	소백산 추동에서 90일간 화엄경 강의
692년	12년	68세	승전 현수 법장 편지 전달
702년	효소왕 11년	78세	3월 부석사에서 입적
1101년	고려 숙종 5년		해동화엄시조 원교국사로 추존 원효를 화쟁국사로 추존

- 의상대사 연보
- 주요 역사적 사건

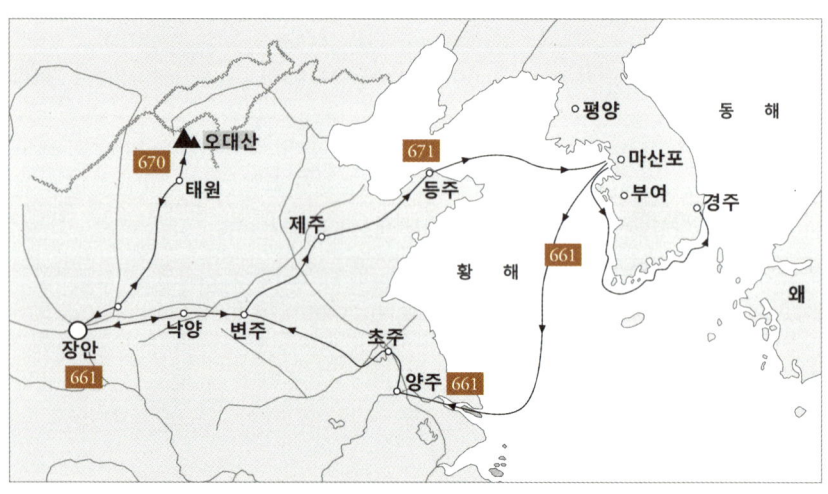

의상 입당 구법 행로

의상대사 구법 건축순례행기
義湘大師 求法 建築巡禮行記

2편 동북아시아의 불교 전래

화엄일승법계도
|華嚴一乘法界圖|

1부 한국의 불교

불교 전래의 의미

불교는 종교적인 문제이면서 고대국가의 정치적인 문제이기도 하다. 불교의 전래는 곧 외래신앙인 불교와 토착신앙과의 만남이라 하겠다. 우리나라의 불교는 고구려와 백제가 중국으로부터 먼저 받아들였고, 신라는 이후에 고구려에 의해 전래받는다. 물론 가야는 김수로왕의 부인으로 아유타국 출신인 허황옥許黃玉이 파사각婆娑閣에 탑을 쌓고 그의 오빠인 보옥선사寶玉禪師가 불경을 가져오면서 전래되었다는 설이 있지만 가야가 일찍이 멸망하면서 전설로 전해질 뿐이다.

고구려에 불교가 전래된 372년이란 시기는 고국원왕이 백제 근초고왕에 패하여 전사한 다음해이다. 백제는 고구려보다 12년 늦은 384년으로 침류왕이 즉위한 해이며, 근초고왕 이래 근구수왕에 이르기까지 고구려와 격렬한 전투가 한창이었던 시기이다. 신라는 법흥왕이 가야 제국들을 멸망시키는 전투가 한창인 528년에 불교를 공인한다. 이처럼 한반도에 불교가 전래된 건 삼국 모두 전투가 한창인 시기에 이루어지고 있어, 불교와 정치는 서로 깊은 관계에 있었음을 짐작하게 한다.

　불교는 정작 인도에서 정착하지 못한 종교이지만 초민족적으로, 또는 초국가적으로 전 세계에 널리 전래된다. 불교는 이전부터 사용되던 기존의 길을 통하여 전래되는데 이 길을 우리들은 실크로드라 부르고 있다.

　불교는 국가의 수도를 목표로 전래되는 특성을 보인다. 그런데 불교란 출가, 즉 속세를 떠난다는 이미지가 강한 종교로 인식되지만 실제로는 국가의 수도를 목표로 정치 세력과 결탁하여 전래하고 있음은 아이러니한 부분이다. 세속과 떨어져 있어야 하지만 세속을 구제해야 하는 불교의 목적을 달성하기 위해서는 정치 세력과 결탁하지 않을 수 없다는 현실을 간과할 수 없기 때문일 것이다. 그러하다 보니 불교는 정치 세력의 하수인이 되어 버리는 결과를 낳게 되고 나아가서는 불자의 최종 목표인 깨달음에는 도저히 이르지 못할 것을 두려워한 중국의 승려들은 7세기에 들어서면서 선종이라는 중국 독자의 불교를 탄생시키게 된다.

　고구려·백제·신라의 삼국은 중국과의 교류를 통하여 중국의 문화를 적극적으로 받아들이는 정책을 편다. 그 일환으로 중국으로부터의 불교 전래는 한반도의 건축 발전에 커다란 영향을 끼치게 된다. 불교가 전래될 때에는 불상, 경전, 수행자인 승려 등이 함께 들어오게 되는데 이외에도 불상을 조각하는 사람, 가람을 건축하는 사람, 불화를 그리는 화공, 무용과 음악 등을 포함한 종합문화를 갖는 기술자며 예술가 집단의 전래라 할 수 있다.

한반도에 불교 전래 이전의 궁궐의 모습이 남아 있지 않아 알 수는 없지만 초기 불교 사찰의 웅장한 모습은 왕들에게 매우 매력적으로 보였을 것이다. 진평왕은 스스로가 석가모니의 아버지인 정반왕이라 하고 왕비를 마야부인으로 칭함으로서 자신이 석가모니가 환생한 존재라는 점을 강조한 것처럼 당시에는 임금이 곧 부처라는 믿음은 가지고 있었기 때문에 사찰 건축은 곧 궁궐 건축과 의미가 같아진다. 때문에 동양에서는 사찰 건축과 궁궐 건축이 같은 양식의 건출물로서 발전하게 됨은 매우 자연스러운 현상이다.

고구려 · 백제 · 신라의 삼국 시대에는 중국과의 교류를 통하여 중국의 문화를 적극적으로 받아들이는 정책을 편다. 당나라(618-907)는 중국 역사상으로도 가장 불교가 성행하였던 시대이며 황제 혹은 귀족들의 후의를 얻어 불교 흥륭을 위해 많은 대사찰을 건설한다. 당대의 불교는 불상에 참배하여 현세 이익을 얻으려는 기복신앙에 가까운 대승불교가 주류를 차지하고 있었다. 당의 불교의 성행을 받아들이기 위해 각국에서는 중국에 유학승을 보내면서 한반도의 삼국에서도 국가 규모의 불교 융성을 일으키게 된다. 의상이 입당하여 귀국하기까지의 한반도 정치 상황은 삼국통일을 위한 처절한 전란의 시기였다. 신라는 당과 연합하여 660년에는 백제를, 668년에는 고구려를 멸망시킨 후 한반도 통일을 목표로 당나라와 싸워 676년에는 평양과 원산 이남을 신라 영토로 결정지으면서 오랜 전쟁은 끝이 난다. 이로써 한반도 남쪽에는 신라가 삼국을 통일하고, 북쪽에는 발해가 건국하는 남북조 시대에 들어선다.

- 불교 전래에 대한 옛 기록은 김부식金富軾(1075-1151)의 삼국사기三國史記(1145), 일연一然(1206-1281)의 삼국유사三國遺事(1285), 각훈覺訓(?-1215?)의 해동고승전海東高僧傳(1215), 서거정徐居正(1420-1488)의 동국통감東國通鑑(1485) 등에 있으나 내용이 거의 같다.
- 동사강목東史綱目은 1778년에 안정복安鼎福이 쓴 단군조선부터 고려 말까지의 통사적인 필사본 역사책이다.

고구려의 불교 전래

중국에서 한반도로 불교가 전래된 시기는 고구려 · 백제 · 신라 삼국이 병존하는 삼국 시대이며 고구려에 처음으로 불교가 전래된다. 고구려의 불교 전래는 당시 전진과 연나라의 사이에서 일어나는 정치적 상황과 깊은 관계를 가지고 있다. 전진이 370년 연나라를 멸망시키자 연나라의 고관들은 고구려로 피신을 하게 되는데 고구려 고국원왕故國原王(재위 331-371)은 그들을 포획하여 부견에게 돌려보낸다. 그리고 2년 후에 전진의 불교가 고구려에 전래된다.

고구려의 불교 전래에 대하여 가장 오래된 기록은 김부식의 삼국사기에 전해진다. 이에 의하면 소수림왕 2년(372) 6월 전진왕前秦王 부견符堅이 승僧 순도順道를 불상과 불경과 함께 보낸다. 이처럼 고구려는 372년에 불교가 전래됨과 동시에 국가의 공인을 받는 셈이 된다. 불교가 전래되기 전후로 하여 고구려는 중국의 문화와 제도를 적극적으로 도입한다. 같은 해에 태학太學이 설립되고 다음해에 율령律令이 반포됨으로서 새로운 정치 국가 체제를 구축하게 된다. 때문에 일부 학자들 사이에서 고구려는 소수림왕 때부터 시작하며 그 이전은 부족국가 시대라고 주장하는 경우도 있다.

동진東晉의 지도림支道林(314-366)이 고구려의 도인道人에게 서한을 보냈다는 기록이 있듯이 372년 공인되기 이전에 이미 고구려에 민간을 통해 불교가 전래되었음을 알 수 있다. 소수림왕 이후 고구려에서는 불교가 왕의 적극적인 지원을 받으며 200년 가까이 발전하게 된다. 고구려의 불교는 기복신앙으로 국가의 제천경신祭天敬神의 풍속과 함께 부처도 제재초복除災招福(재난을 없애주고 복을 가져다 줌)을 위한 신神으로서 왕과 민중 사이에서 신봉되었다는 기록이 동사강목東史綱目에 있다.

고구려는 북조뿐만 아니라 남조 양나라와도 교류를 하는데 승랑僧郎 법사는 장수왕(재위 413-491) 후반에 장안에서 삼론종을 배우며, 500년에는 섭산첩로사攝山捷露寺의 주지가 된다. 512년에는 양 무제의 요청으로 남경에서 10여 명의 승려에게 삼론三論을 강의한다.

영양왕(재위 590-618) 때에 이르면서 고구려의 불교도 쇠퇴기에 들어선다. 보장왕 2년(643)에는 불사를 폐지하는 등 배불 정책으로 오두미교인 도교가 성행한다. 한반도 최초의 폐불 사건이 일어나는 셈이다. 이때를 즈음하여 많은 고구려의 승려들이 중국으로 유학을 가는데 이들은 고구려로 돌아가지 못하고 백제, 신라, 일본으로 들어가게 된다.

○ **고구려 불교 간략사**

372년	소수림왕	2년	전진前秦 부견이 순도順道를 통해 불법을 전래
374년		4년	아도阿道 고구려에 옴
375년		5년	아도가 이불란사伊佛蘭寺(후에 흥복사興福寺)를 창건 순도가 소문사肖門寺(후에 흥국사興國寺) 창건
391년	고국양왕	8년	불법을 숭배하여 복을 얻으라고 권유
392년	광개토왕	2년	평양에 구사九寺 창건
395년		2년	동진東晉의 담시曇始가 내조來朝하여 삼승교三乘敎를 설법
427년	장수왕	15년	집안集安에서 평양平壤으로 천도
494년	문자왕	3년	북위北魏 평성平城에서 낙양으로 천도
498년		7년	금강사金剛寺 창건
512년		21년	승랑僧朗은 양 무제의 요청으로 남경에서 삼론三論을 강론
550년	양원왕	6년	북제北齊는 영양왕을 요동군개국공고구려왕遼東郡開國公高句麗王으로 책봉
551년		7년	혜량惠亮 551년 신라로
584년	평원왕	26년	혜편慧便 584년 도일渡日
595년	영양왕	6년	혜자慧慈 도일渡日
602년		13년	승륭僧隆 · 운총雲聰 도일渡日
605년		16년	일본 비조사飛鳥寺에 황금 300량 보냄
610년		21년	담징曇徵 · 법정法政 도일渡日
615년		26년	혜자慧慈 고구려로 돌아감
624년	영류왕	7년	당 고조가 보낸 도사道士가 노자도덕경老子道德經을 강론
625년		8년	혜관慧灌 도일渡日, 일본 삼론종三論宗의 시조始祖
643년	보장왕	2년	당 태종 도사 숙달叔達 등 8인을 보냄, 불사佛寺를 폐지
650년		9년	보덕화상普德和尙 백제 완산주完山州 고대산孤大山으로 옮김

백제의 불교 전래

백제불교의 초전初傳에 대해서는 삼국사기 침류왕 1년(384) 9월에 인도 간다라 출신의 호승 마라난타摩羅難陀가 동진東晉으로부터 왔으며, 왕은 이를 맞이하여 궁내에 예의로서 공경하였는데 이로써 불법이 시작되었다고 전한다. 일설에 마라난타가 중국 항주를 통해 뱃길로 법성포에 도착하여 불갑사를 창건하였다는 전설도 있지만 전래 당시 백제의 수도가 한강 유역인 위례성이라는 점을 생각할 때 이후에 만들어진 내용 같다.

백제의 불교도 고구려와 같이 왕실을 중심으로 한 기복신앙으로 제재초복除災招福의 법으로서 발전한다. 백제는 392년 이후 526년까지 불교에 관한 기록이 거의 나타나지 않는데, 이 기간 동안 백제와 신라, 고구려 사이의 전쟁이 치열하였기 때문이라고 한다.

겸익謙益은 한반도 최초로 522년에 인도로 유학을 떠나 526년에 인도승 배달다삼장倍達多三藏과 같이 사비로 귀국하여 오분율五分律을 번역한다. 이로서 백제의 율종이 시작된다. 성왕은 541년에 양 무제에게 사신을 파견하여 모시박사毛詩博士와 열반경涅槃經 등과 공장工匠과 화사畵師를 전해 받는다.

이어서 법왕은 599년 왕의 칙령으로 살생을 금하고, 600년에 왕흥사王興寺를 창건하며 승려 30인을 출가시킨다. 법왕은 배를 타고 자주 이 절을 들렀다 전해지며 채색과 장식이 장엄하고 화려했다고 전해진다. 왕흥사는 무왕 634년에 완공되며, 660년 백제가 멸망할 때 폐허가 된다.

일본에서의 백제 불교 전래 기록

백제의 불교 전래에 대해서는 우리나라 기록보다 일본에서 보다 다양한 기록을 찾을 수 있다. 추고推古31년(623)에 백제 승려인 관륵觀勒이 말하길 "중국에 불교가 전래된 지 300년 후에 불법이 백제에 이른 지 겨우 백년 되었다. 그런데 백제 왕이 일본 왕에 현철함을 듣고 불상과 경전을 바쳤는데 아직 100년이 차지 않았다"는 기록이 일본서기에 나온다. 중국의 불교 전래에 대해서는 기원전 234년에서 기원후 67년에 이르기까지 여러 학설이 있는데 그 가운데 주요한 몇 가지 학설을 기반으로 백제 불교 전래 연도를 추정하면 다음과 같다.

첫째, 452년 전래설로서 인도에서 한나라에 불교가 전래된 해를 152년(안세고 전래설)이라 생각하여 이때부터 300년이 지난 452년에 백제에 전래되었다는 내용이다. 일본에 불교가 전래된 538년은 452년부터 아직 100년이 차지 않았다는(일본서기 기록인 552년으로 하면 꼭 100년이 된다) 내용과 일치한다.

둘째, 524년 전래설로서 한나라에 불교가 전래된 해를 224년(지겸 전래설)으로 생각하여 300년 후인 524년에 백제에 불교가 전래되었다는 설이다. 538년(혹은 552)에 일본 불교 전래라 생각하면 524년에 백제불교가 전래되어 14년(혹은 28년)밖에 지나지 않아 불법이 백제에 이른 지 100년이라는 내용과 거리가 있다.

셋째, 367년 전래설로서 중국의 통설로서 후한 명제 67년에 전래하여 300년 후인 367년에 백제에 불교가 전래되었다는 설인데, 538년(혹은

552)은 이미 100년을 훌쩍 넘어 버린다.

한국에서는 삼국사기 등에 기록된 384년이 정설로 되어 있으며 중국의 통설인 367년 전래설과 유사하다. 당시 관륵은 백제 불교 전래의 시기를 452년으로 믿고 있었고 이를 일본에 전한 것 같다.

- 관륵觀勒은 백제 위덕왕대 승려로 602년에 역본曆本과 천문天文, 지리서地理書 및 둔갑遁甲과 방술方術 등의 책을 일본에 전하였다. 원흥사元興寺에 거주하며 624년 일본 초대 승정僧正이 되었다.
- 안세고安世高(25-220)는 이름 청淸이며 자는 세고世高이다. 이란 북동부 안식국安息國(파르티아)의 왕자로 출가하여 아비담경률론阿毘曇經律論 연구와 선정禪定에 힘썼다. 후한 148년경에 중국 낙양洛陽에 정착한 후 20여 년간에 30여 부部의 경전을 한역漢譯하며 중국 초기의 불전佛典 번역자로 알려져 있다.
- 지겸支謙은 중국 삼국 시대의 오나라 거사이다. 223년부터 253년까지 역경譯經에 종사하여 유마힐경維摩詰經, 대명도경大明度經, 찬집백연경撰集百緣經, 태자서응본기경太子瑞應本起經, 의족경義足經, 범망육십이견경梵網六十二見經 등을 번역했다. 만년에는 강소성江蘇省 궁륭산穹窿山에 은거하다가 60세에 입적하였다.

○ 백제 불교 간략사

연도	왕	재위년	내용
384년	침류왕	1년	동진東晋으로부터 호승胡僧 마라난타摩羅難陀가 불법을 전래
385년		2년	한산漢山에 불사佛寺를 창건하여 도승십명度僧十名을 둠
392년	아신왕	1년	불법을 숭배하여 복을 얻으라는 칙명을 내림
475년	문주왕	1년	웅진熊津(현재 공주公州)으로 천도
510년경	문자왕	19년	발정發政 입위 북위北魏 30여 년 후 사비 귀국
526년	성왕	4년	겸익謙益 인도에서 귀국, 백제 율종律宗의 확립 담욱曇旭 혜인惠仁 율소律疏 26권을 지음
538년		16년	일본에 금동석가불 등을 보내며 불교 전래(일본서기에서는 552년) 사비泗沘(현재의 부여扶餘)로 천도, 국호를 남부여南扶餘로 바꿈
541년		19년	양梁나라 무제武帝로부터 열반경涅槃經 등을 전래받음
545년		23년	장육불상丈六佛像 주조
554년	위덕왕	1년	담혜曇慧 등 9명을 도심道深 등 7명으로 대신하여 도일
583년		30년	일라日羅 도일渡日
584년		31년	갑하신甲賀臣이 미륵석상彌勒石像 1구와 좌백련佐伯連이 불상佛像 1구 전래
587년		34년	풍국豊國 도일
588년		35년	혜시惠總, 영근令斤, 혜식惠寔 도일渡日
595년		41년	혜총慧聰 도일渡日
597년		44년	아좌태자 도일渡日
599년	법왕	1년	살생을 금지하며 매(鷹)를 방생하는 등의 칙령을 하사
600년	무왕	1년	왕흥사王興寺 창건, 승려 30인을 출가시켜 담악사淡岳寺에서 기원祈願
601년		2년	미륵사彌勒寺 건립
602년		3년	관륵觀勒 도일渡日
609년		10년	혜미慧彌 등 11명의 승려 도일渡日
634년		15년	왕흥사王興寺 건립
655년	의자왕	15년	비구니 법명法明 도일

신라의 불교 전래

신라의 불교 전래는 공인설과 민간설이 함께 전해지는데 공인설이란 『삼국사기』 권4의 법흥왕14년(527)에 처음으로 불법을 국가적으로 공인하였다는 기록을 말한다. 민간설이란 공인설 이전에 이미 신라에 불교가 전래되었다는 4가지 전설이다.

① 12대 미추왕味鄒王2년(263)에 고구려 승 아도阿道가 신라에 왔다(아도화상비문阿道和尙碑文).

② 19대 눌지왕訥祇王(417-458)때 사문沙門 묵호자墨胡者가 고구려에서 신라 일선군一善郡에 왔다(삼국유사).

③ 21대 소지왕炤知王(479-500)때 아도화상阿道和尙이 시자삼인侍者三人을 데리고 일선군 모례毛禮 집에 왔다.

④ 양대통원년梁大通元年(法興王14년 527) 3월11일에 아도阿道가 일선군 모례의 집에 왔다.

이 가운데 두 번째 설이 우리나라 교과서에 올라가 있다. 신라의 초기 불교 전래는 민간 차원에서 시작되는데 4가지 전래설 모두가 고구려로부터 전래되었음을 말한다. 소백산맥을 가로지르는 죽령과 조령 이북에 위치하는 고구려로부터 경주에 이르기까지의 불교 전래의 길은 크게 2개 길로 나누어진다. 이 길을 "신라불교 실크로드"라 부른다. 첫째는 조령 루트로서 조령을 넘어 상주을 통해 선산에 이르는 낙동강 서측의 루트를 따라 경주에 이르는 길이며, 둘째는 죽령 루트로서 봉화와 영주를 거쳐 안동과 의성과 군위를 지나는 낙동강 동측을 따라 경주에 이르는 길이다. 지금도 이 두 가지 전래 길에는 신라 사찰이 많이 위치하고 있으며 부석사는 바로 죽령 루트의 시작이 된다.

당연한 일이지만 외국 종교인 불교가 들어오기 전에 신라에는 이미 정착된 고유의 종교가 있었다. 신라 고유의 신앙으로 수림樹林 숭배의 사상이 자주 언급된다. 때문에 수림인 숲은 신성한 장소가 되며 원시 무속巫俗 신앙의 본거지가 된다. 이윽고 불교가 전래되어 안착하면서 불교 전래 이전의 민간신앙의 거점인 성지聖地가 불교의 사지寺地로 이행移行했다는 견해가 있다. 그때까지 성지聖地였던 숲속에 불교 사원이 건립되며 무당이 승려가 되었다 한다. 예를 들어 경주의 흥륜사興輪寺가 천경림天鏡林에 세워졌으며 사천왕사四天王寺가 신유림神遊林에 세워졌다.

신라 초기의 사찰지로 알려진 칠처가람지七處伽藍地가 수림의 장소였다는 점은 외래 종교인 불교가 신라에 정착할 때에 신라의 고유 신앙과 융합하는 모습을 잘 보여 주는 예가 된다. 중국에서 전래된 초기 한국불교를 이해하기 위해서는 한민족의 고유 사상인 샤머니즘과의 습합 과정과 그 의미를 통하여 한국불교의 정체성을 느끼는 것도 중요하다.

• **신라 초기 칠처가람지 七處伽藍地**

① 금교金橋 동쪽 천경림天敬林(흥륜사興倫寺) ② 삼천지三川岐(영흥사永興寺) ③ 용궁龍宮 남쪽(황룡사黃龍寺) ④ 용궁 북쪽(분황사芬皇寺) ⑤ 사천沙川 끝(영흥사永興寺) ⑥ 신유림神游林(사천왕사四天王寺) ⑦ 서청전壻請田(담엄사曇嚴寺)

○ 이차돈의 순교

신라의 불교 전래는 고구려나 백제처럼 중국으로부터 불교가 전래되어 아무런 저항없이 국가의 종교로 발전하는 것과는 아주 다른 모습이다. 초기에는 고구려로부터 민간으로 전래되다가 국가의 종교로 공인을 받기 위해서 이차돈의 순교라는 종교적 사건과 같은 어려운 과정을 겪는다. 당시 법흥왕은 불교를 백성에게 알려 불력에 의해 국가의 번영을 도모하려 하였으나 신하들의 반대로 불교를 받아들일 수 없었다. 신라는 전통적으로 선도禪道를 숭상하였기 때문에 불교에 대하여 거부감이 심하였다.

삼국사기에 의하면 이차돈異次頓의 성姓은 박朴씨이며 이름은 염촉厭觸 혹은 거차돈居次頓이라 한다. 지증왕 7년(506)에 태어났다. … 중략 … 이차돈은 천경림에 절을 짓기 시작한다. 이차돈이 왕명을 받아 불사를 시작한다는 소문이 퍼지자 신하들은 흥분하여 왕에게 따졌다. 법흥왕은 신하들에게 자신은 그러한 명령을 한 적이 없다고 하며 당장 이차돈을 잡아 목을 베게 하였다. 형리가 이차돈의 목을 베자 잘려나간 목에서 흰 젖 같은 피가 한길이나 솟아올랐고 하늘이 갑자기 어두워지고 땅이 진동하더니 비가 뚝뚝 떨어졌다. 법흥왕이 슬퍼하니 곤룡포를 적시고 재상들은 근신하여 진땀이 관을 적셨다. 우물이 모두 말라 물고기와 자라가 뛰쳐나왔고 나무들이 말라 원숭이들이 떼 지어 가며 울어댔다. 이차돈의 머리는 허공으로 날아가 버려 경주 북쪽 금강산에 떨어졌다. 이때 이차돈의 나이 26세(혹은 20세)였다. 이를 기념하기 위한 조각이 현재 경주박물관에 전시되어 있으며 이차돈의 머리가 떨어진 장소인 금강산에 백률사가 창건된다.

고구려와 백제의 경우는 국가에서 국가로 전래되는 형태를 보이기 때문에 흥미로운 에피소드가 전해지지 않는다. 반면에 신라는 이전부터 민간으로 전해왔지만 기존의 토속신앙을 믿어 왔던 귀족과 호족들의 반대 때문에 왕족이 원하는 불교가 쉽게 인정을 받지 못한다. 그러다가 법흥왕 때 이르러서 이차돈의 순교를 통하여 비로소 국가의 공인을 받게 되는 어려운 상황이 전개된다. 하지만 신라는 왕족을 중심으로 믿어 왔던 불교가 귀족들의 허락으로 공인을 받으면서 왕족 불교에서 귀족 불교로 변하며, 나아가서는 민중 불교로 발전하는 계기가 된다.

○ **신라 초기 불교 간략사**

연도	왕	재위년	내용
417년	눌지왕	1년	고구려승 묵호자墨胡子 일선군一善郡에 옴
452년	소지왕	2년	가야국 허황후 명복을 빌기 위해 왕후사王后寺 창건
527년	법흥왕	14년	이차돈 순교, 신라에 불법이 시작됨
528년		15년	불교 공인
529년		16년	살생을 금함. 대통사大通寺 창건
534년		21년	천경림天鏡林에 흥륜사興輪寺를 착공(544년 준공)
			영흥사永興寺 백률사栢栗寺를 창건
544년	진흥왕	5년	백성이 승려가 되는 것을 허락하고 불교를 숭배하도록 명함
549년		10년	양나라에서 귀국한 각덕覺德이 불사리를 흥륜사興輪寺에 안치함
550년		10년	안장법사安藏法師 대서성大書省이 됨
551년		11년	고구려승 혜량惠亮을 승통僧統으로 임명,
			백좌강회百座講會 팔관재회八關齋會를 설치
553년		13년	신궁新宮을 황룡사黃龍寺로 개수改修, 법주사法住寺 창건

565년		26년	진陳나라에서 유사劉思와 명관明觀이 경론經論 1,700여 권을 가지고 신라에 내조來朝
566년		37년	황룡사皇龍寺 완공, 지원사祇園寺, 실제사實際寺 창건
572년		33년	전몰자를 위한 팔관재회八關齋會를 실시
574년		35년	황룡사 장육불상 주조
576년	진지왕	1년	안홍법사安弘法師가 호승胡僧 비마나毘摩羅와 함께 진陳나라에서 사리불舍利佛을 가져와 왕에게 헌납獻納함
579년		4년	일본 성덕태자에 석가불상釋迦佛像을 보냄
585년	진평왕	26년	지명智明 진陳으로 들어감(~602)
589년		7년	원광圓光 진陳으로 들어감(~600)
596년		18년	담육曇育 수隋로 들어감
597년		19년	삼랑사三郎寺 건립
608년		30년	원광圓光 수隋에 원병을 청하는 걸사표乞師表를 지음
613년		35년	황룡사에 백고좌百高座를 설치하여 원광 등이 설법
616년		38년	일본에 황금불상을 보내어 봉강사峰崗寺에 안치
623년		45년	일본에 불상 사리 금탑 등을 보냄
626년		48년	원측圓測 입당入唐
632년	선덕여왕	1년	명랑明朗 입당(~635)
634년		3년	분황사芬皇寺 건립
635년		4년	영묘사靈廟寺 건립
636년		4년	황룡사에 백고좌百高座를 설치, 자장慈藏 입당
639년		8년	당승 唐僧인 혜은惠隱, 혜운惠雲이 신라에서 도일渡日
643년		12년	자장 대장경 불사리를 가지고 귀국, 통도사通度寺 창건
650년	진덕여왕	4년	의상, 원효와 함께 입당을 시도하지만 실패

661년	문무왕	1년	의상 입당하여 지엄에게 수학(~671)
665년		5년	혜통惠通 당에서 귀국
669년		9년	신혜信惠 정관대서성政官大書省이 됨
674년		14년	의안義安 대서성大書省이 됨
676년		16년	의상 부석사 창건
679년		19년	사천왕사 창건
682년	신문왕	2년	감은사感恩寺 건립

신라의 당 유학승

6세기에 들면서 신라를 포함한 고구려와 백제, 일본에서는 당나라, 혹은 인도에 유학승을 보내는 것이 유행처럼 번지게 된다. 661년 입당하는 의상(화엄종 625년생-661년입당-671년귀국-702년입적)의 구법 수행 중에 인도와 중국에서 유학승으로 활동한 구법승求法僧에 대하여 살펴보자.

신라는 527년 법흥왕 때 이차돈의 죽음으로 불교가 공인되면서 본격적인 유학승 시대가 시작된다. 진흥왕이 한강 유역을 점령하면서부터는 중국과의 직접 교역이 가능하게 되면서 더욱 자유로워지고 유학승도 늘어나게 되어 통일신라 이후에는 유학승이 더욱 급증하게 된다.

신라에는 최초의 유학승인 각덕覺德(540년 입량入梁~549년 귀국)을 위시하여 원광圓光(589년 입진入陳~600년 귀국), 지명智明(585년 입진入陳~602년 귀국), 담육曇育(596년 입수入隋~605년 귀국), 안함安含(혹은 안홍安弘, 601년 입수入隨

~605년 귀국), 원승圓勝(율종律宗, 627년 입당~643년 귀국), 명랑明朗(밀종密宗, 632년 입당~635년 귀국 관도승), 혜통惠通(밀종密宗, 632? 입당~665년 귀국), 자장慈藏(율종律宗, 636년 입당~643년 귀국) 등이 있다. 참고로 귀국하지 않은 승려로는 혜업慧業(627-649년 입入서역), 아리야발마阿離耶跋摩(627년~649년 입入인도), 현태玄太(650년~656년 입入인도), 원측圓測(613년생~627년 입당~귀국안함), 혜초慧超(719년 입당~귀국 안함) 등이 있다.

  이 가운데 당시 신라에서 의상이 입당하기까지 의상에 영향을 끼친 신라 당 유학 승려로서 당나라에서 장안長安과 종남산終南山과 관련이 있는 이로는 원안, 자장, 원승, 원측 등을 들 수 있다. 자장과 원승은 의상이 입당하기 전에 이미 귀국하여 신라에서 활동한 스님이며, 자장과의 인연을 생각한다면 당연히 원승과의 인연 역시 이어진다고 생각할 수 있다. 원안과 원측은 신라로 귀국하지 않고 장안에서 거주한 승려이지만 의상이 장안 종남산 지상사에서 수학하던 같은 시기에 장안에 거주한 승려로서 상호 교류가 충분히 있었을 것으로 생각할 수 있다. 특히 종남산에서 수행을 경험한 자장과 원측은 아마도 의상의 큰 길잡이가 되었을 것이다.

- 원안圓安은 생몰연도가 불명이다. 원광의 제자로서 장안長安 남전藍田의 진량사津梁寺에 머물렀으며 그곳에서 입적한다. 원광의 제자라는 점에서 의상과 연배가 겹치는 것으로 추정한다.
- 자장慈藏은 636년에 입당시 사신단과 함께 이동하였다 하니 관도승이었을 것이다. 입당 직후 당 황실의 환대로 장안의 승광별원勝光別院에 머문 후 같은 해에 중국 오대산으로 가는데, 그곳에서 화엄 사상의 묘

지묘智妙를 터득하고 이어서 종남산 운제사雲際寺 동쪽 뫼뿌리 바위에 집을 짓고 3년간 거주한다. 당시 종남산 지상사에는 화엄종 초조인 두순杜順(557-640)이, 풍덕사豐德寺에는 도선道宣율사가 있었다. 자장은 643년에 3월 16일에 울산 사포絲浦로 귀국하여 황룡사구층탑 초석에 불사리를 봉안하고 통도사에 계단戒壇을 만드는 등 신라 율종을 개창하며 신라 최초의 대국통大國統이 된다.

- 원승圓勝은 생몰연도가 불명이나 정관貞觀 초년인 627년(진평왕49)에 입당하여 당나라에서 청신승淸愼僧으로 불리울 정도로 학덕이 높았다. 643년(선덕왕12) 자장과 함께 귀국하며 후에 신라의 대국통이 된다.

- 원측圓測(613-696)은 왕손으로 3세에 출가하여 15세인 627년에 입당하여 법상法常과 승변僧辨에게 유식론唯識論을 배운다. 중국어와 산스크리트어에 능통하였다. 이 무렵 인도에서 현장(600-664)이 645년에 귀국하는데 현장의 제자인 규기와 대립적인 견해를 보인 것으로 유명하다. 종남산 운제사에서 8년간 선정을 닦았으며 원법사元法寺와 서명사西明寺에 거주하였으며 불수기사佛授記寺에서 입적하자 그의 제자들이 사리를 모아 종남산 풍덕사豐德寺에 사리탑을 세우고 송복宋復이 그 탑명塔銘을 찬술했다. 그의 제자인 도증道證은 692년(효소왕1)에 신라에 귀국하여 유식학을 신라에 전하며 해동 법상종의 성립에 토대가 된다. 의상이 종남사 지상사에서 수행을 할 때(661-671)에 원측과 만났을 가능성도 있다.

구산선문九山禪門의 발전과 쇠퇴

의상은 교종인 화엄종을 수학한 후, 신라에 귀국하여 해동 화엄초조가 된다. 9세기 통일신라 말기가 되면서 중국의 선종이 영향을 크게 끼치게 되는데, 대체로 국가가 안정된 시기에는 교종이 발전하고 반면에 국가가 혼란스러울때는 선종이 발전한다는 이치와 같다. 결국 신라 말에는 선종이 발전하다가 고려가 통일한 후에는 교종이 안정적으로 발전하지만 결국은 중국에서와 같이 선종이 한국불교의 주종을 이루게 된다.

조계종의 종조이며 실상산문實相山門의 홍척洪陟과 함께 서당 지장西堂地藏(735-814)에게 남종선南宗禪을 수학한 도의道義는 784년 입당하여 821년에 귀국하는데 도의가 귀국할 당시의 신라에는 교종이 지배적이었다. 도의는 아직 때가 아니라 생각하여 양양의 진전사에서 가지산문을 열면서 한반도에서도 선종의 출발인 구산선문九山禪門이 시작된다. 신라 말에는 오교五敎와 구산선문九山禪門을 아울러 오교구산五敎九山이라 한다.

당시 신라 불교는 각종 각파의 대립분열이 아직 없는 소위 통불교通佛敎의 시대였기 때문에 화엄종이 하나의 교학으로서 시작은 되었지만 하나의 종파로서는 아직 성립되지 못한 것 같다. 화엄종이 종파로서 인정을 받는 때는 고려 4대 광종 때였다. 과거시험의 일환으로 승과제도가 실시된 점에서 이때를 즈음해서 국가가 인정하는 종파로 나타난다.

- 오교五敎는 교종敎宗을 의미하며, ① 열반종涅槃宗은 무열왕 때 보덕普德이 경복사景福寺를, ② 계율종戒律宗은 선덕여왕 때 자장慈藏이 통도

사通度寺를, ③ 법성종法性宗은 문무왕 때 원효元曉가 분황사芬皇寺를, ④ 화엄종華嚴宗은 문무왕 때 의상義湘이 부석사浮石寺를, ⑤ 법상종法相宗은 경덕왕 때 진표眞表가 금산사金山寺를 근본도량根本道場으로 성립한 것이다.

- 구산선문九山禪門은 선종禪宗을 의미한다. ① 실상산문實相山門은 홍척洪陟이 남원南原의 실상사實相寺에서, ② 가지산문迦智山門은 도의道義가 장흥長興의 보림사寶林寺에서, ③ 사굴산문闍崛山門은 범일梵日이 강릉江陵의 굴산사崛山寺에서, ④ 동리산문桐裏山門은 혜철惠哲이 곡성谷城의 태안사泰安寺에서, ⑤ 성주산문聖住山門은 무염無染이 보령保寧의 성주사聖住寺에서, ⑥ 사자산문師子山門은 철감哲鑑이 영월寧越의 흥녕사興寧寺에서, ⑦ 희양산문曦陽山門은 도헌道憲이 문경聞慶의 봉암사鳳巖寺에서, ⑧ 봉림산문鳳林山門은 현욱玄昱이 창원昌原의 봉림사鳳林寺에서, ⑨ 수미산문須彌山門은 이엄利嚴이 해주海州의 광조사廣照寺에서 각각 개창한다.

- 대한불교조계종에서는 도의道義국사를 조계종의 종조宗祖라 부르며 보조국사 지눌을 중천조中闡祖(분명하게 밝힌 조사), 태고국사 보우普愚(1301-1382)를 중흥조中興祖라 부른다.

고려 중기인 숙종 2년(1097)에 대각국사大覺國師 의천義天(1055-1101)이 중국에서 유학하고 돌아와 천태종天台宗을 열고 종래의 구산선문九山禪門은 보조국사普照國師 지눌知訥(1158-1210)이 창시한 조계종曹溪宗으로 통합되면서 오교양종五敎兩宗의 시대가 된다.

이상의 5교9산은 통일신라에서 고려 초기까지 이어지다가 숙종 2년 (1097)에 화엄종의 승려였던 대각국사大覺國師 의천義天(1055-1101)이 중국에서 유학하고 돌아와 천태종天台宗을 열고, 보조국사普照國師 지눌知訥(1158-1210)이 길상사吉祥寺(현재 송광사)에서 조계종曹溪宗을 개창한다. 의천의 천태종이 교敎를 중심으로 선禪을 융합하려 하였다면 지눌의 조계종은 선禪으로서 교敎를 융합한다는 차이는 있지만 기본적으로는 선교일치를 주장하고 있다.

이후 종래의 구산선문九山禪門은 천태종과 조계종으로 통합되고 신라 시대의 5교는 시흥종, 남산종, 중도종, 화엄종, 자은종으로 이름을 바꾸면서 오교양종五敎兩宗의 시대가 된다. 이러한 현상은 조선 초까지 이어지다가 조선왕조의 배불숭유排佛崇儒 정책으로 불교의 위세가 급격히 약해진다.

화엄종은 다른 교종과는 달리 교선일치의 중요성을 강조하면서 선종을 수용하게 된다. 한국의 불교에서는 "선은 부처의 마음이요 교는 부처의 말씀이다(선시불심禪是佛心 교시불어敎是佛語)"라고 주장하듯이 선종과 교종의 일치를 중요시한다. 때문에 고려 시대에 천태종의 등장으로 위세가 약해진 교종인 화엄종이 선종인 조계종을 중심으로 하는 현대 한국불교에서 명맥을 유지하고 있는 것 같다. 이는 한국불교의 교학적 배경이 항상 화엄에 있기 때문일 것이다.

1424년(세종 6) 예조의 계청에 따라 모든 종파를 폐합하여 선종과 교종만 남게 되는데, 이를 선교양종禪敎兩宗이라 부른다. 그때 조계종曹溪宗, 천태종天台宗, 총남종摠南宗을 합하여 선종禪宗이라 하고 화엄종華嚴宗,

자은종慈恩宗, 중신종中神宗, 시흥종始興宗을 합하여 교종敎宗을 만들면서 화엄종 조계종 등의 명칭이 사라진다. 그때 7종 242개 사찰을 선교양종의 36사로 정리한다. 그 후 1941년에 이르러서 조선불교조계종이 탄생하며, 1966년에 인천 약사사를 대본산으로 하는 현대 화엄종이 창종된다.

선종은 무논리無論理에 주관적인 사유 세계를 강조하면서 평상심平常心이 곧 깨달음이라는 주장으로 이해하는 데에는 수월해졌지만 생활 종교화되어 가면서 불교의 초월성을 상실하였다는 점과 문자를 부정함으로서 무지하게 되었다는 단점을 들 수 있다. 때문에 중국의 화엄종 4대 청량 징관清凉澄觀과 5대 규봉 종밀圭峰宗密에 의해 교선일치敎禪一致를 주장하게 되며 송대 이후에는 대중적인 염불과 선이 융합된 염불선念佛禪이 성행하게 된다. 최근에는 양심적인 개인의 지성만으로 만족하는 진보적인 지배 이데올로기로서 선종의 의미가 지워지기도 한다.

2부 중국의 불교

중국의 불교 전래

중국에 불교가 전래된 시기는 다양하게 알려져 있다. 전설에 의하면 불교가 중국에 처음으로 전래한 것은 후한의 명제 때라고 전해진다. 기원후 67년에 명제는 꿈속에서 금인金人을 만난 후 대월씨국大月氏國의 두 사람의 승려가 불상과 경전을 가지고 낙양으로 와서 백마사白馬寺를 건설하고 번역한 최초의 경전이 사십이장경四十二章經이라 전해진다. 물론 이 내용은 후세에 만들어진 것이다. 학계에서는 후한前漢 애제哀帝 때인 기원전 2년에 대월씨국왕大月氏國王의 사자인 이존伊存이 장안에 와서 불교를 전하였다는 기록을 통설로 하고 있다.

중국불교의 변천 과정

서역으로부터 중국으로 불교가 전래된 이후 중국불교의 변천 과정은 대체로 4단계로 구분이 가능하다.

1단계는 번역 단계로 전래 이후 401년까지로 구마라십이 입당하기 이전이다. 산크리스트 경전 원문을 한문으로 번역하는 시기로 이를 격의 불교라 부른다. 번역자는 대부분이 서역에서 온 승려였다.

2단계는 연구 단계로 남북조 시대까지이다. 경전의 번역과 연구, 강론이 활발히 진행된 시기이다.

3단계는 발전 단계로 수당 시대까지이다. 경전에 대한 번역과 연구는 계속하면서 불경에 대한 비판이 성행하던 시기이다. 이 시기에 와서 폐불사건도 경험하게 되고, 천태종, 화엄종 등의 종파가 성립되며 중국화가 되어가기 시작한다.

4단계는 계승 단계로 송나라 이후부터는 유교의 발달로 불교는 쇠락의 길을 건너게 된다. 황실의 후원이 있으면 번창하고 그러하지 않으면 쇠락하는 현실 속에서 육조 혜능의 선종이 중국 민중 속에 깊은 뿌리를 내리면서 중국화된다. 현실적으로는 영고성쇠를 거듭하지만 전제국가의 보호를 받지 못하고 쇠퇴하게 된다.

중국불교의 시련과 발전

148년 후한後漢 환제桓帝 때 안식국安息國 태자太子 출신인 안세고安世

高(25-220)와 영제靈帝 때 대월씨국大月氏國의 지루가참支婁迦讖이 최초의 역경승譯經僧으로 유명하다. 안세고는 주로 소승불교의 경전을 번역하였으며, 지루가참은 대승불교의 경전을 번역하였다.

위진魏晉 시대(220-420)에 들어서면서 도교의 노장老莊 사상으로 불경을 번역하는 격의불교格義佛敎가 나타난다. 여기서 격의格義란 중국 고유의 사상으로 의미와 격을 부여한다는 뜻이다. 예를 들어 위진 시대에 유행하던 반야般若 사상의 공空을 노장 사상의 무無로 해석하였다. 이러한 방법은 일반 서민에게 불교 사상을 쉽게 이해시키기 위한 방법으로 사용되었으나 너무 현학적으로 원전에서 벗어난 해석이라는 비판을 받으면서 구마라집鳩摩羅什 이후 쇠퇴한다.

서진(266-317) 시대가 되면서 낙양과 장안을 중심으로 불교가 융성하게 되어 180개소의 사원이 건설되었다고 전해진다. 대월씨국 출신인 축법호竺法護(231-308)는 장안과 낙양에서 266년부터 313년까지 광찬반야경光贊般若經, 정법화경正法華經 등 175종의 경전을 번역하며 돈황보살敦煌菩薩로 존경받는다.

남북조 시대南北朝時代(420-589)에 남방에는 317년에 동진東晉이 건국되고, 북방에서는 오호십육국五胡十六國의 흥망이 일어난다. 남조인 동진 시대에는 격의불교格義佛敎가 유행하는데 노장사상의 현학자玄學者 출신인 대표적인 승려로 동진의 지도림支道林(314-366)이 있다.

그러나 비합리적인 격의불교格義佛敎를 배제하고 진실의 불교를 찾으려 한 승려가 도안道安(312-385)이다. 도안은 후조後趙 시대에 활약한 서역승인 불도징佛圖澄(232-348)의 제자이며 반야경般若經과 선경禪經의 강론으로 유명하다. 도안은 속가의 성을 버리고 석釋을 성씨로 삼을 것을 주장하여 많은 승려들이 따랐으며 중국의 생활 풍속에 맞는 승려의 생활규범을 정하였다. 또한 전진왕前秦王 부견符堅의 후원을 받으면서 불교를 중국 사회에 완전히 정착시킨다. 북방에서는 도안이, 남방의 양자강 유역에서는 도안의 제자인 혜원慧遠(334-416)이 활약한다. 혜원은 정토신앙淨土信仰의 영지靈地인 노산盧山에 백련사白蓮社를 만들어 그곳에서 염불수행念佛修行을 한다. 당시 장안에 와 있던 구마라십鳩摩羅什(344-413)은 98부 425권이라는 많은 경전을 번역하며 반야 사상을 중국불교에 도입시킨다.

북조北朝에서는 유교보다는 도교와 불교가 발전하였다. 하지만 북위北魏의 태무제太武帝(재위 408-452)는 도사道士 구겸지寇謙之(365-448)를 시켜 446년에 폐불發佛을 단행한다. 그러나 문성제文成帝(재위 452-465)는 불교를 숭상하여 낙양성 내외에 일천여의 사원寺院을 건설하고 평성平城 근교인 무주산武州山 석애石崖에 대동大同 운강雲岡 석굴을 만든다. 이어서 효문제孝文帝(재위 471-499)도 낙양 교외에 용문龍門 석굴을 만든다. 북제北齊의 문선제文宣帝도 승려 300만 명과 사원이 4만여 개소로 불교를 융성시키지만 북주北周 무제武帝의 폐불사건(574)에 의해 모두 파괴된다. 이때 무제는 경전을 불사르고, 불상을 부수고, 환속을 거부하는 승려는 죽였다. 승려 한 사람을 붙잡으면 상으로 포목 5필을 주었다 하며, 사찰은 귀족의 저택으로 사용하게 했다.

중국 하남성 안양시 서남쪽 3킬로미터 떨어진 태행太行산맥 줄기인 보산寶山의 동쪽 기슭에 수나라 개황 9년(589)에 영유靈裕가 영천사靈泉寺를 창건한다. 영유는 574년에 북주 무제의 불교 탄압을 직접 체험하는데, 영유는 말법 시대가 닥쳐와 법이 쇠멸할 것을 우려하여 말법기未法記를 저술한다.

- **중국 4대 폐불사건 삼무일종**三武一宗
  ① 북위北魏 태무제太武帝(재위 423~452) 438년
  ② 북주北周 무제武帝(재위 560~578) 574년
  ③ 당唐 무종武宗(재위 840~846) 회창법란會昌法亂 845년
  ④ 후주後周 세종世宗(재위 954~959) 955년

한국에서는 폐불사건이라는 역사적 기록은 보이지 않지만 조선 시대에는 거의 이와 비슷한 정도의 억불정책이 진행된 것 같다. 예를 들어 의상이 제자 진정 모친의 명복을 위해 소백산 추동에서 화엄경을 강연하는데 추동의 장소가 송곳골(현재 풍기읍 영전동)의 영전사靈田寺였다. 그러나 조선 시대에 사찰은 폐지되고 양반집의 종택으로 사용되면서 사찰의 물건들은 땅에 묻혀졌다고 전해지고 있다.

반면에 남조南朝에서 양梁나라 무제武帝는 도교를 버리고 불교에 귀의하여 불교를 보호하고 존중하여 많은 승려들이 우대를 받게 된다. 때문에 양나라 시대에는 많은 훌륭한 불교학자가 배출되는데, 특히 광택사光宅寺의 법운法雲, 장엄사莊嚴寺의 승민僧旻, 개선사開善寺의 지장智藏은 양梁의 삼대법사로 유명하다. 이 양 무제가 바로 선종의 초조인 보리달마菩提達磨와의 어색한 만남과 헤어짐을 갖는 인물이다.

약 280년간의 남북조 시대(420~589) 이후 북주의 양견(문제)은 581년

에 수나라(589-618)를 건국하며 중국을 통일한다. 수 문제와 양제는 불교를 보호하여 중국불교의 여러 종파가 성립되며 중국불교사상 황금시대를 이룬다.

중국불교는 도교와 유교의 융합 산물

불교 전래 당시 중국에는 유교와 도교라는 중국 고유 사상이 뿌리 깊게 자리잡고 있었다. 특히 전래 초기 불교는 중국 전통 문화와 정치 체계와는 상반되는 점이 많았다. 유교에서 군신부자君臣父子 관계를 매우 중요시하는 반면 불교는 평등주의를 가르친다. 불교는 출가하여 승려가 되면 성을 석釋씨로 바꾸는데 가문을 중요시하는 유교에서는 있을 수 없는 행위가 된다. 더욱이 결혼을 하지 않으니 후손이 없게 되어 또한 불효가 된다. 승려가 되면 부모님도 자식에게 존대를 해야 하고 절대군주인 황제도 승려에 존대를 해야 하니 반가운 존재는 아니었을 것이다.

이처럼 인본주의 윤리 도덕 등을 기본으로 하는 유교와 해탈을 이상으로 하는 불교는 매우 상반되는 이념을 갖는다. 반면에 세속을 초월하며 정신적 자유를 추구한다는 점에서 불교와 유사한 도교는 불교와 쉽게 가까워질 수 있는 특징이 있다. 중국사회에 불교가 정착하기 위해서는 아무래도 유교와 도교와의 타협과 양보를 통해 융합할 수밖에 없었다. 한편 당시 경전을 번역하는 승려는 한문을 아는 귀족 출신의 지식인으로 유가 혹은 도가 출신이 많았다 한다.

유교와 불교가 같은 가르침이라는 유불일치론儒佛一致論은 남북조 시대부터 시작되었다. 북제의 언지추顔之推의 가훈에서도 유불일치론이 보이며 당나라 중기에 활약한 종밀宗密도 유교와 도교를 포섭하려는 원인론原人論을 저술하며, 당나라 말기에서 송나라 이후까지 지속된다. 예를 들어 유교의 덕목인 오상五常과 불교의 계율인 오계五戒의 동일성을 주장한다.

도교는 후한 때 장각張角의 오두미교五斗米教로 출발하여 북위北魏 태무제太武帝 때 교단 조직을 완성한다. 불교와는 대립과 항쟁을 계속하면서도 서로 밀접한 교류를 하여 왔다. 이미 남북조 시대에 불도이교佛道二教의 일치가 제창되는데 예를 들어 남제南齊의 도사 장융張融은 왼손에는 노자를 오른손에는 반야경과 화엄경을 들고 죽었다고 전해진다. 남송南宋에서 성립한 신도교新道教인 전진교全眞教에서는 불교의 선禪과 도교와의 융합을 훌륭히 보여 주고 있다. 예를 들어 번뇌를 끊는다는 의미의 열반涅槃은 무위無爲로, 최고 경지에 이른 사람인 아라한阿羅漢은 진인眞人으로, 깨달음의 보리菩提, 부처의 진리인 다르마를 달마達磨, 도道, 법法 등으로 번역하는 등 불교와 도교와의 융합이 일어난다.

○ 수당 시대의 주요 불교 종파

- 삼론종三論宗은 라집羅什에 의해 개종되며 길장吉藏(549-623)에 의해 집대성되었다. 당나라 이후에는 쇠퇴한다. 고구려에 불교를 전래한 전진의 순도順道는 삼론종의 승려로, 삼론종은 고구려에서 크게 발전한다. 고구려 혜관慧灌은 625년에 일본으로 건너가 삼론종의 시조가 된다. 595년에는 고구려승 혜자惠慈가 도일하여 백제승 혜총惠聰과 함께 법흥사法興寺에서 삼론三論을 강설한다. 신라에서는 원효가

삼론학의 종요宗要를 지었으며 백제에서는 혜현慧顯이 삼론을 강설하였다.

- 천태종天台宗의 개조開祖는 북제의 혜문慧文이며, 그의 제자인 혜사慧思(514-577)는 좌선 수행을 중요시 여기며 말법 사상을 깨우쳤다. 제3조인 지자智者(538-597)에 의해 대성되었다. 그의 제자인 관정灌頂까지 발전하는데 그후 세력이 약해지며, 중당中唐의 담연湛然(711-782) 때 다시 융성한다. 법화종法華宗이라고도 한다.

- 삼계종三階教은 행신信行(540-594)에 의해 제창된 종파로 말법 사상을 기초로 한다. 보법종普法宗이라도 한다. 박해를 많이 받아 경전은 거의 소실되었으나 최근 돈황敦煌에서 많은 삼계종의 경전이 발견되었다.

- 정토종淨土宗은 북위의 담란曇鸞(476?-542)이 개조이며, 도작道綽(562-645)이 발전시켰다. 말법 사상의 종교로서 서민庶民 사이에 깊이 뿌리박게 된다. 당나라 초기 때 선도善導(613-681)에 의해 크게 발전한다.

- 선종禪宗은 북위 때 보리달마에 의해 전해졌으며, 혜가慧可를 거쳐 제6조인 혜능慧能(638-713)에 의해 기초가 정해졌다. 처음에는 장안을 중심으로 하는 세력이었으나 혜능 이후 남종선이 선종의 주류가 된다.

- 법상종法相宗은 현장의 제자인 자은대사 규기窺基(632-682)에 의해 조직화된다. 구사종俱舍宗이라고도 한다.

- 화엄종華嚴宗은 당나라 초기 두순杜順(554-640)에 의해 개종開宗되며, 지엄智儼(602-668)에 의해 교학적 기초를 다져지며, 법장法藏에 의해

대성되었다. 화엄종은 당나라 중기에는 징관澄觀(738-838)과, 밀종密宗(780-841)에 의해 종파가 유지되는데 그 후 선종禪宗으로 흡수된다.

- 율종律宗은 계율戒律을 중시하는 종파로 북제의 혜광慧光(468-537)에 의해 성립된다. 초기에는 법려法礪(569-635)의 상부종相部宗, 도선道宣(596-667)의 남산종南山宗, 회소懷素(625-698)의 동탑종東塔宗의 3파가 있었으나, 그중 가장 발달한 것은 도선의 남산율종이었다. 의정義淨(635-713)도 번역승으로 유명하다.

- 밀교密敎는 716년부터 선무외善無畏(637-735), 금강지金剛智(671-741), 부공不空(705-774)의 3인이 대일경大日經, 금강정경金剛頂經, 소실지경蘇悉地經 등 밀교의 근본경전을 전한다. 우리나라에는 통일신라 시대 때 전래되어 진언종眞言宗으로 발전하였다.

당나라는 교종과 선종의 공존 시대

의상대사가 입당한 시기인 7세기 중반의 당나라는 교종敎宗과 선종禪宗이 공존하는 시기라 할 수 있다.

수나라 때 지의智顗(538-597)가 법화경을 최고의 경전으로 하는 천태종天台宗을 절강성 천태산에서 개창하면서 중국 최초의 교종 종파가 형성된다.

당나라에 들어서는 길장吉藏(549-623)이 삼론경三論經을 중심으로 하는 삼론종三論宗을 개창하며 이어서 법장法藏(649-712)이 화엄경華嚴經을 중심으로 불교를 체계화시켜 화엄종華嚴宗을 만든다. 또한 도선(596-667)이 계율을 중시하는 율종律宗을 창시하고 현장(602-664)이 인도의 새로운 유가유식설을 기초로 하는 법상종法相宗을 연다. 이처럼 7세기는 중국불교가 교종을 중심으로 종파가 새로이 생성되는 중국 교종의 출발점이 된다.

한편 양 무제(재위 502-549) 때인 6세기 초 달마대사의 출현을 시작으로 선종 육조 혜능慧能(638-713)에서 중국 선종의 새로운 출발을 시작한 선종은 서민들에게 강한 영향을 주면서 이후 중국불교의 중심이 된다. 교종과 선종은 그 성격이 매우 다르게 나타나는데 그렇다면 교종이란 무엇이고 선종이란 무엇인가.

교종敎宗이란

교종은 석가의 언어(말씀)의 가르침인 경전을 중요시하는 불교로서 격의불교格義佛敎라 부른다. 후한 시대에 노장사상의 현학자玄學者들에 의해 번역된 경전을 중심으로 하는 불교를 말한다.

교종은 경전의 교리 연구에 중심을 둠으로서 논리적으로 교리를 완성해 가려는 특징이 있다. 하지만 그 내용이 너무 심오하여 개념을 정확하게 이해하기 어렵기 때문에 엘리트 종교라는 특징을 보여 준다. 또한 경전 번역에 있어서 비합리적이며 현학적인 다양한 해석 방법으로 인하여 원전에서 벗어난 해석 등으로 초기 불경 번역에서 발생하는 개념의 혼돈 문제 등이 나타난다. 또한 과연 경전의 이해만으로 깨달음을 얻을 수 있는가에 대한 회의가 시작된다. 이러한 회의가 선종을 탄생시켰다 볼 수 있다.

또한 불교는 현실에 안주하기 위해 너무도 정치 세력에 의존하다

보니 다른 정치 세력에 의해 네 차례에 걸친 커다란 폐불사건을 경험하게 되는데 이처럼 정치에 의존하여서는 불교의 최종 목표인 깨달음에 이룰 수 없다고 판단하여 정치로부터 독립해야 한다는 필연성에 많은 중국인들이 공감하며 중국의 독자적인 불교인 선종이 탄생한다.

- 격의불교格義佛敎는 불교 수용의 초기 시기인 위진 시대(220-420)에 불교교리를 노장현학老莊玄學 사상으로 이해하려는 중국적 해석 방법을 통한 불교를 말한다. 401년경 인도의 학승인 구마라십鳩摩羅什에 의해 경전 본래의 의미를 제대로 설명할 수 있게 되면서 격의의 방법은 더 이상 쓰지 않는다. 격의불교는 후한 시대 이후부터는 일반 시민에게는 도교적 불교로 변하며 지식인층에게는 현학적 불교로 변하는 경향이 생긴다.

선종禪宗이란

선禪이란 무엇인가. 조용히 생각함 혹은 깊은 사색으로 생각을 개조하는 것이라는 뜻이다. 이러한 조용하고 깊은 사색인 선의 근본 의미는 중국 민족 문화 의식의 저변에 깔려 있는 거안사위居安思危(편안하게 거할 때 항상 위기를 염두에 두라는 뜻)와 맹자의 생어우환이사어안락生於憂患而死於安樂(우환에 살고 안락에 죽는다)이라는 우환 의식憂患意識과 상통함에서 찾을 수 있다.

엘리트 종교라는 성격을 가진 교종과는 다르게 선종은 지극히 서민적 종교라는 점이 특징이다. 교종이 주장하는 바와 같이 깨달음은 경전을 통해서(점오漸悟)가 아니라 직관적 체험을 통하여 순간적으로 얻어진다(돈오頓悟)고 주장하면서 중국화된 선종 불교가 시작된다. 선종은 문자에 의존하지 않고, 오로지 좌선을 통해 자신이 본래 갖추고 있는 부처의 성품을 체득하여 깨달음에 이르려는 종파를 의미한다. 즉 선종은 깨달음이 붓다의 가르침을 적은 경전을 통해서가 아니라 체험을 통하여 직관적으로 얻어지는 것이라 주장한다.

- 중국 선종은 제1조 보리달마菩提達摩(?-528?)를 초조初祖로 시작되어, 제2조 혜가慧可(487-593), 제3조 승찬僧璨(?-606), 제4조 도신道信(580-651), 제5조 홍인弘忍(601-674)을 거쳐 제6조 혜능惠能(638-713)에 이르러 체계화된 선종 교단이 성립된다.

○ **보리달마菩提達磨와 양 무제梁武帝의 만남**

남인도 출신으로 520년 광주廣州에 도착한 보리달마와 양 무제와의 만남에 대한 재미있는 일화를 소개한다. 양 무제는 생전에 네 차례나 황제를 그만두고 화상이 되겠다고 할 정도로 매우 독실한 불교신자이며 수많은 절을 건설하고 보시한 황제이다. 이처럼 공덕이 많다고 생각한 양 무제는 보리달마를 만나 자신의 공덕을 물으니 보리달마는 오히려 전혀 공덕이 없다고 잘라 말한다. 보리달마가 보기에는 양 무제가 불교를 믿는 것이 아니라 구복求福, 즉 자신의 복을 추구할 뿐이라고 생각한 것이다. 두 사람은 더 이상의 대화가 필요 없기에 보리달마는 떠날 수밖에 없게 된다. 장강

長江(양자강)에 이른 보리달마는 갈댓잎 하나를 따다 강물에 던져 그것을 타고 강을 건너는데 이를 일위도강一葦渡江이라 하며, 숭산崇山의 동굴(낙양 소림사 혹은 용문 석굴)에서 9년 동안 좌선을 하는데 이를 면벽구년面壁九年이라 한다. 수많은 보시에도 불구하고 양 무제는 아이러니하게도 548년 후경侯景의 난이 일어나자 황제에서 쫓겨나 549년에 감옥에서 사망한다.

당나라 초기에 이르러 선종은 점오漸悟를 주장하는 신수神秀의 북종선과 돈오頓悟를 표방하는 혜능慧能의 남종선으로 대립하며 분열된다. 이후 중국 불교는 남종선이 주류를 이루게 된다. 남종선 계열의 백장 회해百丈懷海(749-814)는 선원에서 집단생활의 규범이 되는 청규淸規를 만들어 '일하지 않으면 밥을 먹지 마라(일일부작一日不作 일일불식一日不食)'라는 유명한 말을 남긴다.

○ **불립문자不立文字 교외별전敎外別傳**

불립문자 교외별전은 문자로 표현될 수 없는 별도의 다른 가르침이라는 뜻으로 붓다와 가섭의 일화를 소개한 대범천왕문불결의경大梵天王問佛決疑經에 나온다.

중략... 그날도 붓다는 다른 날과 다름없이 천이백 제자와 팔만 대중이 모여 있는 영취산의 집회에 단상 위에 올라갔습니다. 그러자 모든 사람들은 몸과 마음을 가다듬고 붓다의 가르침을 기대했습니다. 오랫동안 붓다는 아무 말씀도 없이 묵묵히 계시더니 문득 범천梵天이 바친 금바라金婆羅꽃을 들어 올렸습니다. 그러자 그 자리에 있던 사람들은 붓다의 뜻을 몰라 어리둥절해 했습니다. 바로 그때 가섭이 파안미소破顔微笑를 지었습니다. 붓다가 꽃을 뜬 의도를 가섭만이 이해했던 것입니다. 붓다와 가섭은 아무 말 없이 그렇게 서로를 바라보았습니다. 이윽고 침묵을 깨고 붓다께서 말씀하셨습니다.

'내게는 정법을 볼 수 있는 혜안을 가지고 있으며, 열반에 이른 마음상태를 알며, 만물이 실재하는 것도 실재하지 않는 것도 아니라는 미묘한 법을 안다. 그러나 이러한 것은 문자로 표현될 수 없는 별도의 다른 가르침이다. 나는 이 가르침을 가섭에게 전했노라'

물론 대범천왕문불결의경은 인도에도 없는 경전으로 후세에 창작된 것이다. 하지만 문자를 모르는 서민도 깨달음을 얻을 수 있는 근거가 된 부분이기도 하다.

○ **직지인심**直指人心 **견성성불**見性成佛

직지인심 견성성불은 마음을 똑바로 가리켜 그 마음의 본성을 알면 깨달음을 이른다는 뜻이다. 조당집祖堂集(중국 남당 정筍과 균筠 두 선사가 952년에 편찬)에 나오는 달마와 혜가의 유명한 일화를 소개한다.

달마가 면벽 수행을 하고 있던 어느 눈 오는 날 훗날 중국 선종 2조가 되는 혜가는 보리달마를 찾아와서 제자가 되기를 청하는데 달마가 좀처럼 허락하지 않아 깨달음을 구하는 자신의 결심을 보여 주기 위해 스스로 팔을 잘랐다 한다. 이것이 그 유명한 혜가단비慧可斷臂이다.

제자로 허락받은 후 수행을 계속하였으나 마음에 차지 못하자 혜가는 스승 달마에게 가서 '제자의 마음이 불안합니다. 스승님께서 제 마음을 안심시켜 주십시오.'라고 청하였다. 그러자 '너의 마음을 가져와 봐라 그러면 내가 그 마음을 편안하게 해주겠다.'고 달마가 말했다. '마음을 찾으려고 해도 찾아지지가 않습니다.'라고 혜가가 대답하자 달마가 말하기를 '이로써 내가 너의 마음을 안심시켰다.'라는 유명한 선문답 이야기가 있다. 이 내용은 곧 너의 마음이 공空한데 그 공空한 마음에 번뇌가 있을 수 있겠는가 너는 이미 깨달았다는 의미이다. 직지인심 견성성불은 이러한 깨달음을 가리키는 말이다. 달마는 혜가에게 사람의 마음을 가리켜보라 자신의 본래 마음이 공空하다는 것을 알면 깨달음을 얻을 수가 있다고 가르치고 있다.

육조 혜능 六祖慧能

선종의 육조 혜능(638-713)의 일화 역시 유명하여 여기서 간단히 소개한다.

혜능은 기주 황매현의 쌍봉산에 있는 홍인을 만나 제자가 되기를 청하는데 홍인이 묻기를 '너는 어느 곳 사람으로 무엇을 하려고 왔는가' 하니 혜능이 대답하기를 '저는 영남嶺南 사람으로 성불하기 위해 왔습니다.' 그러자 홍인은 '영남 사람은 오랑캐인데 어찌 성불할 수 있다는 말인가' 하니 혜능이 답한다. '사람은 남북의 구분이 있다고 하나 불성佛性은 남과 북 구분이 없으니 어찌 영남 사람이라고 성불할 수 없겠습니까?' 그 말을 들은 홍인은 내심 놀라며 뛰어나구나 생각하면서도 모른 척하고 '오랑

캐주제에 근성이 참으로 저열하구나. 방앗간에 가서 싸이나 찧도록 해라.' 하였다. 8개월이 지난 후 홍인은 제자들에게 자신이 깨달은 선지禪旨를 표현한 게송偈頌을 써오라 이른다. 그때 제자 가운데 가장 뛰어나다고 자타가 인정하는 신수神秀(605-706)는 다음과 같은 게송을 써놓는다.

> 신시보리수身是菩提樹 몸은 보리(깨달음)의 나무요
> 심여명경대心如明鏡臺 마음은 맑은 거울
> 시시근불식時時勤拂拭 부지런히 털고 닦아
> 막사야진애莫使惹塵埃 티끌과 먼지가 묻지 않도록 하리라.

홍인은 보리수나 명경대를 잘 닦겠다는 것은 결국 유有에 집착한다는 것으로 신수가 아직 깨달음에 이르지 못하였다고 생각한다. 한편 일자무식인 혜능은 글을 쓸 수가 없었기에 같이 수행을 하던 장일용張日用에게 부탁을 한다.

> 보리본무수菩提本無樹 보리(깨달음)는 본래 깃들 나무가 없고
> 명경역비대明鏡亦非臺 거울은 또한 받침대가 없도다.
> 불성상청정佛性常淸淨 불성은 항상 청정하니
> 하처유진애何處有塵埃 어느 곳에 티끌과 먼지가 있을 것이랴.

홍인은 내심 크게 놀라지만 다른 사람들이 시기함을 두려워하여 모른 척하고 따로 불러 그에게 발우와 가사를 전하며 육조가 되었음을 인정

한다. 혜능은 야밤에 스승과 이별을 고하고 남쪽으로 내려가 산중에 몸을 숨기고 15년 동안 수행을 한 후에 길을 떠나 676년 광주廣州의 법성사法性寺에 이른다. 당시 법성사의 주지는 인종印宗법사였다. 어느 날 그가 열반경을 강설하고 있는데 때마침 절 안의 깃발이 바람에 움직였다. 그러자 이에 대한 논쟁이 시작된다.

어떤 이는 '바람이 깃발을 흔들게 만든다'고 하는데 바람 역시 무생물로 의식이 없는데 어찌 움직이겠는가? 어떤 이는 '바람이 움직이는 것이 아니라 깃발이 스스로 움직인다'고 주장한다. 서로 의견이 난무하는 가운데 홀연히 혜능이 일어나서 '바람이 움직이는 것도 아니고 깃발이 움직이는 것도 아니며 당신의 마음이 움직인 것이다.'라고 말한다. 이에 인종법사는 크게 놀라 그를 방장으로 모시고 곧 육조 혜능임을 알게 된다. 혜능은 인종에게 머리를 깎아 달라고 청하니 혜능은 정식으로 출가하게 된다. 혜능은 그 후 37년간 설법을 하고 입적한다.

혜능은 영남에서 남종선을 창립하며, 이로써 선종은 남종과 북종으로 나뉘게 된다. 북종은 신수를 대표로 하여 점오漸悟를 주창하고, 남종은 혜능을 대표로 하여 돈오頓悟를 주장한다. 결국 중국에 널리 퍼지게 된 것은 혜능의 남종이다. 혜능이 설법한 기록이 육조단경六祖壇經이다. 혜능은 이곳에서 모든 사람에게 불성이 있으며 사람의 본성은 순수하다 하였으며, 자기 본성을 깨치는 것이 깨달음이라 설법하고 있다.

중국불교와 인도불교의 차이

당나라때에 이르러서 불교는 크게 두 가지 성격으로 발전하게 된다. 첫째는 일반 서민들 사이에서 크게 유행하게 되는 개인의 복을 얻기 위해 기도하는 기복신앙인 도교적인 불교와, 둘째로 승려에게는 경전을 통해 깨달음을 얻으려하는 현학적이며 교학적인 경전 중심의 불교가 발전하게 된다.

후한 명제이후 서역에서 중국으로 불교가 전래된 이후 중국에 선종이 나타나기까지 약 500여년간의 시간을 통하여 깨달음을 위한 수 많은 시행착오를 경험하게 된다.

기복신앙은 인간의 욕망인 부귀영화를 얻기 위한 수단일 뿐으로 깨달음에는 전혀 도움이 되지 않는다는 것을 알게 되었으며, 경전을 암기하고 이해하는 것만으로도 깨달음에 도달하기 어렵다는 것을 알게 된다. 또한 두 차례에 걸친 폐불사건으로 불교가 정치에서 독립해야 만이 석가모니의 가르침인 진리의 깨달음을 달성할 수 있다고 인식한 중국 승려들 사이에서는 새로운 가치관의 불교를 요구하게 된다. 이때를 즈음하여 나타난 달마대사의 9년 면벽 수행은 많은 사람들에게 경외심을 준 것 같다. 바로 달마의 수행방법만이 깨달음에 이룰 수 있다고 생각하게 되며 이로서 중국선종이 시작된다.

달마를 초조로 하는 선종의 깨달음은 경전을 통해서가 아니라 체험을 통해서 직관적으로 얻는 것이라 주장한다. 그렇다면 깨달음이란 과연 무엇인가. 선종은 직지인심 견성성불이라 하여 타고난 본래의 순수한 마음을 발견하는 것을 깨달음이라 한다. 도가에서는 무위자연으로 표현한다.

인도에서의 전통적인 깨달음이란 윤회를 끊고 시간과 공간을 초월하는 절대적 자유를 얻는 것이다. 즉 끊임없이 생사를 반복하는 윤회의 주체인 아트만Atman인 자아自我를 없애려하는 것이다. 때문에 중국인들은 인간의 자아를 규정할 수 없는 의미로서 생각하여 자아를 공空, 무無, 심心 등으로 해석하고 있다.

중국에는 원래 윤회사상이 없었다. 중국인들은 인간이 죽은 후에도 영원불변하는 자아라는 개념이 없다. 중국인들은 인간이 죽으면 정신인 혼魂은 하늘로 올라가고 육체인 백魄은 땅으로 들어가 버린다고 생각한다. 중국인에게 인도인들이 말하는 자아란 죽으면 사라지는 것이다.

인도불교의 깨달음은 영원히 반복되는 윤회의 고리를 끊는 것으로 현세에서는 이루어지지 않는다고 믿는다. 반면에 중국 선종에서의 깨달음은 인간이 타고난 본성을 회복하는 것으로 현세에 이루어질 수 있다고 생각한다. 이 점이 바로 인도불교와 중국 불교의 가장 큰 차이점인 것 같다.

말법末法 사상의 성행

중국에는 6세기 경부터 말법 사상이 성행하게 된다. 말법 사상이란 완전한 것은 영구히 계속되지 않으며 시간이 경과함에 따라 추락한다는 하강형下降型의 역사관이다. 기독교에서도 말세론이 있어 하강형의 역사관을 갖고 있다. 하지만 근대 서구에서의 "발전형의 역사관"과는 정반대의 사상이다. '역사는 발전한다'와 같은 발전형의 의식 구조가 바로 세계를 급속히 발전시킬 수 있는 원동력이 되지 않았나 생각된다.

오탁악세汚濁惡世의 죄악관罪惡觀에 입각한 석가모니의 예언 경전으로 유명한 대방등대집월장경大方等大集月藏經에 나오는 말법 사상에 의하면, 불교에서는 석가모니 사후의 시대를 정법正法, 상법像法, 말법末法, 법멸法滅의 네 단계로 나눈다. 정법 시대는 석가모니 입멸 후 500년간 교敎, 행行, 증正이 완전히 존재하는 시대로 이상적인 시대이다. 석가모니의 가르침(敎)이 완전한 형태로 정확히 전승되며 가르침에 따라 수행(行)하는 사람이 존재하며 또한 깨달음(正)을 얻는 사람도 있는 시대이다. 상법 시대는 정법 시대 이후 500년 후부터 1,000년간으로 교와 행은 남아 있지만 증이 없는 시대로 경전을 읽고 그에 대한 수행은 가능하지만 깨달음은 얻을 수 없는 시대이다. 말법 시대는 상법 시대 이후 만 년간으로 무한한 시대를 말한다. 이 시대에는 교만 남고 행과 증이 없는 시대로, 자력으로는 해탈이 불가능한 시대로 불교신자들은 이 시대에 들어서는 것을 대단히 두려워했다. 자력으로 해탈이 불가능하기 때문에 타력에 의해 최악의 세계에서 탈출하려는 시도가 발전하게 된다. 대표적인 예로 아미타불 신앙이 있다. 마지막으로 법멸 시대는 말법 시대 이후 교마저 없어져 버리는 최악의 시대이다.

실제로 역사적으로 말법 시대를 계산하여 보면 552년이 된다. 옛날에는 석가모니 입멸을 기원전 949년으로 생각하였다. 때문에 중국 남북조 시대(420-589)부터 당나라에 이르기까지 말법 사상이 크게 발전을 하는데 담란曇鸞(476-542), 도작道綽(562-645), 선도善道(613-681 종남산 오진사悟眞寺에서 수행)에 의해 주창된 정토교淨土敎와 신행信行(540-594)의 삼계교三階敎(혹은 보법종普法宗)를 들 수 있다. 신라에서 정토교는 원효가 주창하고 삼계교는 자장율사에 의해 신라에 전해졌다 한다.

그런데 552년이란 한반도에 불교가 전래되어 완전히 국가적으로 자리잡지 못한 시대이며 불교가 전래되자마자 그대로 말법 시대로 들어가는 데에는 너무하다는 생각으로 한반도에서는 정법 시대도 1,000년으로 하여 2,000년 후에 말법 시대가 시작한다고 바꾼 것 같다.

참고로 552년 한반도 삼국의 정세를 살펴보면, 고구려는 24대 양원왕 8년으로 551년에 혜량惠亮이 신라로 가는 등 불교가 쇠퇴하는 시기이며, 잦은 전쟁으로 한강 유역을 신라 진흥왕에게 빼앗기는 등 국력이 매우 쇠약해진 때이다. 백제는 성왕 30년으로 이 해에 노리사치계를 통해 일본으로 불교를 전파하는 등 불교가 가장 융성한 시기이다. 신라는 진흥왕 13년으로 개국開國이라는 연호를 사용하며 한강 유역을 점령하는 등 강력한 정치 세력을 이루며 553년에는 황룡사를 창건하는 등 불교가 점차 융성하는 시기이다.

이렇게 계산하면 한반도에서의 말법 시대는 1052년의 고려 문종 때가 된다. 이 말법 시대에 돌입하는 것에 대하여 고려의 승려들은 매우 두려워했을 것이다. 그럼에도 불구하고 우리나라 역사책을 들춰보면 1052년은 고려 문종 때로, 태평 시대로 기록되어 있다. 굳이 관련된 자료를 찾는다면 현종 원년인 1009년에 거란 침입을 막으려는 염원에서 대장경大藏經(1011-1087완) 조성에 착수하는데, 처음 시작한 것이라 하여 초조대장경初雕大藏經이라 불렸으며 대구 부인사에 보관되다가 1232년 몽고 침략으로 소실된다. 이후 1236년부터 16년간 두 번째 대장경을 조성하는데 이것이 바로 현재 해인사에 보관중인 팔만대장경으로 정식 명칭은 재조대장경再雕大 藏經이다. 1229년에는 황룡사 9층탑이 다시 몽고 침입에 의해 소실되며 고려 말에는 불교도 부패하여 국가혼란을 가져오기 시작된다. 조선 시대에 들어서는 억불숭유抑佛崇儒 정책으로 불교는 암흑의 시대로 들어서게 된다. 과연 법멸의 시대가 온 것 같다.

밀교密敎의 융성

당나라 장안 귀족들의 호화로운 문화가 널리 퍼지고 있을 즈음하여 이러한 사회 풍조에 어울리는 새로운 인도불교인 밀교가 전래한다. 밀교의 근본 성전인 대일경大日經을 널리 퍼트린 선무외善無畏(637-735)가 716년에 80세의 나이로 장안에 도착하여 현종의 신임을 받아 대일경을 한역한다. 720년에는 남인도의 금강지金剛智(671-741)가 그의 제자 부공不空(705-774)과 함께 낙양에 와서 현종을 알현한다. 낙양과 장안에 엄숙하고 장엄한 만다라 도장道場을 설치하여 밀교의식을 전수하면서 밀교를 전파하였다.

금강지는 741년 낙양의 광복사光福寺에서 71세로 입적하는데 그의 제자인 부공은 현종玄宗, 숙종肅宗, 대종代宗에 이르는 3대에 걸쳐 조정과 밀접한 관계를 가지면서 귀족과 환관, 군벌 등 시대를 움직이는 상층사회의 신앙의 중심이 된다.

안록산安祿山의 난亂이 일어나면서 현종은 촉나라로 도망가는데 부공은 안록산의 점령하인 장안에 머물면서 은밀하게 당조복귀唐朝復歸 운동을 한다. 이윽고 장안이 회복되면서 숙종과 대종 때는 부공의 위치가 정점을 찍는데 조정을 배경으로 그의 활동은 최고조에 달한다. 대종 시대에는 전란으로 황폐된 장안이 다시 한 번 호화 시대를 맞는다. 당나라 초기부터 점차적으로 융성해진 산서성山西省의 오대산五臺山이 문수보살의 영지靈地로서 세계 불교도의 순례지가 된 것도 부공不空의 노력이 적지 않다 한다. 혜초는 부공의 제자이며, 해동 진언종의 개조開祖인 혜통惠通(?-?)은 665년에 선무외에게 밀교를 배워 신라로 돌아와 신문왕 때 국사國師로 활동한다. 632년 입당하여 635년에 신라로 귀국한 후 사천왕사를 창건한 명랑明朗도 밀교인 신인종神印宗을 개창한다.

일본의 공해空海(774-835)는 부공의 제자인 혜과惠果(746-805)에게 805년 8월 장안 청룡사에서 밀교의 법을 전수받고 일본에 귀국한 뒤 고야산高野山에 진언종眞言宗을 개창한다. 일본의 천태 사상은 이미 감진鑑眞(688-763)에 의해 소개되었지만 804년에 공해와 함께 당 유학길에 오른 최징最澄(767-822)은 805년 6월에 귀국하여 천태법화종을 비예산比叡山에 개창한다.

- 밀교密敎는 대일경大日經과 금강정경金剛頂經을 주主 경전으로 하며 만다라曼陀羅를 통하여 부처의 진리, 즉 우주의 세계를 설명한다. 밀교의 가르침은 말(언어)만으로는 이해하기 어렵기 때문에 색色이나 형形 등을 사용하여 회화적으로 표현하는 만다라가 특징적이며 태장만다라胎藏曼陀羅와 금강계만다라金剛界曼陀羅 두 가지가 있다. 만다라에는 부처, 보살 이외에도 이교의 신들도 포함되어 있으며 재난을 물리치고 복을 구한다는 양재초복攘災招福을 기원한다.

세계적 종교 철학의 집대성인 당나라

당나라는 중국역사 가운데 세계사적으로도 유례없는 번영을 이루어 왔다. 특히 국제적이며 화려한 문화가 융성한 제국으로 잘 알려져 있다. 다양한 외래 문화에 대한 적극적인 도입으로 당제국의 시대는 중국에서 가장 세계화된 문화를 대표하는 시기로 평가받고 있다.

특히 당 왕조는 외래 종교에 대하여 적극적인 도입 정책을 쓴다. 불교의 경우, 후한 명제 이후 위진남북조 시대를 거쳐 인도와 서역의 다양한 불교 문화가 수입된다. 당 태종 시절에는 각 지역의 문화와 종교를 모두 포용하였기 때문에 653년 페르시아로부터 들어온 카톨릭의 한 파인 경교景敎라는 네스토리우스교(예수의 이인격설二人格說을 주장하였다는 비난과 마리아 신모설神母說을 반대하였다는 이유로 이단이 된 종파)가 중국에 전파될 수 있었다. 말하자면 당나라 시대에는 중국 고유의 민간 종교인 도교, 서역에서 들어온 외래 종교인 불교, 페르시아 나스티시즘 종교들 중의 하나인 마니교摩尼敎(현존하지 않는다), 네스토리우스교 등 수많은 종교 활동이 꽃피우는 시기였다. 그 가운데 주류는 불교이고 경쟁적으로 도교가 있다. 황제나 귀족에서 서민에 이르기까지 모두가 종교에 열심히 귀의하는 종교의 황금시대가 곧 당나라의 특징이다.

세계 제일의 도시 장안

장안은 주, 진, 한을 거쳐 양에 이르기까지 수많은 제국들의 수도로서 사용되어 왔다. 장안은 수 문제에 의해 계획적인 도시의 모습으로 건설되는데 이를 이어받은 당에 의해 번영하게 된다. 신라의 경주, 백제의 사비, 왜의 비조 등이 장안을 모델로 건설되었음은 잘 알려진 바이다.

북쪽으로 위수渭水가, 동쪽으로 산수滻水와 패수灞水가, 서쪽으로 풍수豊水가 흐르는 장안은 동서 약 9.7km 남북 7.2km라는 대규모 도시이다. 약 5m 높이의 성곽으로 둘러싸여져 있으며 그 안에는 남북 11조 동서 14조의 가로가 있고 각 네거리에는 무후포武候舖로 불리우는 파출소가 있어 경라병警邏兵이 마을 경비를 한다. 가로로 구획된 구획을 방坊이라 부르며 이를 병塀(담)으로 둘러쳤다. 가로는 동북가도가 폭 147미터이며 동서가도는 가장 좁은 길도 70미터라 하니 놀랄 만하다. 도로에는 회화나무, 버드나무, 느릅나무 등이 심어졌다. 중간 중간에 석주가 서 있다. 길 따라 작은 개천이 흐르고 있다. 이러한 넓은 도로가 성벽의 끝에서 끝까지 10km나 똑바로 통하고 있는 모습은 상상만으로도 멋있는 광경이다. 아마도 고금을 통하여 세계 제일의 규모이며 가장 정비가 잘 되어 있는 가로이다.

성내 북측 중앙에 궁성과 황성을 합해 동서 2,814미터, 남북 3,248미터의 일곽一郭이 있다. 궁성은 황실의 거주지이며 천자는 보통 성의 동북에 접한 고대高臺에 있는 대명궁大明宮에 거주한다. 황성은 관청가로서 삼성육부三省六部의 각 관청이 즐비하게 늘어서 있다. 관리들은 대명궁과 황성 가까이, 출근에 편리한 성의 동측에 주거를 마련한다. 관리들의 출근시간은 매우 빠르다. 대명궁에 근무하는 관리는 일출 약 1시간 전에 건복문建福門 앞에 집합하여 성문이 열리기를 기다린다. 가까스로 도착하는 것은 프라이드가 강한 관리로서 체면이 서지 않기 때문에 여유를 가지고 예의 바르게 성문이 열리기를 기다린다. 일출 1시간 전이란 겨울에는 5시 반이고 여름에는 4시 반 정도가 된다. 당시 탈 수 있는 수단은 말(馬)인데 도보하는 종자從子가 있기 때문에 속도가 느리다. 장안의 도로는 넓다. 출근시간이 1시간 정도 걸리는 예가 적지 않다. 장안의 아침은 실로 관리의 출근 행렬에서부터 열린다 할 수 있다.

너무나도 엄격한 위진남북조 시대

당나라 사회는 후한의 엄격한 유교주의 사회와는 아주 대조적이다. 삼국지를 편찬한 진수陳壽(233-297)의 이야기에서 위진남북조 시대의 엄격한 유교의 모습을 엿볼 수 있다.

진수는 촉나라 사천성四川省에서 태어나 촉의 관리로 있던 때에 부친이 돌아가시는데 복상服喪 중에 자신도 병이 나서 여자 하인에 환약을 만들게 시킨다. 유교에서는 3년상이라 하여 25개월간은 엄중하게 근신해야 한다. 그런데 진수는 병중이라 하여 이성을 자신의 침실로 들여보낸 셈이 된다. 공교롭게도 운 나쁘게 이를 본 병문안 손님이 고소를 하여 실직을 한다. 촉이 망하고 위魏가 들어서고 위가 진晉으로 바뀌어도 이러한 평판 때문에 관리가 될 수 없었다. 진수는 장화張華(232-300)의 추천으로 관리의 자격을 회복하며 진조晉朝의 수사관修史官(著作郎)이 되어 삼국지를 쓰게 되었다. 그 즈음 어머니가 돌아가시어 복상服喪을 위해 휴직을 해야만 했는데 모친의 유언을 따라 낙양에서 장사를 지낸다. 그런데 고향에 돌아와 장례를 치르지 않았다 하여 불효자로 비난받아 진수는 또다시 실직한다. 그 후

장화 덕분에 정계에 복귀하게 되지만 진수는 이미 건강이 나빠져 취임하지 못하고 65세로 297년에 병사한다. 진수 사후 삼국지의 공인 청원이 나와 장화의 도움으로 통과되어 삼국지는 정사正史로서 비로소 인정을 받게 된다.

너무나도 세속적인 당나라 불교

불교와 도교는 원래 금욕적인 종교이지만 당나라 때는 불교가 너무 세속적이며 물욕으로 변질되었다고 평가받는 시기이기도 하다. 모든 것은 부처가 보호해주고 있기 때문에 실컷 욕망을 누려도 되며, 현실의 악도 모두 부처에 귀의하면 말소 가능하다고 믿었다.

당나라 시대는 풍요로운 시대이지만 미래를 보장받을 수 없는 불안의 시대였던 것 같다. 때문에 종교를 통한 현세의 안주와 인간의 욕망으로 가득한 시대이기도 하다. 이것은 위진남북조 시대의 지나치게 금욕적이고 극단적이고 위선적이기까지 한 유교적 가르침에 반항하여 이를 부정하게 되는 허무주의를 표방하는 노장 사상의 번창으로 민중의 욕망을 대신해 준다. 그러나 인간의 나약함은 허무 상만으로는 만족하기 부족하다. 서역으로부터 전래된 불교의 불법에서 말하는 덧없는 피안의 세계가 바로 안주安住의 세계라는 사상이 함께 받아들여지게 된다.

불법에서 말하는 안주의 세계는 피안의 세계를 상징한다는 미명 아래 극단적으로 화려하고 나아가서는 금색으로 칠한 여체의 나체상까지 나타나며 극히 몽환적으로 표현되기까지 한다. 이것들은 사람들에게 엑스터

시즘(탈혼 상태)과 황홀해지는 향락에 눈뜨게 해주었다. 현실과 환상 속에서 선악의 기준은 모호해 지고 오직 자신만의 감각과 욕망뿐이다. "우리는 누가 선인이고 누가 악인인지 알지 못한다. 단지 우리에게 선한 자를 선인이라 하고 악한 자를 악인이라고 할 뿐"이라는 아부로 유명한 무삼사武三思(?-707년 측천무후의 조카로 재상)의 말은 이 경지를 단적으로 상징한다.

양귀비의 오빠인 양국충의 일화가 더욱 세속적이다. 양궁충은 "우리 집안은 가난했지만 지금 이처럼 세도를 부리게 되었다. 그런데 장차 어떻게 될지 알 수 없다. 이대로 왕생할지 조차 생각할 수 없다. 그저 지금처럼 오랫동안 향락에 탐닉할 뿐"이라고 했다. 지나친 찰나적인 향략주의이다. 이처럼 자기중심적 사고방식과 배덕背德(도덕에 어긋남)은 그 시대의 일반적인 경향이었다.

남종화의 시조이며 시인으로 유명한 왕유王維(699-759)는 불교를 믿었지만 그가 재상이 된 후 뇌물정치를 자행하는 등 이루 말할 수 없는 악신惡臣이 되고 만다. 부모를 위해 얼음 위에 누웠다는 효심으로 유명한 왕홍王興 역시 가렴주구苛斂誅求(가혹하게 착취하고 재촉함)로 세운 웅장하고 화려한 사원의 벽화가 너무 황홀하여 그 아름다움을 독점하고자 화공 18명을 모두 죽이고 동굴 속에 파묻어 버린다.

선종의 출발은 시대적 요청

인간의 육체와 정신의 욕구를 억누르는 금욕적인 정신적 가치관이 극에 달하게 되면 저절로 세속적이며 쾌락의 물질적 풍요로움을 원하게 되는데, 이는 음양의 태극 이론과 같은 현상이다.

　　당나라 시대의 불교는 위진남북조 시대의 너무도 엄격했던 유교의 굴레로부터 벗어나려는 욕망을 만족시키기 위해 존재하는 듯하다. 불로장생을 목표로 하는 도교 역시 인간의 욕망 채우기에 그 목표를 다한다. 당나라는 다양한 인종이 왕래하는 국제색이 풍부한 제국이다. 때문에 배타적이며 국수주의적인 유교보다는 불교를 포함한 다양하고 보편적인 문화가 환대받는다. 장안은 국제 문화의 중심이자 세계 최대 문화의 도시이다. 외래 문화가 융성하고 온갖 인종이 왕래했기 때문에 국가주의나 충의 사상 따위는 뒷전이 되고 오로지 미와 관능적인 향락에 탐닉하게 된다. 당연히 문文을 우대하고 무武를 하대하는 풍조가 유행하였다. 육조 이래 2세기 동안 전쟁의 폐해를 경험하면서 전쟁을 싫어하는 사상이 널리 퍼진다. 겉으로는 화려한 문화를 뽐내는 당나라이지만 그 내면은 이러했다. 이러한 당나라 시대의 사회적 특성상 선종의 출발은 당연한 시대적 요청이라 하겠다. 향락과 타락에서 벗어나려는 선종은 높은 수도 정신과 사원 노동을 중시하며 불성의 보편성을 강조하는 새로운 시대정신이다.

3부 일본의 불교

백제로부터의 불교 전래

상궁성덕법왕제설上宮聖德法王帝說과 원흥사가람연기병류기자재장元興寺伽藍緣起幷流記資財帳(이하 원흥사연기元興寺緣起)에 의하면 538년 무오년 백제 성명왕聖明王은 서부희씨西部姬氏 달솔達率 노리사치계奴唎斯致契를 보내 석가불금동상 1구, 번개幡蓋 약간, 경론經論 약간 권을 보낸 것으로 기록되어 있으며, 일본서기에도 같은 내용이 552년으로 기록되어 있다. 일본에서는 일반적으로 538년 전래를 정설로 믿고 있다. 물론 이런 공식적인 불교 전래 이전에 이미 불교가 민간 차원에서 전래되었을 것이다. 예를 들어 부상략기扶桑略記에 522년 백제인으로 추정되는 사마달등司馬達等이 비조飛鳥 판전원坂田原의 초당草堂에 불상을 안치하고 예배하였다는 기록이 보인다.

한편 중국의 불교 자료 불조통기佛祖統紀에 의하면 "왜국은 처음으로 백제로부터 불경을 얻을 것을 청한다. 수나라 대업 13년(617)에 사절을 파견하여 조공하고 함께 사문 수십 인이 와서 불법을 배웠다."라고 기록되어 있어 백제로부터의 불교 전래를 확인시켜주고 있다.

538년 백제 성왕으로부터 전래된 불교에 대하여 흠명欽明은 대신들을 불러 불교 숭배에 대하여 의견을 물으니, 소아도목蘇我稻目은 불교 도입을 찬성하지만, 신도神道를 사수하는 물부수옥物部守屋과 중신겸자中臣鎌子는 반대한다. 흠명은 중립 입장을 보이면서 우선 대신 소아도목에게 불교를 숭배하는 것을 허락한다. 소아도목은 백제에서 보내온 석가불금동상을 비조의 소간전小墾田의 집에 안치한다. 그리고 가까운 향원向原 저택을 개축하여 사찰로 한다. 이 절이 후의 풍포사豊浦寺이다. 현재 향원사向原寺라는 이름으로 법등이 이어져 가고 있다.

570년경에 역병이 발생하는데 반불파인 물부수옥과 중신겸자는 불교 때문이라 여기고 향원사에 모셨던 석가불금동상을 난파難波의 굴강堀江에 버리고 향원사에 불을 놓았다고 한다. 그때 버려진 불상을 주워서 모신 곳이 나가노현長野縣 신농信濃의 선광사善光寺 본전불로 명맥을 이어오고 있다고 전해진다.

577년에는 11월에 백제 위덕왕이 환사還使 대별왕大別王과 함께 경전 몇 권, 율사, 선사, 비구니, 주금사, 조불공, 조사공 6인을 보내오며 이들을 난파의 대별왕의 사찰에 안치시킨다는 기록을 볼 때 이 시기부터 사찰 조영과 불상 제작이 시작된다.

582년 민달敏達 11년에는 향원전의 사찰을 앵정사櫻井寺로 바꾸며 민달 12년(583)에 선신니善信尼와 그의 제자 2명의 비구니를 앵정사에 봉임시킨다. 584년 민달 14년 9월에 백제 갑가신甲賀臣이 미륵석상 1구와 좌백련佐伯連이 불상 1구를 전래하는데 소아도목蘇我稻目의 아들인 소아마자蘇我馬子는 석천택石川宅에 석천정사石川精舍를 세워 미륵석상을 입구에 안치하고 고구려 승려인 혜편惠便과 법랑法明을 스승으로 삼고 석천정사에 머물게 하였으며, 세 명의 비구니인 선신니(사마달등의 딸로 당시 11세)와 선신니의 제자인 선장니禪藏尼(한인야보漢人夜菩의 딸), 혜선니惠善尼(금식호錦識壺의 딸)를 봉임시킨다. 이 절이 후에 풍포사가 되었으며(원흥사연기 583), 일본서기에 의하면 불법이 풍포사에서 시작되었다고 한다.

585년 2월에 소아마자는 대야구大野丘 북쪽에 탑을 세워 대법회를 올린다. 같은 해 3월에 다시 천연두가 발병하는데 물부수옥과 중신겸자는 또 다시 탑과 불전을 불태우고 불상은 난파의 굴강에 던져 버린다. 비구니들의 법의를 벗겨 금고하고 시장으로 내몰았다고 전해진다. 그러나 물부수옥도 민달왕도 두창에 걸리어 사망한다.

587년 7월에 불교 귀의 의사에 반대하는 물부수옥을 토벌하기 위해 소아마자는 성덕태자와 함께 출병하여 물부수옥 자택을 급습하여 물부씨는 몰락하게 된다. 이후 소아마자는 비조사를, 성덕태자는 사천왕사를 창건하게 된다.

588년에 선신니 등은 백제로 유학을 떠난 후 590년 귀국하여 풍포사의 전신인 앵정사에 머무르면서 비조에 백제 율학을 전한다. 같은 해에 백제 위덕왕은 불사리를 비롯하여 승려, 사원 건설공, 노반박사, 와박사,

화공 등을 왜에 파견하여 비조사 창건에 중요한 역할을 담당하게 한다.

한반도와의 불교 교류

일본불교의 출발과 발전이 한반도와 관계가 매우 깊다 보니 '초기 일본불교는 백제불교다.'라고 하여도 무리가 없을 정도이다. 우리나라에서의 백제불교에 대한 기록은 백제의 역사와 비교해서 너무도 적게 남아있어 그 실체를 찾기에 매우 실망적이다. 그런데 다행인지 모르지만 백제의 불교가 일본서기에 매우 상세히 기록되어 있어 고맙게 느껴진다. 일본사람들은 자신의 초기 불교를 이해하기 위해 어쩔 수 없이 백제불교를 연구하게 되는 것 같다. 때문에 일본에는 백제불교에 관한 서적을 쉽게 찾을 수 있으며 이와 함께 고구려와 신라의 불교에 대한 연구도 함께 소개되고 있다. 여기서는 초기 일본불교에 대한 고구려·백제·신라와의 관계를 간략히 소개한다.

538년 백제로부터 불교가 전래되지만 초기 일본불교는 고구려나 신라와도 밀접한 관계 속에서 발전한다. 고구려의 혜자慧慈(?-622)와 백제의 혜총慧聰은 성덕태자의 스승이 되어 삼론학三論學과 성실론成實論을 가르쳤다고 한다. 혜자는 596년 준공된 비조사飛鳥寺의 주지住持를 맡는다.

일본 초대 승정으로는 백제승 관륵觀勒이며, 2대 승정은 고구려승 혜관慧灌(625-668)으로 초기 일본불교에는 고구려와 백제의 영향이 특히 컸음을 알 수 있다. 특히 고구려는 비조사 조성 때 영양왕이 금 300냥을 기여할 정도로 일본불교에 커다란 영향력을 끼친다. 때문에 일본 초기 가람배치가 삼금당 배치 형식이라는 고구려의 방식을 채택한 것은 우연의 일은 아닐 것이다. 백제 멸망 후의 일이지만 749년에 완성된 나라 동대사의 대불을 주조할 때 백제왕 경복敬福이 900냥(약 34kg)을 보시하며 고구려 출신인 고려복신高麗福信과 신라 출신의 저명부백세狙名部百世가 총책임자였다 한다.

천태종天台宗과 진언종眞言宗의 성립

나라奈良 시대에 들어와서 삼론종, 성실종, 유식종, 구사종, 화엄종, 율종이 성립되며, 헤이안平安 시대에 최징最澄(767-822)은 804년에 입당하여 귀국한 후 806년에 히에이산比叡山(848m) 엔라쿠지延曆寺에 천태종을 개창한다. 엔라쿠지에는 장보고(?-846)를 신라명신으로 모시는 적산궁이 있어 신라와의 관계가 깊은 곳이다. 산 정상에 오르면 동쪽으로는 일본 최대의 호수 비와코琵琶湖가 한눈에 들어오고, 서쪽으로는 교토시내가 보인다. 한편 공해空海(774-835)는 최징最澄과 함께 당나라 유학을 가서 혜과惠果(746-805)에게 밀교를 전수받고 귀국하여 고야산高野山에 진언종을 개창한다. 오사카大阪에서 남쪽으로 약60km정도 떨어진 와가야마현에 위치하는 고야산은 해발 약 900미터의 산위에 연꽃처럼 8잎의 봉우리로 둘러싸여 있는 동서로 약 5km, 서북으로 약 2km에 이르는 분지모양의 넓은 산 정상 위 심산유곡에 있다. 공해가 터를 잡은 단조가람壇上伽藍은 연꽃의 중심에 해당한다 하여 운중연화雲中蓮花라고도 부른다. 이후 천태종과 진언종이 일본불교의 주류를 이루며 현재까지 그 명맥을 유지하고 있다.

고야산 금강삼매원 다보탑

히에이산 엔랴쿠지 근본중당 내부

• **일본 건축 역사의 시대 구분**

조몬繩文(B.C.13,000-B.C.300)→ 야요이彌生(B.C.300-A.D.250)→ 고훈古噴(250-552)→ 아스카飛鳥(538-645)→ 하쿠호白鳳(645-710)→ 나라奈良(710-784)→ 헤이안平安(784-1185)→ 가마쿠라鎌倉(1185-1336)→ 무로마치室町(1336-1573)→ 모모야마桃山(1573-1615)→ 에도江戶(1615-1867)→ 메이지明治(1868~)

의상과 원효의 영향

한반도에서 일본에 가장 영향을 미친 승려는 의상과 원효이다. 법장의 문하에서 수학한 의상의 제자인 심상審祥(?~740)은 당나라 도선道璿(702-760)과 함께 736년에 일본으로 건너가 740년 동대사東大寺에서 60권 화엄경을 강의하며 화엄학을 전달한다.

교토京都 서북쪽 도가노오산栂尾山 고산사高山寺에 가면 묘에고벤明惠高辯(1173-1232)이 화엄연기회권華嚴緣起繪卷 화엄조사회전華嚴祖師繪傳 6권의 두루말이 중 4권에 송고승전 내용을 바탕으로 그린 의상과 선묘 설화의 그림이 전해지며, 2권에 의상과 원효의 행적을 기록하고 있다. 지금도 의상과 원효의 진영을 모시고 있으며, 목조 선묘상이 현재 교토박물관에 전시중에 있다. 또한 삼국불교전통사관을 제창한 동대사계의 교넨凝然(1240-1321)은 자신의 저서 화엄법계의경華嚴法界義鏡에서 의상이 지엄에게 10년간 화엄을 배우고 갔으며 진정 등 4제자가 있다고 기록하고 있다.

고산사 금당

4부 일본 비조사와 백제 군수리사의 동질성 탐구

서론

일본 나라현 비조 지역에 위치하고 있는 비조사飛鳥寺는 일본 최초의 사찰이며, 비조사 조영에 백제의 영향이 매우 지대하였음이 일본서기 등에 상세히 기록되어 있다. 비조사는 백제 성왕이 538년 일본에 불교를 전래한 이래 수차례 정치적 사건을 겪으면서 588년에 사찰 조영이 시작하게 된다.

필자는 역사적으로 일본 초기의 불교 사찰 건축 조영은 당연히 백제 도래인에 의해 건설되었기 때문에 백제 사찰 건축 조영의 모습과 같은 방법으로 건설되었을 것이라고 가정해 본다.

사비 시대 백제 수도인 부여에서의 사찰 배치 방법은 문헌적으로 볼 때 삼국사기와 삼국유사의 기록에 의존할 수밖에 없지만 그 내용이 전무할 정도로 매우 부족하다. 때문에 거의 고고학의 발굴에 의존할 수밖에 없는 점이 우리의 현실이다. 그런데 다행히도 백제불교에 대해서는 오히려 일본서기를 비롯한 고대 일본 역사서에 풍부히 기록되어 있다. 이러한 일본의 초기 불교 전래와 사찰 조영의 특성을 이해한다면 거꾸로 6세기 중반 백제 부여의 사찰 배치 조영을 재현시킬 수 있다는 가설을 세우게 되었다.

이러한 가설을 증명하기 위하여 본 연구는 일본 아스카 지역의 초기 불교 사찰인 비조사와 풍포사의 지형적 배치 특성과 백제 사비 시대 부여의 군수리사지와 화지산 건물지(이하 화지사로 가칭)의 지리적 배치 특성 사이에서 동질성을 찾아냄으로서 6세기 사비 시대의 사찰 배치를 재현시키는 것을 목적으로 한다.

목만치木滿致와 소아만지蘇我滿智

일본에 불교가 전래될 당시에 중요한 역할을 담당하였던 대신으로 소아도목蘇我稻目을 중심으로 하는 소아蘇我씨에 주목할 필요가 있다. 소아도목은 안한安閑 원년인 536년에 대신으로 등장하게 된다. 그의 아들 소아마자蘇我馬子와 손자인 소아하이蘇我蝦夷를 거쳐 증손자가 되는 소아입록蘇我入鹿이 645년에 중대형황자中大兄皇子와 중신겸족中臣鎌足에 의해 대화개신大化改新이라는 쿠데타로 멸망하기까지 약 110년간 일본에 불교 전파를 하였으며 정치적으로 그 세도를 떨치면서 아스카 정권에서 가장 중요한 씨족으로 알려져 있다.

그런데 최근 한국과 일본의 역사학자들 사이에서는 소아도목蘇我稻目의 선조가 되는 소아만지蘇我滿智가 백제의 목만치木滿致와 동일 인물이라는 주장이 빈번히 나타나고 있다.

일본서기에 의하면 신공神功 49년(369)에 백제기를 인용하면서 "목라근자木羅斤資가 신라 정벌 때 거기서 부인을 얻어 목만치를 낳았다" 한다. 또 다시 신공 62년(382) 백제기를 인용하여 "목라근자가 대가야를 구원하여 그 지역을 다스렸으며 목만치는 부덕父德으로 가야의 전권을 획득하였다" 전해진다. 계속해서 응신應神 25년(414)에 이르길 "백제 직지왕(전지왕 420년 사망과 동일)이 죽었다. 그 아들 구이신이 왕이 되었다. 왕은 나이가 어렸다. 목만치가 국정을 잡았다. 왕모와 간음하여 무례한 일이 많았다. 천왕이 일본으로 송환하였다"고 기록되어 있다.

삼국사기에 의하면 475년 고구려 장수왕의 침공으로 백제의 수도 한성이 몰락하게 되자 개로왕으로부터 목협만치木劦滿致와 조미걸취祖彌桀取에게 왕자 문주文周를 데리고 신라에 구원병을 청하기 위해 남행했다는 기록이 보인다. 목협만치木劦滿致는 일본서기에서도 확인되는데 마치 왜인倭人으로서 백제와 임나 지역에서 활약한 장수로 묘사되어 있다. 그런데 이후 목(협)만치에 대한 기록은 삼국사기에서 사라진다. 일본으로 송환되었다 하지만 이후에 일본에서도 목만치라는 이름은 등장하지 않을 뿐 아니라 목만치의 자손은 물론 그의 성씨인 목씨 자체가 일본 역사서에 나타나지 않는다. 그렇다면 백제에서 사라진 목만치는 어디로 사라진 것일까.

문협정이門脇禎二 교수는 소아만지와 목만치는 동일 인물이라고 주장하는 대표적인 학자이다. 문협정이는 삼국사기의 기록을 바탕으로 목만치가 개로왕 21년(475)에 남행하여 일본으로 건너와 소아씨의 조상이 되었다고 주장하고 있다.

또한 지전순일志田諄一 씨는 소아만치가 소아씨의 실제 조상으로 백제의 목협만치가 도일한 인물이라고 주장하고 있으며, 수야우水野祐 씨 역시 소아만지가 한인韓人이기 때문에 그의 아들을 한자韓子라 하여 한반도

○ 목만치와 관련되는 일본서기 내용

연도	백제와의 주요 내용
369년	倭와 百濟가 연합하여 신라를 공격하는데 백제왕 부자와 荒田別(倭)과 木羅斤資(백제)은 意流村에서 만나 반가워한다.
382년	木羅斤資를 보내 加羅를 회복시킨다
392년	紀角宿禰 川石宿禰 木菟宿禰 등을 백제로 파견하여 진사왕의 무례함을 책하였다.
414년	왕이 나이가 어려 목만치가 정권을 잡고 왕의 어머니와 간음을 하여 무례한 행동이 많았다. 천황이 그 횡포를 듣고 木滿致를 倭로 소환하였다.
401년	10월 蘇賀滿智宿禰는 平群木兎宿禰, 物部伊呂弗大連, 圓大使主와 함께 국정을 담당
465년	3월 蘇我韓子宿禰 등에 신라 정벌 조직을 내림(실패)
516년	5월 백제가 前部 木刕不麻甲背를 일본으로 보냄
535년	12월 聖明王은 中左平 木刕麻那, 下左平 木尹貴, 德率 木刕眯淳 등과 논의
552년	5월 백제는 中部 德率 木刕今敦 등을 倭에 보냄
554년	1월 백제는 中部 木刕施德 文次 등을 倭로 보냄
572년	4월 蘇我馬子宿禰를 대신으로 임명
575년	4월 吉士 木蓮子를 任那(가야)에 사신으로 보냄

사람이라고 불렀고, 그의 손자가 고려高麗라고 불린 것은 그 출신이 고구려계의 백제인이었기 때문이라고 주장하고 있다.

소아씨가 일본서기에 처음 나오는 때는 이중履中 2년(401) 10월로, 소아만지숙예蘇我滿智宿禰라는 인물이 국정에 참가하였다는 기록이 있다. 또한 고어십유古語拾遺에 의하면 5세기 말 웅략조에서 활약한 소아만지가 궁정의 장(藏)을 검교하였다는 기록이 있다. 또한 웅략조에는 도래인계 관인을 중용하였다는 점에서 이 시대에 백제인 목만치와 소아만지는 정확히 중복되어 나타난다. 한편, 한국의 역사학자인 김현구와 서남경은 목협만치는 문주왕이 해구에 피살될 때(477년 9월) 도왜渡倭한다고 주장한다.

이상의 여러 기록과 주장을 통하여 목만치와 소아만지가 동일인물로 간주되어야 하는 이유를 열거하면 다음과 같다. 첫째, "만치滿致"와 "만지滿智"의 발음이 동일하다는 점, 둘째 양자의 생존 기간이 중복된다는 점, 셋째 응신기에서 목만치를 대왜목만치對倭木滿致로 기록하는 등 대화정권과의 관계가 밀접하다는 점, 넷째 소아만지의 아들 한자韓子와 손자 고려高麗라는 이름이 한반도와 관련을 보이는 점을 들 수 있다. 특히 한자韓子는 웅략雄略 9년에 신라 토벌 장수로서 파견하였다는 기록이 있다.

소아안작입록蘇我鞍作入鹿의 정식 이름은 소아대랑임대랑안작蘇我大郎林大郎鞍作이라고도 불리우는데 안작鞍作이라는 이름은 백제계 씨족의 명

○ **소아씨 약계도** 蘇我氏略系圖

武內宿禰(?) → 蘇我石川宿禰(?) → 蘇我滿智 → 韓子 → 高麗(馬背) → 稻目 → 馬子 → 蝦夷 → 入鹿

칭이며, 씨氏에 해당하는 림林은 신찬성씨록新撰姓氏錄 기록에 백제국인목귀지후야百濟國人木貴之後也(백제의 목귀木貴의 후손)라고 백제팔성 귀족 가운데 하나인 목木씨의 후예임을 명기하고 있다.

- 소아석천숙예蘇我石川宿禰는 고사기古事記에서 무내숙예武內宿禰의 아들로 묘사되어 있지만 실존이 불명하며, 일본서기에서는 무내숙예와 소아만지와의 관계를 전혀 언급하고 있지 않다. 이 두 사람은 가공인물이라고 일본 사학계에서도 인정하고 있다.
- 백제팔성 : 사沙 · 연燕 · 협劦 · 해解 · 진眞 · 국國 · 목木 · 백苩

목만치의 부여 거주지 추정

백제 사비도성의 구조에 대하여 중국 사료의 기록을 보면 5부와 5항이 존재하고 있음이 알려져 있다. 물론 5부와 5항의 관계에 대해서는 아직 논란이 있지만 5개 지역을 구획되어 관할되어 관리되었음을 알 수 있다. 사비도성의 5부는 중국 도성이나 일본 도성에서 보이는 방坊과 같은 존재이다. 방의 크기는 일정치 않지만 경주나 일본의 도성을 참고해 볼 때 500m 전후의 크기가 일반적이다.

그런데 일본서기에서는 안한安閑(531-535)기록부터 부명部名—관등명官等名—인명人名 순으로 기록되어 있어 어떤 씨족이 어느 지역에 거주하였는가를 추측할 수 있으며 백제의 5부제 실시 시기와 관련해서 주목된다. 기록을 살펴보면 목만치의 목씨의 부명이 거의 중부에 집중되고 있음을 볼 때 군수리사지는 중부 지역과 관련을 갖고 있다고 추정할 수 있다.

- 주서周書 백제조에 의하면 부여 도읍에는 만 가家가 있으며 5부部 제를 만들었으니 상부上部, 전부前部, 중부中部, 하부下部, 후부後部이며 각 부는 군사 500명을 거느린다. 5방에는 각기 방령方領 1명이 있는데 달솔로 삼았다. 군에는 장將이 3명 있는데 덕솔로 삼았다. 방은 군사 1,200명 이하 700명 이상을 거느린다고 기록되어 있다.

비조사 서문의 의미

비조사와 풍포사의 지리적 배치에서 서로의 관련성을 찾는 데에는 다음의 두 가지 내용을 근거로 하여 출발할 수 있다. 첫째는 원흥사연기에 기록된 백제의 비구니 수계 방법에 대한 내용이며, 둘째는 비조사 서문西門이 특별히 크게 조영된 의미에 대한 내용이다.

첫째, 587년 일본을 방문한 백제인은 백제에서의 비구니 수계 방법에 대해서 상세히 알려 주는데 그 내용은 다음과 같다. 비구니가 되기 위해서는 우선 비구니 사찰에서 10명의 비구니 스승을 초청하여 받는다. 그리고 다음에는 비구 사찰에 가서 10인의 법사를 초정하여 계를 받는다. 결국 비구니 스승 10명과 비구 스승 10명을 합하여 모두 20명의 스승이 수계하도록 되어 있다. 계속해서 백제의 법사 사찰과 비구니 사찰에서는 백갈마(白羯磨, 자기반성의 집회)가 한 달에 두 번씩, 매월 1일(신월)과 15일(만월)에 교대로 비구니 절과 비구 절에서 열리는 것이 상례로 되어 있다. 그때 같은 지역에 거주하는 비구와 비구니들은 15일마다 오전에 한 절에서 모임을 갖는다. 그리고 계율에 의거해서 각자가 자신의 죄를 대중 앞에서 참회하고 고백한다. 만나는 사찰은 그때마다 바뀐다. 때문에 백제에서는 비구 사찰과 비구니 사찰은 서로가 종소리가 들을 수 있는, 그리 멀지 않고 가깝지도 않은 거리에 위치하고 있다고 전한다.

일본 최초의 사찰인 풍포사에서의 최초의 승려는 선신니善信尼(사마달등司馬達等의 딸로 당시 11세)와 선신니의 제자인 선장니禪藏尼(한인야보漢人夜菩의 딸), 혜선니惠善尼(금식호錦識壺의 딸) 등 세 명의 비구니이었다.

582년 고구려 승려인 혜편惠便에게 약식으로 비구니의 계를 받은 선신니 등 3명의 비구니는 비구니를 양성할 수 있는 비구 사찰이 필요하였을 것이며, 비조사 창건은 선신니들의 요청에 의한 것이었으리라고 추측 가능하다. 실제로 선신니 등 3명의 비구니를 포함한 5명의 비구니는 588년에 백제로 유학을 떠나 590년에 귀국한다. 백제 부여에 가서 비구니의 정식 계를 받아왔을 것으로 추정 가능하다.

둘째, 비조사 서문이 남문보다 크게 조영된 이유에 대한 내용이다. 비조사 발굴 조사에 의하면 창건 당시 서문의 규모는 항행桁行 38척, 양간 18척에 비하여 남문은 항행 29척, 양간 15척에 불과하고 북문도 33척에 지나지 않는다. 일반적으로 남북자오선상의 사찰 배치 방법에서 서문이 남문보다 크다는 점에 의문을 갖게 된다.

비조사 서측에 위치하는 느티나무 숲은 645년 6월 19일 대화개신을 일으킨 중대형황자中大兄皇子와 중신겸족中臣鎌足이 처음 만난 곳으로 소아하이蘇我蝦夷와 소아입록蘇我入鹿이 멸망한 직후 효덕孝德, 황극皇極, 중대형황자가 중신겸족 등의 군신들을 모아놓고 주군에 대한 충성을 맹세케 한 곳으로 유명하다.

이제까지는 서문이 남문보다 큰 이유에 대하여 비조사의 불사법회가 비조사 서측에 위치하는 느티나무 숲에서 승려와 재가자가 함께 모여 행해졌기 때문이라고 생각하였다. 현재 비조사의 경내 서쪽으로부터 비조천까지의 거리는 약 300m이다. 비조사 서쪽 느티나무 숲 밑 혹은 비조사 서쪽 강변이라고 일본서기에 기록되어 있듯이 당시 느티나무 숲은 주로 이곳에 있던 것으로 추정된다.

비조사 서문이 특히 크게 만들어진 데에는 또 다른 중요한 이유를 찾을 수 있다. 비구 사찰과 비구니 사찰 사이에서는 백갈마라는 회합이 1달에 2번씩 이루어진다는 기록에서 볼 때, 이를 위해서는 상호간 빈번한 왕래가 필요하게 된다. 또한 사찰 간의 회합을 알리는 신호가 잘 전달되어야 하는데 비조사와 풍포사는 약 500미터 떨어져 있어 서로 종소리를 들을 수 있기에 충분하다. 이러한 이유에서 비조사 서문은 풍포사로 향하는 비구의 출입구이자 비조사를 방문하는 풍포사 비구니의 출입구가 된다. 이처럼 비구와 비구니의 빈번한 회합과 승려와 재가자의 불사법회를 위한 왕래가 빈번하기 때문에, 출입을 위해 크게 만들어졌을 가능성이 크다.

큐슈九州대학 타무라엔쵸田村圓澄 교수는 그의 저서 "고대한국과 일본불교"(1980)에서 "백제에서는 비구 절과 비구니 절은 서로가 종소리가 들리는 거리에 건립되었다"고 하는 내용을 가설로 하여 일본 최초의 사찰인 풍포사豊浦寺와 비조사飛鳥寺와의 관계를 비구니 사찰과 비구 사찰의 관계로 해석을 하고 있다.

상기 두 가지 기록에서 보면, 비구니 사찰인 풍포사와 비구 사찰인 비조사의 지리적 배치가 서로 밀접하게 관계되고 있음을 알 수 있다. 두 사찰을 연결하는 도로 중간에는 그 지역이 잘 내려다보이는 작은 언덕인 감강구甘樫丘와 비조천이 있는데 두 사찰의 지역을 구분지어 주고 있다. 비구 사찰과 비구니 사찰의 성격상 너무 멀지도 않으며 너무 가깝지도 않은 거리, 즉 종소리를 들을 수 있는 600미터의 거리를 두고 있다는 지리적 배치 특성을 찾을 수 있다.

여기서 필자는 백제 사비 지역인 부여에도 동일한 조건의 두 개의 사찰이 존재하다는 가정 하에 지금부터 일본의 비조사와 풍포사의 지형적 배치 특성과 백제의 군수리사지와 화지사(가칭)의 지형적 배치 특성의 동질성을 증명하고자 한다.

부여와 비조의 지리적 조건

비조 지역은 남쪽에 길야산吉野山인 고취산(584m), 동쪽에 음우산音羽山(852m), 서쪽에 구방산(199m)과 국견산國見山(229m), 북쪽으로 향구산香久山(152m)으로 둘러싸여진 분지 지형이다. 비조 분지 가운데에 감강구甘樫丘(100m)가 있다. 감강구는 소아모인蘇我毛人(또는 소아하이蘇我蝦夷), 소아안작蘇我鞍作(또는 소아입록蘇我入鹿)이 저택으로 사용한 지역이다. 감강구의 서측 가까운 곳에 풍포사가 위치하며 감강구 북측을 약간 돌아서면 북에서 남으로 비조천이 흐르고 있으며 이를 건너 동쪽으로 약 500m 떨어진 곳에 비조사가 위치하고 있다. 비조천이 남동측에서 풍포사 서측 300m 정도 떨어진 화전지和田池에 머물다가 다시 북서측으로 흐르고 있다.

부여 지역은 북측에서 서측으로 타원을 그리며 남동측으로 흘러가는 금강이 흐르고 북측에 부소산(100m)이 백마강과 접하고 있으며 그 남측으로 백제 도성이 있었을 것으로 추정하고 있다. 또한 동측에 금성산金城山(120m)과 남측에 화지산花枝山(48m)으로 둘러싸인 분지형 지역으로 사면이 산과 강으로 둘러싸인 전략적인 요충 지역이기도 하다.

비조사와 군수리사지의 가람 배치

비조사는 587년 소아마자가 성덕태자와 함께 물부수옥과 전쟁을 벌일 때 승리를 기원하면서 비조사 건립을 발원하였다고 전해진다. 실제로 전쟁에 승리한 후 588년부터 비조사 조영이 시작되어 614년에 완성된다. 이즈음부터 백제로부터 많은 불교 관련 문화가 수입되고 있음이 일본서기에 상세히 기록되어 있다.

부상략기扶桑略記에 있는 소아마자가 탑에 불사리를 안치하는 의식에 100여 명과 함께 백제의 의복을 입고 참여하였다는 기록을 볼 때 비조사 조영에 백제의 영향이 얼마나 많이 끼쳤는가를 알 수 있다.

중금당에 안치된 비조대불이라 불리우는 장육의 석가여래상은 605년 고구려 대흥왕大興王(영양왕)이 황금 300냥을 보내주면서 주조가 시작되어 606년(추고推古 14) 4월 8일에 완성되고, 609년에는 불상의 도금이 완성된다. 중금당에 비조대불을, 동금당에는 584년에 백제로부터 갑하신甲賀臣이 가져온 미륵석상을, 서금당에는 좌백련佐伯連이 가져온 불상 혹은 수불

繡佛을 안치하였다고 대교일장 大橋一章 씨는 주장하고 있다.

　　창건 당시의 가람은 1196년 벼락에 의해 소실되며, 그때 본존불도 대파되어 지금까지 수 번에 걸쳐 개수되어 현재에 이른다. 오른쪽 눈 밑의 뺨 부분과 오른손의 손가락 일부만이 창건 당시의 것이라 한다.

　　비조대불은 안작부지리 鞍作部止利의 작품이며, 법륭사 금당의 석가

○ **비조사 조영 주요내용**

588년	비조사 조영 시작
589-592년	목재 杣取, 건조 가공 사실과 사지의 整地 地割 등의 확인
590년	벌목한 목재 운반을 시작
592년	10월 불당과 회랑 공사가 시작
593년	1월 탑 찰주의 心礎를 세울 때 馬子 등 百余人들은 모두가 백제 의상을 하고 參列하였으며 心礎에는 백제왕이 보내준 佛舍利를 넣었다 한다.
596년	11월 탑의 노반을 완성하여 목탑을 창건하여 공사가 완료되며 고구려승 慧慈와 백제승 慧聰을 주지로 한다
597-601년	중금당(단층기단) 조영
605년	4월 安作鳥에 명하여 처음으로 銅과 繡의 丈六佛像 각각 1軀씩을 造成 시작, 이때 高句麗國 大興王이 黃金 300兩을 보냄
606년	飛鳥大佛(금동석가상)을 완성하여 금당에 안치
609년	동서금당(이중기단) 조영 - 1탑 3금당 완성
609년	605년에 발원하여 銅 繡의 丈六佛 각 1구가 완성 백제승 11인을 두었다 한다.
610-613년	강당 조영
614년	비조사 가람 완성

삼존상도 그 광배명문을 보면 같은 안작부지리의 작품이다. 718년 9월에 평성경(平城京)으로 천도한 후에는 원흥사元興寺로 개칭된다.

한국 충청남도 부여군 부여읍 군수리에 위치하는 군수리사지는 백제 사비 시대의 사찰이지만 사명寺名이나 그 유래가 전해지지 않는다. 1935년-1936년에 2차례의 발굴 조사가 이루어졌는데, 이 조사를 통하여 군수리사지가 1탑 1금당의 전형적인 백제식 사찰 구조라는 점과 부속 건물지인 종루 경장지를 비롯하여 동서 회랑지, 동방건물지 등 유구를 확인하였다. 또한 발굴지에서 석조여래좌상(보물 제329호)과 군수리사지 금동미륵보살입상(보물 329호)이 목탑지 심초석 상부에서 출토되어 사찰터임을 증명하게 되었다. 1963년에 국가 지정 문화재인 사적 제44호로 지정 관리되고 있다. 2005년에 2차에 걸쳐 발굴 조사가 이루어졌는데 목탑지에서 동남편으로 35미터 떨어진 곳에서 백제 시대 기와 산포지가 확인되며 일부 와적기단열이 동편으로 이어지는 등 지금까지 조사되지 않았던 또 다른 건물지가 있었을 것으로 추정하고 있다.

비조사는 와적기단이 보이지 않으며 중금당은 단층기단이었지만 동서기단은 이중기단으로 되어있다. 이중기단은 일본에서는 거의 찾아보기 힘든 구조로 7세기 초반에 건립된 법륭사 금당과 몽전, 5층탑에서 겨우 확인된다.

출토되는 기와는 연화문헌환와蓮花文軒丸瓦로 이는 백제의 것과 유사하다. 비조사의 가람 배치가 탑을 중심으로 북·동·서에 3개의 금당을 두는 1탑 3금당 방식으로 중금당(북측)과 탑은 법륭사와 거의 같은 규모의 건물로 확인되었다. 비조사 동금당지 내에서 보이는 외진(남북방향)의 각 주칸은 부여 군수리사지 금당지와 매우 유사하다. 군수리사지는 동서회랑 밖으로 중심 금당과 거의 일직선상을 이루는 선상에 대칭적으로 2개의 건물지가 중앙 건물지보다는 약간 작은 규모(남북 15미터 동서는 미확인)로 있었으리라고 추정되면서 3금당 형식의 견해가 자주 주장되고 있다.

- 비조사의 동측에 십일장의 대전大殿을 만들어 조불소造佛所로 하였다는 기록이 원흥사연기에 있다.
- 삼국 초기의 사찰인 고구려의 청암리사지(금강사로 추정), 백제의 미륵사지와 군수리사지, 신라의 황룡사와 분황사 등은 3금당 형식이다.

감강구甘樫丘와 화지산花枝山

비조 지역 분지 가운데에 감강구(100m)라는 나지막한 언덕이 있다. 정상이 평탄한 감강구에 오르면 북측에 대화삼산大和三山이 멀리 보이고 서측인 좌로부터 구방산玖傍山, 이성산耳成山, 향구산香具山이 보이며 뇌구雷丘가 바로 눈앞에 작은 구릉으로 보인다. 동북으로는 삼륜산三輪山이 보인다. 동쪽으로는 창교산倉橋山을 배경으로 비조좌신사飛鳥座神社 숲이 있고 그 앞에 비조사가 보인다.

포지산抱枝山이라고도 불리우는 화지산(48m) 정상에는 망해정지로 추정되는 곳이 있는데 삼국사기 백제본기 의자왕조에 입망해정어왕궁남入望海亭於王宮南이라는 기록이 있다. 1959년에 팔각정을 건립하고 망해정이라 명명한 바가 있다. 지금은 화재로 소실되고 석재기둥만이 남아 있다. 화

화지산(부여)

감강구(비조)

지산에서 내려오는 물줄기는 궁남지(사적135호)에 모였다가 다시 백마강으로 흐르고 있다.

풍포사豊浦寺와 화지사花枝寺

풍포사는 향원사向原寺, 앵정사櫻井寺, 등유량사等由良寺, 풍포니사豊浦尼寺, 건흥사建興寺 등 다양한 명칭을 가지고 있다. 원흥사연기에 의하면 풍포사는 풍포궁 후에 조영된 사찰이라 한다.

풍포사는 538년 백제 성왕으로부터 전래된 불교를 받아들인 소아도목이 백제로부터 전해온 불상을 안치한 향원사이며, 그리고 선신니와 그의 제자 2명의 비구니를 봉임하는(583) 앵정사의 전신이다. "상궁성덕법왕제설"에 의하면 처음에는 앵정사라 불렀으나 후에 풍포사라 불렀다(582)고 전해진다. 원흥사연기에는 추고 1년 593년에 등유량궁사等由良宮寺를 등유량사로 고쳤다는 기록이 있다.

일본 최초의 사찰은 풍포사이다. 풍포사의 주지로서 일본 최초의 승려 역시 선신니 등 3명의 비구니이며 일본불교의 출발이라 할 수 있다. 비구니를 양성할 수 있는 비구 사찰이 필요하였을 것이기 때문에 비조사(비구사찰) 창건은 선신니 등 비구니들의 요청에 의한 것으로 추측 가능하다. 582년에 약식으로 비구니가 된 선신니 등 3명의 비구니를 포함한 5명의 비구니는 588년에 백제로 유학을 떠나 계율을 배우고 590년 3월에 귀국한다. 백제 본토에 가서 비구니의 정식적인 계를 받아왔을 것으로 추측된다.

풍포사(비조)

비조천

궁남지 동쪽에 위치하는 화지산 서편 평탄대지인 화지사花枝寺(가칭)는 전傳 이궁지離宮址로 알려져 있다. 또한 화지산 서편에는 옛 어정御井이라 불리우는 우물터가 현존하는데 무왕과 관련된 이궁지(별궁지)와의 관련성이 거론되어 왔다. 화지산의 어원과 입지 상황을 볼 때 백제 왕실과 관련한 신설 구역의 역할을 담당하였을 것이라고 추정한 견해도 보인다.

화지사(가칭)는 매우 우연히 발견된다. 1970년대 당시 국무총리였던 김종필 씨는 충남 부여 출신으로 "백제 구국오천결사대 충혼탑"을 화지산 서남측에 조성하려 하다가 그곳에서 백제 시대의 건물지가 발견되면서 발굴이 시작되었다. 그곳에서는 5개소에서 선사 시대 주거지, 건물지, 석곽묘, 토광묘 등이 발굴되었다. 백제 시대로 추정되는 초석건물지는 그 방향이 궁남지 쪽을 향하고 있으며, 그곳에서 토광묘와 다량의 백제 기와가 출토되었다. 특히 화지산 8호 건물지에서 왕과 왕비가 사용한 것으로 추정되는 청동거울이 발견되어 그곳이 궁터였음을 추정 가능하게 한다.

화전지和田池와 궁남지宮南池

화전지는 추고(593-629) 때 조성되었다는 기록이 있어 비조사 조영 당시에는 조성되지 않은 큰 못이지만 이전부터 연못을 이루고 있는 지형에 인공적으로 큰 연못을 조성하였다 전해진다.

궁남지는 삼국사기에 "무왕 35년(634) 3월 궁남에 연못을 파서 물을 20여 리나 끌어들였다. 네 언덕에는 버드나무를 심고 연못 가운데에는 섬을 만들어 방장선산을 모방하였다." 또 같은 왕 "39년(638) 봄 3월에는 왕과 왕비가 큰 연못에 배를 띄웠다."는 기록이 있으며 마래방죽이라는 명칭으로 불리어왔다는 점에서도 궁남지가 이궁의 연못지로서 이용된 가능성을 시사한다.

일본서기에는 궁남지의 조경 기술이 일본에 건너가 일본 조경의 원류가 되었다고 전하고 있다. 이와 같이 이 두 연못에 대한 기록에 의하면 이궁離宮의 연못으로 사용 가능한 점을 공통으로 기술하고 있다.

비조천飛鳥川과 화지천花枝川

비조천은 풍포사와 비조사 사이를 감강구를 끼고 북서쪽으로 통과하며 두 사찰의 영역을 구분하고 있다. 화지천(가칭)은 지금은 지표에 나타나 있지 않지만 1915년 고지도를 참조해 보면 화지산 서쪽 계곡을 흘러 궁남지로 들어갔음을 알 수 있으며 궁남지의 물은 다시 동남으로 흘러 백마강으로 빠지게 되어 있다. 화지천(가칭)은 군수리사지와 화지사(가칭) 사이를 통과하며 두 지역을 구분하고 있다.

사찰 간의 거리와 접근 방법

군수리사지와 화지사(가칭) 사이는 직선 거리로 550m이며 비조사와 풍포사 사이의 직선 거리 역시 600m로 매우 유사하다. 이 거리는 사찰 간의 종소리를 인식할 수 있는 적정 거리로 판단되고 있다.

두 사찰의 접근 방법을 비교해 보면, 비조의 경우, 비조사의 서문을

궁남지(부여)

화전지(비조)

나와 감강구 방향인 서쪽으로 향하여 가다가 감강구를 끼고 북서측으로 흐르는 비조천을 건너 풍포사에 도착할 수 있다. 부여의 경우, 군수리사지 동문를 출발하여 동쪽에 위치하는 궁남지와 화지천(가칭)을 건너 화지산 서측에 위치하는 화지사(가칭)에 도착할 수 있다.

결론

백제 부여는 일본 비조와 지리적으로 매우 비슷하다고 일찍부터 지적되어 온 지역이다. 필자 역시 수차례 비조와 부여를 답사하면서 지리적으로 매우 유사함을 느끼던바 그 동질성을 찾아보려 하였다. 그런데 백제 사비 시대의 사찰에 대한 기록은 물론 일본에 불교를 전래한 기록조차 우리나라 기록에서는 찾아볼 수 없다. 때문에 지금까지는 발굴에 의한 고고학적 접근에서의 추정이 대부분으로 연구에 한계가 있었다.

백제의 불교 문화가 일본에 불교 문화를 전수한 스승과 같은 존재임에도 불구하고 그 구체적인 연관성을 찾지 못함은 안타까운 일이다. 따라서 본 연구는 백제 사비 시대와 일본 비조 시대의 불교 사찰 조영에 있어 상호 동질성을 증명하기 위하여 시작되었다.

6세기 백제의 비구니 사찰과 비구 사찰의 관계를 기술한 옛 기록과 비조사 서문西門의 의미와 목만치와 소아만지가 동일 인물이라는 기왕의 연구 성과로부터 본 연구는 출발할 수 있었다. 일본 비조 지역에 위치하는 비조사와 풍포사의 지리적 관계의 특성을 감강구, 비조천, 화전지, 550미터 거리 등을 중심으로 그 관계를 정리하였으며 같은 맥락으로 백제 부여의 군수리사지와 화지사(가칭)를 비교함으로서 상호 동질성을 증명할 수 있었다.

이상과 같은 내용의 결론을 인정할 수 있다면 풍포사와 비조사가 소아만지의 후손인 소아마자 시기에 조영되었기 때문에 군수리사지와 화지사(가칭)를 조영한 사람은 아마도 목만치의 후손으로 성왕 때 중신인 목협마나木劦麻那, 목윤귀木尹貴, 목협미순木劦眛淳 등으로 추정이 가능할 것이다.

이러한 의미에서 일본에 불교가 전래되기 바로 전해인 537년 9월 백제가 장육불을 만들었다는 일본서기의 기록에 나오는 불상이 바로 군수리사지의 본존불이라는 추측도 가능해진다.

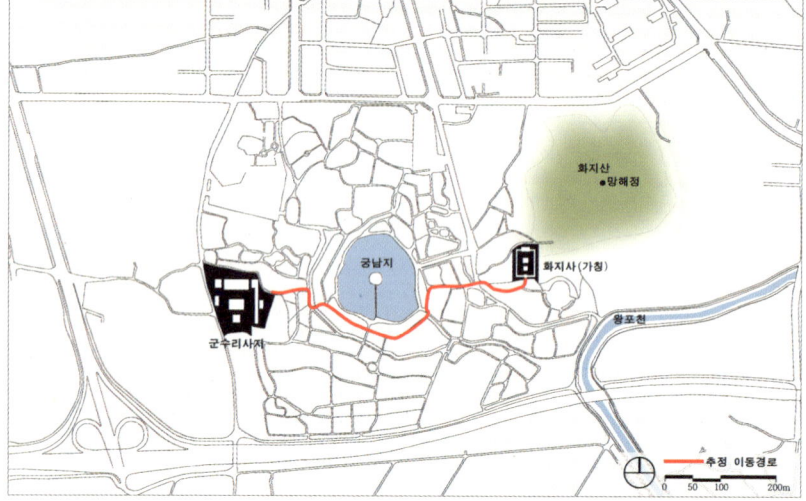

부여 화지사 - 군수리사지

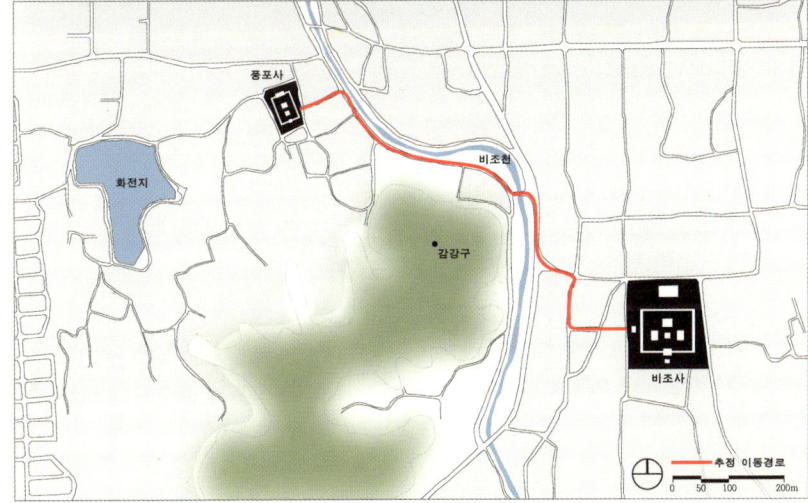

비조 풍포사 - 비조사

의상대사 구법 건축순례행기
義湘大師 求法 建築巡禮行記

3편 석가모니와 불교

화엄일승법계도

|華嚴一乘法界圖|

1부 석가모니의 생애

　　　불교는 깨달음을 목표로 하는 종교이다. 깨달음에 성공한 사람 가운데 우리들이 믿어 의심을 하지 않는 사람이 바로 석가모니이다. 불교를 이해하기 위해서는 당연히 불교를 창시한 인간 석가모니에 대한 이해부터 출발해야 할 것이다. 석가모니가 지금은 세계 4대 성인의 한 사람으로 잘 알려져 있지만 19세기 말까지만 해도 인도에서는 전설처럼 내려오는 성인 중의 한 사람 정도의 인식을 갖고 있었다. 우리나라의 단군 같은 존재였던 것 같다.

　　　인도인들은 역사 기록에 매우 소홀하다. 아마도 이는 윤회 사상에서 비롯된 듯하다. 윤회의 세계에서 인간은 겨우 100년 정도 되는 매우 짧은 기간 동안 살 뿐이다. 그 짧은 시간도 고뇌의 기간이라 하여 현생의 인간 생활에 커다란 의미를 두지 않고 살기 때문에 그들의 역사를 기록하지 않는 습관이 있다. 어떻게 하면 천인으로 태어나 짧지만 900만 년의 수명을 보장받을까에 현세 삶의 목표가 있기 때문일 것이다.

그런데 1837년 영국인 제임스 프린셉James Princep이 아소카왕 석주石柱의 비문을 해독함으로서 수세기 동안 베일에 감추어진 석가모니의 존재가 역사적 인물로서 인정을 받게 된다. 현장이 인도를 순례할 때 중간이 부러진 석주를 보았다고 기록하고 있고, 지금도 현장이 본 그대로의 모습으로 서 있다.

시대적 정치 상황

초기 불교 경전을 보면 석가모니가 출생한 시대의 인도에는 16개의 대국이 있었다. 석가모니의 국가인 샤카족의 나라는 16개 대국 중의 하나인 코사라의 속국이었다.

기원전 6세기인 석가모니가 출생하였던 시대의 인도 사회는 갠지스강을 기반으로 하는 농업생활 양식이 정착되었다. 지도자인 왕이 있으며 부족의 전반적인 문제는 사바(각 부족을 대표하는 장로회의)와 사미티(부족 전체의 총회)에 의해 결정되었다. 이는 다시 말하자면, 정치 체제로서는 공화제이며 왕의 힘은 그렇게 강력하지 못하였다는 뜻이다. 왕이란 하나의 부족장 정도였다.

그러나 이 시대를 즈음하여 공화제 부족 국가는 점차 군주제 국가로 변모하기 시작한다. 왕권이 강해지고 군대와 관료 조직이 출현한다. 이렇게 하여 군주제 국가는 공화제 국가를 합병하기 시작한다. 공화제인 석가족이 군주제인 코사라에게 멸망하게 된 것은 석가모니의 생존 중이었다. 결국 석가모니는 자신의 국가가 멸망하는 것을 직면하게 된다.

- 16개 대국은 크게 공화제 국가 혹은 군주제 국가라는 두 가지 정치 체제를 갖고 있다. 군주제 국가인 코사라, 카시, 마가다 등은 갠지스강의 평원에 위치하고 있으며 그 주변의 국가인 캄보디아, 간다라, 쿨, 판차라, 마챠, 스라세나, 반사, 티, 아반티, 앗사카, 마쯔라, 안가, 밧지 등은 공화제 국가로 전해진다. 16개 대국은 점차 군주국인 코사라, 마가다, 카시와 공화국인 밧지 네 국가로 집약되게 된다. 그 후 최후로 마가다(수도:왕사성)국의 세력이 유력시된다.

인도의 인더스 문명은 기원전 3000년 전부터 시작되는데 기원전 15세기 경에 아리아인이 인도의 펀자브 지방에 침입한다. 그들은 목축인으로 부계 사회의 신분제도를 가지고 있으며 정복당한 원주민인 도라비인과 문다인은 농경인이며 모계사회였다. 이들에 의해 인도의 힌두교 문화가 출발하게 된다.

아리안족에 의해 만들어진 브라만교는 베다 경전을 근거로 성립된 고대 종교로서, 우주의 근본원리 브라만(Brahman, 범梵)과 개인의 본체인 아트만(atman, 아我), 이 두 가지가 동일하다는 범아일여梵我一如 사상이 중심이 된다. 기초 개념으로 윤회輪回, 달마達磨, 업業, 해탈解脫을 제시했으며, 이러한 관념은 인도의 모든 종교에서 근본 개념으로 수용되었다. 그러나 1세기부터 3세기까지 불교에 밀려 쇠퇴하다가 4세기 경 인도의 여러 토착 종교와 결합해 비슈누와 시바를 최고신으로 하는 힌두교로 발전한다.

• **사성제도**四姓制度

1) 브라만(Brahmana 승려)   2) 크샤트리야(Ksatriya 왕족, 무사)
3) 바이샤(Vaisya 평민)   4) 수드라(Sudra 노예)로 구분된다.

석가족은 공화제 국가였는데, 부족 내의 유력한 장로가 모여 국사를 운영하며, 원칙적으로 부족의 구성원은 평등하였다. 공화제 국가를 인도어로 상가(Samgha)라고 부른다. 집단 혹은 조직의 의미도 포함한다. 후에 석가모니는 자신의 교단의 운영에 이 삼가의 방식을 전면적으로 채택한다. 때문에 불교 교단을 상가라고 불리게 된다. 이를 한자로 음역하면 승가僧伽가 된다.

탄생지誕生地 **룸비니**藍毘尼

석가모니는 현재의 네팔과 인도 사이의 히말라야산 기슭의 바라나시에서 북쪽으로 240㎞ 떨어져 있는 석가족의 카필라성(가비라국迦毘羅國)에서 아버지 정반왕淨飯王과 어머니 마야摩耶부인 사이에서 룸비니 동산에서 탄생한다. 마야부인의 오른팔 소매(혹은 오른쪽 옆구리)에서 출생하자마자 오른손은 하늘을 가리키고(시무외인施無畏印) 왼손은 땅을 가리키며(여원인與願印) 사방으로 7보씩 걸으며(혹은 동쪽으로 일곱 걸음) '천상천하유아독존天上天下唯我獨尊'이라 하였다. 탄생 7일 후 어머니와 사별 후 이모인 파사파

테에 의해 성장한다.

　　룸비니의 특징은 그 위치와 지형에 있다. 룸비니는 다른 성지와는 달리 대평원과 대설산이 맞닿는 곳에 자리잡고 있다. 네팔의 서남부인 인도와의 접경에 있는 룸비니는 한없이 넓은 힌두스탄 대평야가 끝나면서 계단처럼 층을 이루며 하늘 높이 솟아오르는 히말라야의 산기슭이 시작하는 곳에 있다. 불교의 높은 이상과 넓은 사상을 그대로 상징해주는 위치요, 부처님이 이 세상에 오실 때의 대사자후大獅子吼인 천상천하유아독존에서의 천상天上과 천하天下가 그대로 실감나는 지형이다. 카필라성과 마야부인의 친정인 코리성의 중간쯤에 위치한다.

　　룸비니강은 평상시에는 건천으로 서쪽에 석가족이 살고 있고 동쪽에는 콜리야족이 살고 있다. 이 두 나라 모두 코사라의 보호 하에 있는 소공화국이다. 석가모니의 아버지인 정반왕은 콜리야족의 마야부인과 부부가 된다. 달이 차면 친정으로 가서 아기를 낳는 풍습대로 마야부인은 가비라성을 떠나 룸비니마을에 이른다. 이곳의 무우수아래에서 석가모니를 자궁에서가 아니라 옆구리에서 낳는다. 힌두교에서는 브라만은 신의 머리에서 태어나고 크샤트리아는 옆구리에서, 평민 바이샤는 다리에서, 천민 수드라는 발에서 태어난다는 데에서 기인한다.

　　1970년에 유네스코에서 보존하기 시작하는데 법현, 현장, 혜초가 이곳에 순례할 때에는 이미 "숲이 거칠게 우거져 가는 길에 도적이 많다. 그래서 순례하러 가기 매우 힘들다"라고 기록하고 있다.

- 석가釋迦란 부족의 이름이다. 석가의 성姓은 구담瞿曇이며 이름은 실

달다悉達多 혹은 교답마喬答摩이다. 깨달음을 얻은 후에 불타佛陀 석가모니로 존칭된다. 즉 석가모니는 석가 출신의 성자聖者라는 의미이며, 불타佛陀는 깨달음을 얻은 분을 뜻한다.

석가모니의 탄생년도는 여러 가지 설이 존재한다.

첫째로, 중성점기설衆聖點記說에 의하면 석가모니의 입멸 후 제1결집을 할 때 우파리가 율전律典을 결집하고 그 해 안거安居가 끝나고서 율전에 1점을 묵기墨記한 것을 시초로 하여 매년 1점씩 묵기하였는데, 그것이 중국에 전하여져 영명永明 7년(489)에 세어본 즉 975점이었다. 이에 따라 산정하면 불멸은 B.C. 486년이고 탄생은 B.C. 566년이 된다. 한국과 중국에서 사용하고 있다.

두 번째는, 중성점기설과 년도차이가 1년밖에 나지 않지만 아소카왕의 즉위 년도인 B.C. 268년을 역사적 사실로 보고 불멸에서 왕의 즉위까지를 218년으로 추정하면 불멸은 268+218-1=B.C. 485년이 되고, 탄생은 485+80=B.C. 565년이 되는 설이다.

세 번째는, 같은 방법이지만 아소카왕의 즉위 년도를 같이 268년으로 보고 불멸에서 아소카 대왕의 즉위까지를 116년으로 추정하면 불멸은 268+116-1=B.C.383년이 되고, 탄생은 383+80 = B.C. 463년이 되며 일본에서 사용하고 있다.

네 번째로는, 인도와 동남아시아 지역에서는 B.C. 624년 탄생 ~ B.C. 544년 입멸 설을 사용하고 있으며, 현재 세계불교도대회에서 이 네 번째 연도를 공식으로 채택하고 있다.

다섯 번째로, 우리나라에서는 예로부터 기원전 1027년 갑인년 4월 8일에 탄생하여 기원전 949년 임신년 2월 15일에 입멸하였다고 전해지고 있었지만 현재는 중성점기설을 사용하고 있다.

석가모니의 탄신일은 인도 옛 불전인 바이샤카 월의 8일 혹은 15일이라 한다. 이는 인도 월력의 두 번째 달이며 태양력으로 환산하면 4월에서 5월 사이에 해당한다. 때문에 한국·중국·일본 등의 동북아 지역에서는 4월 8일을 석가탄신일로 정하고 있으며 바이사카 월이 인도의 2월에 해당하기 때문에 2월 8일로 하는 자료도 있다.

출가와 고행

석가모니는 왕자로 태어나 어린 시절을 보낸다. 당연히 좋은 교육과 고귀한 생활을 영유하였음은 쉽게 상상할 수 있다. 구체적인 내용은 알 수 없지만 후대의 경전에 의하면 우기·건기·동기에는 각각 기후에 적합한 궁전에서 생활하였다 하며 읽기, 쓰기, 계산법과 보석이나 말(馬) 등의 감정법을 마스터하였고 전쟁에 관련된 기마법, 무기 사용법 등도 배웠다고 전해진다.

석가모니는 성격이 섬세하고 내향적이며 감수성이 강한 소년이었다고 전해지며 유복한 환경 속에서도 노老, 병病, 사死를 대표로 하는 인간 존재에 대한 불안을 참을 수가 없었다. 사문출유四門出遊로 알려진 바처럼 동문에서 노인(老)을 만나고, 남문에서 병자(病)를 만나며, 서문에서 죽음(死)을 보고, 북문에서 수행자를 만나면서 석가모니는 인간의 근원적인 고뇌에 대한 위대한 도전을 시작하게 된다.

석가모니는 19세(혹은 16세)에 야수다라耶輸陀羅 공주와 결혼하고 아들 라훌라羅候羅를 얻음과 때를 같이 하여 29세 때 출가한다. 남쪽 갠지스강을 건너 마가다국의 수도인 라자그리하(왕사성王舍城)의 근처에서 선정주의자인 알라라 카라마와 우다카 라마푸타에게서 선정善定(정신통일)을 배운다. 하지만 그들의 수선주의修禪主義가 인생 도피의 경향을 띠고 있는 데 불만을 가지고 그들과 헤어져 혼자서 부다가야에서 육체적인 면의 극소화極小化를 통하여 정신의 독립을 구하는 2원적인 극단론의 방법인 고행을 시도한다.

성도지成道地 부다가야佛陀伽倻

석가모니는 6년간 꾸준한 고행을 하였지만 해탈을 얻지 못하고 고행이란 무익한 것임을 깨닫는다. 곧 산림에서 나와 네란자라 강물에서 목욕을 한 뒤 마을의 소녀 수자타가 공양한 우유죽을 마시고 기력을 회복한 후 강가에서 멀지 않은 곳에 있는 부다가야의 보리수菩提樹 밑에서 사색思索(정관靜觀)과 선정禪定(명상瞑想)을 통하여 정각正覺(깨달음)을 얻는다. 부다가야는 카필라성과 룸비니에서 정남동으로 약 2천리 떨어진 인도의 비하르주에 있다. 옛 인도의 가장 강성했던 마가다 왕국의 터전이다.

- 선정善定은 마음의 집중이며, 여기에서 생긴 지혜는 신비적이며 직관적이 아닌 자유롭게 있는 그대로 올바르게 볼 수 있도록 한다. 여실지

견如實知見에 의한 깨달은 지혜가 진리와 일체가 되어 확고부동하게 되면 공포도, 고통도 나아가서는 애욕에 의해서도 산란되지 않게 된다. 이와 같은 깨달음의 마음이 번뇌煩惱의 속박束縛에서 해방된 상태로 해탈解脫이라 하며, 이 해탈한 마음에 의해 깨우친 진리를 열반涅槃이라 한다.

부다가야에는 아소카 대왕이 지은 대탑사大塔寺가 있으며 11세기 때 이슬람교도들이 불교 성지와 유적을 파괴하였을 때 이곳의 불교도들은 네란자라 강의 모래를 쌓아 52m나 되는 탑을 숨겼다고 한다.

석가모니가 깨달은 내용을 우리들이 이해하기는 어렵겠지만 욕망과 괴로움의 관계와 인생의 괴로움과 불안을 해결하기 해결하기 위한 지혜의 내용일 것이다. 석가모니의 가르침 중 욕망을 억제하는 것이 마음의 평안을 얻는 길이라는 점도 중요한 가르침의 하나일 것이다.

아소카왕이 부다가야를 순례하였을 때에도 이 보리수는 살아 있어서 왕은 십만금을 보시하여 보리수를 공양하고 탑을 세웠다고 한다. 이 보리수에서 정각正覺을 얻은 것이 나이 35세 때의 일이며 이 날을 북전北傳에서는 12월 8일이라 하고, 남전南傳에서는 생일과 같은 바이샤카 달의 보름날이라 전한다.

초전법륜지初轉法輪地 녹야원鹿野苑

석가모니는 성도成道 직후 처음 7일간은 보리수 밑에서 삼매三昧에 든다. 두 번째 7일간은 아자파라 니야그로오다 나무 밑에서, 세 번째 7일간은 무칠린다 밑에서, 네 번째의 7일간은 라자야타나 밑에서 결가부좌結跏趺坐하고 해탈解脫의 즐거움을 누렸다고 한다. 그때 악마惡魔(번뇌煩惱)가 출현하면서 "그대가 불사不死의 깨닭음을 얻었다면 혼자서 그 길을 가면 되는데, 왜 타인에게 가르쳐 주려 하는가"라는 유혹을 받지만 이때 사바세계娑婆世界의 주인인 범천梵天의 간청으로 모든 중생에 법을 설하여 구하겠다고 결심한다.

첫 번째의 설법은 바라나시의 교외인 사르나트의 인근인 녹야원鹿野苑에서 같이 고행을 했던 5명의 수행자에게 한다. 그곳에서 애욕愛慾과 고행苦行의 두 가지 극단을 떠난 중도中道를 설법하는데 이것으로 최초의 불교 교단인 승가僧伽가 성립이 된다. 이를 초전법륜初轉法輪이라 하며 이후 45년간 설법을 계속한다.

• 삼매三昧
자기의 마음속으로 깊이 들어감. 산란한 마음을 한곳에 모아 움직이지 않게 하며 마음을 바르게 하여 망념에서 벗어나는 것

열반지涅槃地 쿠시나가라拘尸那揭羅

석가모니는 80세에 최후의 여행지인 파바에서 금속공인 춘다의 저녁 초대를 받고 식사 후에 식중독에 걸려 혈변을 보며 여행을 계속하다 쿠시나가라拘尸那揭羅에서 기원전 544년 2월 15일에 열반에 든다.

쿠시나가라의 사라쌍수沙羅雙樹 밑에서 "모든 것은 덧없다. 게으르지 말고 부지런히 정진하라(제행무상諸行無常 불방일정진不放逸精進)."를 최후의 가르침으로 남기고 열반에 들었다고 전해진다. 입멸한 날은 북전에서는 2월 15일이며 남전에서는 탄생일과 동일하다.

머리를 북쪽으로 하였으며, 유해는 발제拔提 강변에서 다비茶毘(화장)되었고, 그 유골인 사리舍利는 브라만에 의해 중앙인도의 8부족에게 분배되어 8개의 사리탑이 건립되고(근본사리팔탑根本舍利八塔) 전탑塼塔과 회탑灰塔을 더해서 10개의 탑이 건립되었다. 230년 뒤 아소카 왕이 이 탑들을 헐어서 사리를 나누어 전국 8만 400천 곳에 나누어 보내 사리탑을 세웠다. 이 탑들은 현재 남아 있지 않으며 산치의 대탑大塔이 원형을 보여주는 최고最古의 예가 된다. 장례의식은 승단이 아닌 재가신자在家信者에 의해 집행됐으며, 말라족에 의해 1주일 동안 거행됐다. 승단에서는 단지 다비茶毘 때 점화만 대가섭大迦葉이 했을 뿐이다.

열반지인 쿠시나가라는 바라나시에서 약 250㎞ 떨어져 있다. 쿠시나가라에서 서쪽으로 똑바로 200㎞ 가면 코살라국의 수도였으며 기원정사祇園精舍가 있던 왕사성舍衛城이 있다.

혜초는 왕오천축국 순례를 쿠시나가라에서 시작하는데 그가 왔을 때에는 이미 폐허였다. ... 한 달 뒤에 쿠시나가라에 도착했다. 부처님이 열반에 드신 곳이다. 성은 황폐화되어 사람이라고는 하나도 살지 않는다 ... 매우 거친 숲만이 우거져 있다. 그래서 그곳으로 순례하러 가는 사람들이 물소와 호랑이에 해를 입는다 ... 라고 전한다.

석가모니 십대제자

석가모니의 십대제자는 석가모니의 45년간의 긴 설법 생활에서 교화된 많은 제자들 중에서 특히 훌륭한 사람을 뽑은 것이다. 하지만 이는 후세 사람들이 선택한 것이며 석가모니 자신은 지명하지 않았다.

- 사리불舍利弗은 산자야의 제자였으나 친우인 목건련과 함께 산자야 교단의 250명을 데리고 불교 교단에 들어온다. 브라만 출신으로 석가모니 입멸 전에 입적한다. 지혜가 뛰어나 지혜제일智慧第一로 부른다.
- 목건련目犍連은 사리불의 친우이며 브라만 출신으로 석가모니 입멸 전에 입적한다. 하늘을 나는 등 여러 신통력이 뛰어나 신통제일神通第一로 부른다.
- 대가섭大迦葉은 바라문 출신으로 석가모니가 성도한 후 3년 뒤에 불교에 귀의한다. 석가모니 사후 제일의 장로로서 불교 교단을 통솔한다. 엄격한 금욕수행을 잘하였기에 두타제일頭陀第一로 부른다.
- 아나율阿那律은 석가모니의 사촌이며 눈을 감지 않고 수행하다가 실명失明하여 천안제일天眼第一이라 부른다.

- 수보리須菩提는 브라만 출신으로 석가모니의 가르침 중 공空에 대하여 가장 잘 이해하였기에 해공제일解空第一이라 부른다.
- 부루나富樓那는 브라만 출신으로 석가모니와 같은 날에 태어났다. 불법을 가르치는데 탁월하여 설법제일說法第一이라 부른다.
- 가전연迦栴延은 서인도 혹은 남인도 브라만 출신으로 석가모니의 말씀을 해석하고 설명하는데 탁월하여 논의제일論議第一이라 부른다.
- 우바리優婆離는 천인출신으로 석가족왕실의 이발사였다. 승단의 규율을 잘 알고 준수하였다. 때문에 계율제일戒律第一이라 부른다.
- 라후라羅睺羅는 석가모니의 실자實子이며 장애라는 뜻이다. 남의 눈에 띄지 않게 계율준수를 철저히하여 밀행제일密行第一이라 부른다.
- 아난타阿難陀는 석가모니의 사촌동생으로 아나율과 함께 출가한다. 석가모니가 입멸할때까지 항상 가까이 모시면서 그의 말씀을 가장 많이 들었음으로 다문제일多聞第一이라 부른다.

사제四諦

불교의 기본 교설은 사제四諦에 있다. 고苦, 집集, 멸滅, 도道의 네 가지의 진리로 현상계의 괴로움과 그 원인 및 열반과 그에 이르는 길을 뜻한다. 즉 인생은 고통苦이며, 고통의 원인은 애욕愛慾에 있고, 이 애욕을 없애기 위해서는 바른 길(道)을 행하여야 한다는 뜻이다.

여기서 원인을 찾아 이를 없애려 하는 매우 지적이며 논리적인 불교는 실천적인 지혜를 주장하고 있다. 종교란 절대자의 실재를 믿으며 그 절대자에 귀의하고 신앙하는 것이라고 정의한다면 초기 불교는 과연 종교의 테두리에 들어가는 것일까 하는 의구심이 생긴다.

1) 고제苦諦는 고苦에 관한 진리이다. 고가 존재한다는 근본적인 관찰이다. 고는 태어남, 병듦, 죽음, 싫어하는 것과 부딪힘, 좋아하는 것과 헤어짐, 욕구하는 것을 얻지 못하는 것 등에 존재한다. 즉 오온五蘊(색色 수受 상想 행行 식識)이라는 집착 덩어리에 고통이 존재한다.
2) 집제集諦는 고苦의 원인에 관한 진리이다. 고의 원인은 바로 갈애渴愛인데 이를 욕구라 부른다. 갈애에는 ① 감각적 즐거움에 대한 갈애 ② 존재에 대한 갈애 ③ 존재를 끝내고 싶어 하는 갈애 등이 있다.
3) 멸제滅諦는 원인의 멸滅에 관한 진리이다. 고의 소멸로써 이것은 전생을 가져오는 갈애를 소멸시키고 인간이 무한하게 추구하는 즐거움과 열정에 대한 갈애를 없앤다.
4) 도제道諦는 방법에 관한 진리이다. 고를 소멸시키고 도道에 이르는 방법을 가리킨다.

불교 종단의 발전

○ **1차 결집**

석가모니 사후 후계자를 정하는 것은 의미 없는 일이었다. 석가모니는 자신이 승단의 지도자라고 자처한 적이 없으며 오로지 유익한 조언을 해주는 것으로 만족하였다. 승단은 불법이 건재하므로 우선 포교와 덕행으로 불법을 널리 펴는 것이 중요하다 생각했다.

석가모니의 말씀을 한데 모아 놓은 것이 없다는 사실로 세력이 흩어져 감에 따라 첫째는 세존의 언행을 한곳으로 집결할 것, 둘째는 승단 내부의 분열과 논쟁을 끝내기 위해 승단의 계율을 집대성해야 한다는 두 가지의 필요성이 제기된다.

이에 따라 가섭의 제안으로 1차 결집이 왕사성 교외인 라자그리하에 있는 칠엽굴七葉窟에서 500여 명의 아라한들이 모여 7개월간 계속되었다. 이곳에서 아난다는 붓타를 모시는 동안 다섯 가지 잘못을 하였다고 탄핵을 받는다. 아난다는 홀로 숲속으로 들어가 선정을 했고, 몇 시간 되지 않아 아라한이 되었다. 곧이어 1차 결집 장소에 나타나 자신의 잘못을 공식적으로 고백한다. 이로써 잘못을 저지른 사람이 스스로 고백하는 절차는 승단의 기본 규정이 된다. 계율에 관해서는 우바리가 맡았으며 경전에 관해서는 아난다가 맡았는데 이것이 율장律藏과 경장經藏의 기본이 되었다.

우바리와 아난다가 석가모니에게 들었던 말씀을 암송을 하면 듣고 있던 500나한이 수긍하면 합송合誦하는 방법으로 진행되었다. 이 때 '여시아문如是我聞'이라 하여 경전의 서두를 '이와 같이 나는 들었다'로 시작하면서 부처에게 들은 말씀을 그대로 믿고 따르며 적는다는 뜻을 강조한다.

1차 결집 후 가섭은 여러 지방을 여행하면서 불법을 전파하였으며 아난다는 승단의 지도자 자리에 오른다. 아난다의 제자 가운데 야사가 있는데 야사는 석가모니를 직접 알고 있었기 때문에 2차 결집에 중요한 역할을 한다.

○ **2차 결집**

석가모니 열반 후 100년이 지난 시점에서 야사의 권유로 2차 결집이 700명의 아라한들에 의해 이루어진다. 바이샬리 비구들이 행한 10가지 사항에 대한 논의 가운데 특히 금이나 은의 보시를 받아도 되는가가 중요한 의제가 되었다. 금과 은을 받는 것은 계율에 어긋난다고 주장한 야사는 바이샬리 비구들의 완강한 저항에 부딪혔다. 바이샬리파와 야사파의 고승 재판관 4명으로 구성된 회의 결과 바이샬리의 관행이 어긋난다는 판결이 난다.

이후 이 결정을 승복하지 않은 비구들이 따로 모여 대중부라는 파를 형성함으로써 승가는 보수적인 상좌부上座部와 진보적인 대중부大衆部로 분열되는데 이를 근본분열이라 부른다. 상좌부 불교는 스리랑카, 인도네시아, 미얀마, 태국 등을 중심으로 동남아시아에서 소승불교로 발전하며, 대중부 불교는 중국, 한국, 일본 등에서 대승불교로 발전한다.

○ **3차 결집**

석가모니의 후원자인 빔비사라왕 이후 마우리야(공작孔雀) 왕조의 아소카왕(아육왕阿育王)은 석가모니 열반 218년 후에 등극(기원전 270년경)하여 6년 혹은 9년 후에 불자가 되었다. 아소카왕 재위 18년에 마가다국의 새 도성인 파탈리푸트라에서 1,000명의 아라한이 모여 9개월간 3차 결집이 개최된다. 이 결집의 목적은 불교 교단 내의 심화되는 분열 조짐을 막는 데 있었다. 아소카왕은 자신의 왕국을 계속 확장하여 인도 전역을 통일함과 동시에 불교를 외국에까지 전파한다.

이후 기원전 2세기에는 마우리아 왕조가 쇠약해지고 기원전 185년에는 그리스계 무장인 푸쉬야미트라의 반란에 의해 멸망하며 숭가崇佳 왕조(기원전 184-기원전 72)가 들어선다. 이 시기에는 브라만교가 다시 흥행하며 불교는 박해를 받지만 위축되지 않고 인도 중부와 서부로 교세를 확장하여 간다. B.C. 1세기 경에는 이란 유목민 사카족이 침공해 오면서 중부 아시아 지역에 전파되며 1세기 경에는 중국에도 전래된다. 이 시기에 대승불교가 급속히 성장한다.

불교를 신봉한 쿠샨 왕조는 A.D. 15년부터 240년까지 지속된다. 특히 3대 왕인 카니슈카 왕은 불교 신봉자로서 불교를 인도 전역으로 전파한다. 이때를 즈음하여 대승불교가 성립된다. 이후 320년에 시작되는 굽타 왕조에서도 아잔타 석굴, 나란다 불교대학, 산치, 사르나트 등 지역에 불교 유적을 조성하는 등 불교 숭배가 계속 이어진다.

5-6세기에 들어 훈족이 인도를 침공하면서 불교는 점차 쇠퇴하다가 이슬람이 침공하면서 결정적으로 타격을 받는다. 12세기에는 인도 남부에서만 겨우 존속하게 되는 대신에 인도차이나 반도에서는 꾸준히 포교가 이루어지며 스리랑카에서는 불교의 우위가 더욱 강화된다.

7-8세기에 들어 쇠퇴하던 대승불교에서 새로운 교단이 나타나는데 선禪을 중시하는 선불교와 힌두교와 밀교의 성격이 강한 탄트라경을 신봉하는 탄트라 불교를 들 수 있다.

정사精舍의 성립

석가모니는 카사파 형제를 교화한 뒤에 왕사성으로 향한다. 왕사성은 동인도 문화의 중심지이며, 마가다국 세력의 중심지인 수도였다. 그곳에서 석가모니가 영수靈樹 밑에서 제자들과 앉아 있을 때 빔비사라왕과 바라문, 자산가들이 찾아와 석가모니에 귀의하게 된다. 석가모니가 카사파 형제 밑에서 수행하는지 그렇지 않은지를 확인하기 위해 왔다고 한다. 빔비사라왕은 그 후 영취산靈鷲山에 머무르는 석가모니를 방문하여 설법을 듣는다던지 세상에서 일어나고 있는 불교 교단에 대한 비판도 알려주어 고칠 필요가 있는 것은 개정하는 등 왕은 여러 가지로 교단의 운영에 도움을 주었다.

석가모니는 마가다에서 종교지도자였던 카사파 3형제를 제자로서 교화한다. 울베라 카사파, 나디 카사파, 가야 카사파의 형제는 각각 500인, 300인, 200인 도합 1,000인의 제자를 갖고 있었다 한다. 또한 이때를 즈음하여 사리불과 목건련의 입신入信이 있었다. 이들은 산자야 사문沙門에서 250인의 제자를 데리고 불교에 입신한다. 그리하여 석가의 교단은 1,250인의 교단을 형성하게 된다.

○ **죽림정사**竹林精舍

석가모니에 귀의한 빔비사라왕은 왕사성 가까이에 죽림정사를 건설한다. 석가모니는 출가 수행자로 일소부정一所不定, 수하석상樹下石上의 생활을 계속하였다. 그런데 인도에는 7월 중순에서 9월 중순까지의 3개월간의 우계雨季가 있다. 이 시기에 내리는 엄청난 장맛비에 의해 도로가 떠내려가는 등의 위험으로 수행자들은 이 기간 동안은 인적이 가까운 동굴이나 작은 집을 지어 머물면서 탁발托鉢을 하며 지내야 했다. 이를 우안거雨安居라고 한다.

수행자는 우안거를 약 3개월간 지낸 다음에는 이를 버리고 다시 유랑 생활로 돌아가는 것이 일반적이었다. 그러나 불교 교단에서는 우기가 끝나도 그 장소를 떠나지 않고 그곳에 머물기 시작한다. 석가모니 자신도 이를 인정하였다. 점차로 승려들은 지붕이 있는 제대로 지어진 건물인 정사精舍에 정주하게 된다.

빔비사라왕이 건설한 죽림정사란 그 규모에 대해서는 확실치 않으나, 우안거를 보내는 곳 같은 일시적인 건물은 아닌 정주용定住用의 정사였다. 죽림정사는 "마을에서 멀지도 가깝지도 않은 곳으로 왕래하기 편리하며, 원하는 사람에게는 가기 쉬운 곳이며, 낮에는 번잡하지 아니하고, 밤에는 사람소리가 적고, 많은 사람이 오는 일이 없으며, 명상에 적합하다" 라는 장소를 선택하여 건설하였다. 정사는 수행의 장소이기 때문에 충분한 명상이나 학습을 위해서 조용한 장소이어야 한다. 그러나 마을과 멀리 떨어져 있게 되면 비구들이 공양을 하러 가기 어렵게 된다. 석가모니 자신도 재가신자의 집에 초청되어 그곳에서 설교하며 식사의 보시布施를 받는 습관이 이미 불교 교단에서는 일반화되어 있었다. 또한 서로가 너무 멀어지면 신자들이 정사로 와서 석가모니의 설법을 듣기가 어렵게 된다.

○ **기원정사**祇園精舍

사위성舍衛城의 상인인 수다타는 마가다국의 왕사성王舍城 가까이에 있는 한림寒林에서 석가모니를 만난다. 한림이란 화장火葬하는 곳을 뜻한다. 힌두교도는 사체를 화장하여 그 유골을 강에 뿌리는 습관이 있다. 그러나 실제로는 사체를 완전히 유골까지 소각시키는 것은 어려운 일이며, 화장장이란 사체를 태우는 장소임과 동시에 사체를 땅속에 묻는 장소이기도 하다. 때문에 많은 사체의 영혼이 존재하고 있는 곳이기 때문에 예부터 영적靈的인 장소였다. 한림이란 "무시무시하고 불결한 장소"임과 동시에 "명상에 적합한 신성한 장소"라는 모순된 이미지가 교차하는 곳이기도 하다.

수다타는 한림에서 석가모니와 제자들을 식사에 초대를 하게 되며 그곳에서 자신이 사위성에 정사를 만들어 드리겠다는 제안을 하고 석가모니는 이를 수락한다. 그는 사위성에 돌아오는 즉시 기원정사를 건설한다. 기원정사의 장소는 원래 "기타祇陀태자의 땅으로 기타祇陀태자가 원림園林에 세운 정사精舍"라는 의미에서 기원정사라고 불리운다.

기원정사의 성립으로 지방으로의 수행과 전도傳道의 근거지가 생기게 되면서 불교 교단은 커다란 발전을 하게 된다. 석가모니 자신도 기원정사에서 6회 안거하였으며, 마가다를 다음으로 하는 교화활동의 커다란 근거가 되어 왕사성에 22회 안거를 한 기록이 있다. 수다타라는 막대한 자본가의 외호外護로 석가모니의 명성이 높아지고 더불어 신자 수가 증가하게 된다.

기원정사에 대한 오래된 기록으로는 404년 이 고장을 방문한 중국 승려 법현法顯(340~420)의 불국기佛國記가 있다. 그는 현지에서 기원정사는 원래 7층으로 되어 있으며 여러 나라들의 왕과 백성들이 앞을 다투어 깃발을 걸고 꽃을 뿌리며 향을 사르고 등불을 밝혀 공양하였다고 들었다. 그런데 우연히 쥐가 등불을 건드려 깃발을 태우는 바람에 화재가 일어나 7층 건물을 죄다 태워 버리고 말았다. 그 후 2층으로 정사를 다시 지었다는 것이다.

법현 스님이 이곳에 와서 보았을 때는 "정사의 문은 동쪽으로 나 있고 문양 쪽에 두 개의 돌기둥이 있었으며 왼쪽 기둥에는 바퀴가, 오른쪽 기둥에는 돌로 된 소가 올려져 있었다."고 했다. 이 돌기둥은 아소카왕이 세운 것이다. "그때 정사에는 많은 스님들이 살고 그 좌우로는 맑은 시내가 흘러 수목이 울창하고 꽃이 만발하여 아름다웠다"고 기록했다. 230년 후 당나라의 현장(603-664)이 방문했을 때에는 "동쪽 문 좌우에 있는 돌기둥은 높이 70여 척, 전단향으로 조성한 불상을 모신 한 채의 벽돌집 이외에는 주춧돌만 남아 있을 뿐 황폐될 대로 황폐되어 있었다."고 했다.

도시형 불교

석가모니에 귀의하여 교단을 외호한 것은 주로 수다타와 같은 도시의 자본가였으며 상공업자가 압도적으로 많았다. 마가다국의 빔비사라왕이나 코살라국의 파세나데이왕처럼 왕족도 있지만 재가신도의 대부분은 상공업자였다. 이러한 점은 석가모니의 설법 대상이나 이에 의해 귀의한 신자들의 사회층을 보면 명확하다. 약간 후기이지만 산치, 바르후트 등에는 기원전 3세기에서 기원전 1세기에 속하는 불탑 유적이 지금도 남아 있다. 이 불탑에 기증한 사람의 이름이나 직업을 보면 거의가 상공업자이며, 관리나 군인은 약간 있으나, 농민이 기증한 예는 하나도 보이지 않는다. 불교 교단은 이처럼 자산가나 길드의 장들을 중심으로 하는 상공업자들에 의해 신앙되었으며, 외호되어 갔다.

　불교는 위와 같은 사람들의 종교적·정신적인 요구에 대하여 훌륭히 대응하고 있다. 왜냐하면 석가모니의 주장이 전통적인 힌두교의 의례를 초월한 논리적인 사고를 갖고 있기 때문이다. 모든 것은 원인과 조건에 의해 성립한다는 연기緣起 이론은 당시 사회지도자들에게는 대단히 신선한 것이었다. 종래까지는 인생의 길흉은 바라문이 집행하는 의식의 성부成否에 지배된다고 믿었다. 또한 일반적으로 인간은 종교심이 깊어가면서 개인의 내면을 위한 가르침을 원하게 된다. 이러한 현상은 종래의 농촌을 기반으로 하는 사회와는 다르게 개인의 독립성을 중요시하는 도시 생활의 리듬과 일치하는 생각이기도 하다.

　더욱이 석가모니는 사성四姓제도의 차별을 인정하지 않았다는 점도 도시의 상공업자들에게 수용되기 쉬운 요인이었다. 석가모니는 태어날 때부터 사회계급이 결정되는 것에 대하여 강력하게 반대하고 있었다. 따라서 석가모니의 가르침이 보수적인 농촌보다는 도시에서 보다 환영받았을 것이다.

2부 불교의 세계

전통적 불교의 이해

　현재 우리들이 이해하고 있는 불교는 인도의 전통적인 불교와는 전혀 다른 이해에서 출발하기 때문에 많은 오해를 부르는것 같다. 동아시아에 불교가 전래된 이후 오랜 동안 전통적인 불교의 이해가 지속되어 왔으리라 생각되는데, 근대화 이후 서양 문명이 들어오면서 합리적이며 과학적인 방법에 의한 학문적 접근으로의 불교에 대한 이해가 수용되어 왔다고 생각된다. 그렇다면 기존의 전통적 불교와 서구적 불교와는 어떠한 이해의 차이가 있는 것인가.
　불교에는 수많은 경전이 존재하는데 서로 다른 내용으로 구성되어 있다. 전통적으로는 이것을 대기설법對機說法이라하여 석가모니는 일률적인 가르침을 설법한 것이 아니라 상대에 맞게 다른 가르침을 설법하였다고 전해진다. 마치 의사가 환자의 증상에 따라 약을 처방해 주는 것과 유사하다.

반면에 19세기 유럽에서의 불교연구의 대부분은 이처럼 서로 다른 내용의 경전이 존재한다는 것에 대하여 의구심을 가지게 되는데, 이는 후대에 변질되었거나 혹은 다른 사상과 혼입된 것으로 이해해 버린다. 때문에 변질 혹은 혼입된 내용을 제거하여 본래의 사상에 도달하는 것이 불교를 진정으로 이해하는 길이라고 잘못 생각하게 된다.

불교에서는 아집我執이라 하여 우리들은 전혀 의심하지 않는 자기 자신이 있으며, 자기 자신이 받아들이고 있는 대상인 세계가 있다는 것을 인정하며 그곳에 문제가 있는데, 바로 그 문제의 원인은 아집에 있으며 아집으로 인하여 괴로움이 나타난다고 설법하고 있다.

이러한 논리는 어떤 개념이나 사상의 문제가 아니라 우리들이 순간 순간 느끼고 있는 단순한 현실에 불과하다. 단순히 불교를 믿는 것만으로는 괴로움으로부터 해방될 수 없게 된다. 때문에 전통적 불교에서는 수행을 통하여 대상인 물질을 받아들이는 방법을 바꾸는 훈련이 필요하다는 것을 주장한다. 그러나 대부분의 사람들은 자신이 느끼고 있는 것만이 현실이라 생각하고 이를 의심하거나 바꿔야 할 필요가 있다고 생각하고 있지 않기 때문에 물질을 받아들이는 방법을 바꿀 수 있는 수행법이 있다하더라도 이를 실행하려하지 않는다.

모든 사람들은 자신의 환경이 서로 다르기 때문에 그 아집 역시 다르게 마련이다. 때문이 일률적인 가르침으로는 모든 사람의 문제를 해결할 수 없게 된다. 한 사람 한 사람이 납득할 수 있는 목표설정을 전제로 상대에 따라 맞게 다른 가르침을 설법하는 불교 이것이 바로 전통적인 불교의 가르침이다.

근대 서구 유럽의 불교 연구는 아시아에 와서 수많은 경전을 가지고 가서 번역 연구하는 문헌 중심으로 이루어졌다. 또한 유럽의 주요한 종교인 기독교에서는 신이 세계를 만들고 그 신의 명령에 따르는 방법으로 교의敎義에 따르는 것이 신앙의 중심이 되어 있다. 서양인들은 불교경전의 수 많은 가르침을 기독교의 교의와 같은 차원의 것으로 생각하여 그 가운데에서 진정한 불교의 교의를 찾고자 한 것 같다. 때문에 기독교의 종교와는 전혀 다른 불교의 발상법이 그들에게는 잘 이해되지 못하게 된다.

마음 본연의 모습을 바꿈으로서 괴로움을 줄여가는 불교의 가르침과 실천이 바로 불교의 본질적 매력이다. 학문적인 불교와 체험적 불교와의 차이점을 이해하는것은 매우 중요하다.

불상의 성립

약 2,600년 전 중인도의 석가모니는 불교를 열어 45년간 설법을 하였으며 80세에 입멸한다. 그의 유골은 화장되었으며, 이를 나누어 가지고 분묘를 만들어 예배를 하였다. 이 분묘로부터 불교 예술이 발생한다.

이 석가모니의 사리舍利를 모셔놓은 분묘를 스투파Stupa라 하며 탑파塔婆, 탑塔, 파고다 등으로 불린다. 부다가야, 산치 등의 탑파가 유명하며, 이들은 원형 또는 방형의 기단 위에 반구체로 흙을 쌓거나 또는 벽돌이

나 돌로 쌓기도 한다. 내부에 사리를 넣는 용기를 안치하였으며, 기단 주위에는 돌로 둘러싸서, 그 표면에 조각 장식을 하였다.

그곳의 조각 장식에는 법륜法輪, 대좌台座, 불족적佛足跡, 보리수菩提樹 등이 나타나 있지만 석가모니의 모습은 일체 나타나 있지 않다. 일종의 상징적인 것만을 표현하고 있다. 즉 원시불교는 우상 숭배의 종교가 아니었음을 알 수 있다.

석가모니 생존 시 예배를 목적으로 석가모니의 상, 즉 불상을 만들었다는 전설이 있지만 그 후에 제작된 바루후트탑이나 산치의 1탑에서의 본생도本生圖나 불전전도佛典傳圖에는 불상이 전혀 표현되어 있지 않다.

고대 인도인은 성인聖人의 모습을 형상화하지 않았다. 때문에 석가모니 입멸 후 500년간은 무불無佛 시대로 탑과 사리를 봉안하는 시대가 계속된다. 학설에 의하면 알렉산더 대왕(기원전 336~기원전 323)이 기원전 326년에 인더스강 서쪽 지방을 점령하면서 그리스 헬레니즘 문화가 들어오게 되는데 기원전후를 기하여 불상이 등장하게 된다.

최초의 불상을 만든 것은 인도 서북부 지금의 파키스탄인 간다라犍陀羅 지방에서 시작되었다는 외래양식설과 중부의 마투라摩菟羅 지방에서 시작되었다는 고유양식설이 있다. 쿠사나 왕조의 3대 왕 카니스카왕 때인 2세기 전반경에는 우수한 불상들이 제작되었다. 이때를 즈음하여 불교 종파는 소승불교와 대승불교로 나누어지게 된다.

대승불교에서의 석가모니의 모습은 출세적인 사고방식에서 대중문화의 양상을 띠게 되며, 인간의 모습이지만 종교적인 의미를 강조하게 된다. 그러면서 석가모니의 모습이 역사적 인간에서 벗어나 초역사적이며 초인간적인 모습(32상 80종호)으로 표현하게 된다. 이처럼 인간 석가모니를 신적 존재로서 초인격화하여 또 다른 여러 실체인 약사여래불, 아미타여래불, 비로자나불 등을 만든다. 윤리적인 불교로부터 종교적인 불교로 변화하는 데에 불상의 역할이 크다고 할수 있다.

    일반적으로 농경문화권에서는 인격신상人格神像을 만들지 않는다. 인격신상은 그리스 문화권에서만 보이는 특징이 있다. 농경문화가 일어난 지역은 대부분 자연조건이 좋아 인간이 거주하기 좋은 곳이 된다. 따라서 그곳에서의 생활은 자연에 순응하며 살아가는 것이 일반적이다. 그러나 그리스는 농사짓기 아주 부적합해서 자연이라는 대상이 적대적인 존재로 생각되기 쉽다. 때문에 이 어려운 존재인 자연을 극복하기 위해서는 인간의 힘밖에 없다고 생각하게 된다. 따라서 인본주의人本主義 사상이 일어나게 되고 인격신을 설정하게 된 것 같다. 불교에서는 인격신을 설정한 적이 없다. 불교에서의 석가모니는 위대한 스승일 뿐이다. 때문에 초기 불교에는 신상이나 신전을 만든다는 것은 상상도 못했다.

불상의 종류

    기원전후를 즈음하여 불상이 출현함으로서 불교는 새로운 국면을 맞이하게 된다. 즉 인간으로서의 석가모니에서 신으로서의 석가모니로 존재의 의미가 바뀌게 된다. 깨달음을 목표로 하는 지혜의 가르침인 원시 불교에서 절대자의 존재에 의지하여 복을 기원하는 종교적 불교로 새로운 출발을 하게 된다. 신적 존재로서의 석가모니를 구현시키기 위해 인간들은 새로운 불교의 세계를 만들어간다. 때문에 인간의 고통을 해결해줄 수 있는 수많은 부처가 탄생하게 된다.

불상을 과거·현재·미래라는 시간적 기준에 의한 존재로 분류해 보면 과거의 불佛인 석가모니불釋迦牟尼佛과, 현재의 불佛인 아미타여래불阿彌陀如來佛, 약사유리광여래불藥師瑠璃光如來佛(대의왕불大醫王佛), 비로자나불毘盧舍那佛(혹은 대일여래大日如來) 등과, 미래의 불佛인 미륵불彌勒佛로 구분이 가능하다. 이 중에서 석가모니만이 역사적인 실존 인물이다.

부처의 존재를 수직적 관계로 보면, 불교에서 최고 정점의 자리에 있는 진리의 부처인 비로자나불을 정점으로 그 아래에 석가여래불, 아미타여래불, 약사여래불 등의 여래급이 있으며 그 다음으로 보살급, 그 다음으로 명왕급, 그 다음으로 천부급으로 구성되어 있다. 무언가 인도의 사성제도를 참고한 것 같기도 하고, 현재 군대 조직과도 비슷하다. 예를 들어 여래는 사단장급으로 장성급이 되며, 보살은 참모장으로 영관급, 명왕은 위관급, 천부는 사병으로 비교 구분이 가능해 보인다.

또한 비로자나불을 중심으로 하는 불교의 조직 구성은 하느님을 중심으로 하는 기독교와 유사함이 자주 지적된다.

불교에서 부처의 말씀인 경전이 기독교에서는 하느님의 말씀인 성경과 비교되며, 이 거룩한 말씀을 전해주는 사람이 불교에서는 승려이며 기독교에서는 신부가 된다. 그런데 부처의 말씀인 경전을 승려에 의해 전해 듣는 것을 현교顯敎라 부르며, 승려의 잘못된 해석 등에 만족을 못하고 직접적으로 들으려 하는 것이 밀교가 된다.

같은 이치로 하느님의 말씀을 신부를 통해 전해 듣는 구교(카톨릭)에 만족을 못하고, 목사를 통해 직접적으로 들으려 하는 신교(기독교)가 나타난다. 구교는 형식을 중요시하고 신교는 말씀을 중요시하게 되는데, 그 말씀의 해석 방법이 서로 다르게 되어 다시 장로교 혹은 감리교 등 여러 종파가 발생하게 된다.

불교의 근본 사상이며 부처의 존재를 의미하는 최적의 단어로 자비慈悲가 있다. 자慈는 사랑의 의미이며 비悲는 슬픔을 의미한다. 곧 자비를 직역하면 사랑과 슬픔을 뜻한다. 하지만 필자는 자慈와 비悲를 모두 사랑으로 번역하고 싶다. 좀 더 세심히 살펴보면 자慈는 엄격한 사랑으로, 비悲는 부드러운 사랑으로 해석이 가능하다. 때문에 불상은 엄격함과 부드러움이 함께 표현되어야 한다.

불상이란 부처의 상으로 석가모니의 모습을 의미하는 경우와 아미타여래, 약사여래, 관음보살 등을 의미하는 경우가 있다. 예를 들어 석가모니가 왕자 시절일 때의 모습은 보살로 표현되며, 용맹한 모습은 명왕으로, 해탈 성도한 모습은 여래로 표현된다. 이외에 석가모니 주변의 많은 사람들을 천부로 표현하고 있으며, 불상 중에는 천부만이 남성과 여성의 구분이 있을 뿐이다.

1. 여래如來

여래란 불佛과 같은 의미로 불교학에서 말하는 협의의 불상은 여래상을 지적한다. 여래(佛)는 불교에서 최고 궁극의 존재이다. 불이란 범어 불타佛陀의 약칭이며 여래如來라고도 한다. 각자覺者라고 의역하여 "진리를 깨달은 사람" 혹은 "진실로부터 온 자"의 뜻이다.

불교가 시작되는 시기에는 석가모니상만이 있었으나 대승불교가 성립되면서 석가 이외의 다양한 여래상이 등장한다. 깨달은 자인 여래는 자신만의 정토淨土(깨끗한 불국의 땅)를 갖게 되는데 아미타여래의 극락정토가 가장 유명하다.

여래의 외형은 출가자의 모습을 하고 있다. 장신구는 전혀 없으며, 의복도 포만을 걸치는 매우 검소한 형이다. 약사여래를 제외하고 여래는 기본적으로 지물持物을 지니지 않고 시무외인施無畏印, 여원인與願印 등의 인상을 갖는다. 대일여래만은 예외로 장식한 왕자의 모습으로 조상되어 있다.

- 석가모니여래釋迦牟尼如來는 많은 여래 가운데 역사적으로 실존한 여래이며 진리의 불인 비로자나불의 응신불 혹은 화신불로서 영원하기 때문에 현재불이다. 장엄莊嚴정토인 사바娑婆세계를 관장한다. 법화경法華經이 주요 경전이며, 미륵보살이 보처보살이다.

- 아미타여래阿彌陀如來는 서방극락정토西方極樂淨土의 교주敎主이며, 무량광여래無量光如來 또는 무량수여래無量壽如來라고 의역한다. 이 부처의 광명과 자비는 시간과 공간을 초월해서 무한한 세계에 미치고 있으며 이 광명을 받은 자는 일체의 고품에서 벗어날 수 있다. 설법인說法印, 미타정인彌陀定印, 구품인九品印 등의 수인이 특징적이다. 무량수경無量壽經 아미타경阿彌陀經이 주요 경전이며, 관음보살과 대세지보살이 보처보살이다.

- 약사여래불藥師如來佛는 동방유리광세계東方瑠璃光世界의 교주이며 대

의왕불大醫王佛이라고도 한다. 약사여래는 신장神將을 거느리고 있다. 이 신장들은 약사여래의 분신으로 12대원大願에 따라서 나타난 신장이다. 12지상은 약사여래의 12신상과의 연관에서 온 것이다. 약사여래본원경藥師如來本願經이 있으며, 일광보살과 월광보살이 보처보살이다.

- 비로자나불毘盧遮那佛(혹은 대일여래불大日如來佛)은 불교에서 최고의 부처로서 연화장세계蓮華藏世界라는 거대한 우주를 관장하는 교주이다. 우주 전체에 빛을 비추는 참된 부처이며 석가여래는 지구상에 생을 받아 태어난 그의 분신分身으로 생각한다. 지권인智拳印의 수인이다. 화엄경의 교주이며 석가모니불을 응신應身으로 삼고 있는 비로자나불은 때와 장소 및 사람 등에 따라 가변적으로 그 모습을 나타낸다. 밀교에서는 대일여래라 부른다. 비로자나불은 화엄경華嚴經, 범강경梵綱經이 주요 경전이며, 대일여래불은 대일경大日經, 금강정경金剛頂經, 이취경理趣經 등이 주요 경전이다.

2. 보살菩薩

보살이란 보리살타菩提薩埵의 약칭이다. 부처인 여래에 준準하는 존재로서 이윽고는 부처가 되는 존재이다. 관음보살이나 지장보살은 이미 부처와 같은 존재이긴 하지만 부처가 되면 이 세계를 떠나 진리의 세계로 소멸해 버리기 때문에 미혹의 중생을 구하기 위해서 일부러 부처가 되지 아니하고 보살 그대로 있는 존재이다. 시왕생경十王生經에 25보살을 설명하는데 우리나라에서는 관음보살이 제일 인기가 많다.

보살은 재가 인간의 모습으로 불교 교리에 의하면 모두가 남성이지만 대부분 여성상으로 조상되어 있다. 머리에는 관을 쓰고 몸에는 하늘을 나는 천의를 입고, 목에는 목걸이, 가슴에는 영락을 걸쳤으며 팔에는 팔찌를 끼고 귀에는 귀걸이를, 손에는 연꽃·정병·구슬·법륜 등을 든 모습으로 장식하고 있다. 단 지장보살은 예외로 거의가 삭발한 모습이며, 보주와 석장을 잡는 출가승의 모습으로 조상되어 있다.

- 25보살(十王生經) : 관세음觀世音보살, 대세지大勢至보살, 약왕藥王보살, 약상藥上보살, 보현普賢보살, 법자재法自在보살, 사자후獅子吼보살, 다라니陀羅尼보살, 허공장虛空藏보살, 불장佛藏보살, 보장菩藏보살, 금장金藏보살, 금강장金剛藏보살, 산해혜山海慧보살, 광명왕光明王보살, 화엄왕華嚴王보살, 중보왕衆寶王보살, 월광왕月光王보살, 일조왕日照王보살, 삼매왕三昧王보살, 정자대왕定自大王보살, 대자재왕大自在王보살, 백상왕白象王보살, 대위덕왕大威德王보살, 무변신無邊身보살

- 관음보살觀音菩薩 : 정확히는 관세음보살觀世音菩薩로 중생의 어려움의 음성을 관찰하여 구제한다는 의미이다. 관음보살은 33가지 여러 모습의 인물로 변하여 우리들에게 나타난다. 관음상은 부드럽고 상냥한 모습으로 여성적이다. 같은 보살 중 남성적인 지장보살과는 대조적이다.

- 지장보살地藏菩薩 : 육도능화六道能化라 하여 지옥, 아귀, 축생, 수라, 인간, 천인의 6개 세계에 나타나 그곳에서 괴로워하고 있는 중생을 교화하는 보살이다. 부처가 입멸 뒤부터 미륵불이 출현할 때까지 천

상에서 지옥까지의 일체 중생을 교화하는 대자대비의 보살이다.
- 대세지보살大勢至菩薩 : 관음보살과 짝 지어진 아미타불의 협시이다.
- 미륵보살彌勒菩薩 : 석가모니가 이 세상에 출현한 후 56억 7천만 년 후 이 세계에 출현하는 미래불이다. 현재는 아직은 불佛이 아니며 도솔천兜率天이라는 천계天界에서 명상 중이다. 미륵불은 남방에 용화정토를 다스린다.
- 문수보살文殊菩薩과 보현보살普賢菩薩 : 석가모니불의 협시이다. 문수보살은 지혜를 상징하며, 보현보살은 자비를 상징한다. 문수보살은 사자를 타고 있으며 보현보살은 코끼리를 타고 있다.
- 일광보살日光菩薩과 월광보살月光菩薩 : 약사여래불의 협시이다.
- 허공장보살虛空藏菩薩 : 지장보살이 대지의 상징임에 대하여 대공大空을 상징하는 보살이다.
- 약왕보살藥王菩薩 : 동생인 약상藥上보살과 함께 좋은 약으로 몸과 마음의 병을 고쳐주는 보살이다.

3. 명왕明王

명왕이란 대일여래의 사자使者이다. 손에는 검이나 끈을 가지고 무섭게 분노하는 형상으로 조상되어 있다. 보살은 얌전한 사람을 인도하는 역할을 하기 때문에 부드러운 모친형이다. 그러나 세상에는 그러하지 않은 사람이 있기 때문에 이러한 사람을 구제하기 위해 명왕이라는 엄격한 부친형의 무서운 존재를 파견한다.

보살과 명왕이 하나가 되어 부처의 구제사업이 완성되는 셈이다.

부동명왕不動明王, 항삼세명왕降三世明王, 군다리명왕軍茶利明王, 대위덕명왕大威德明王, 금강야차명왕金剛夜叉明王, 애염명왕愛染明王 등이 알려져 있지만 우리나라에서는 명왕신앙이 발전하지 않아 명왕을 잘 조성하지 않으며 대신 사천왕이 주로 그 역할을 담당하고 있다. 명왕은 일본에서 비교적 널리 신앙되고 있다.

- 부동명왕不動明王은 밀교의 대일여래가 악마를 항복시키기 위하여 몸을 변하여 분노한 모양을 나타낸 형상이다. 오른손에 칼을 들고 왼손에 쇠줄을 잡았으며 이마의 머리카락을 왼쪽 어깨에 드리우고 왼쪽 눈을 흘겨보는 모양이다. 불꽃 가운데에 반석 위에 앉아 있다. 몸과 눈을 청·황·적·흑·백의 오행색으로 채색하며, 오체의 존상을 만들어 이를 오색부동五色不動이라 한다.
- 항삼세명왕降三世明王은 사면팔비四面八臂의 분노상으로 앞의 두 손으로 인印을 맺고 있고 다른 손으로는 활과 살을 잡고 왼발로는 마혜수라를 밟고 오른발로는 오마비를 밟았다. 동쪽에 배치된다.
- 군다리명왕軍茶利明王은 하나의 머리에 여덟 개의 팔이 있고 성낸 모양을 하고 있으며 모든 나쁜 귀신의 항복을 받는다. 손발에 많은 뱀이 얽혀 있다. 남쪽에 배치된다.
- 대위덕명왕大威德明王은 육면육비육족六面六臂六足에 흰 물소를 타고 있다. 육면 중 정상의 삼면은 부드러운 보살상이다. 손에는 활·살·격·칼·줄·방망이 등을 들고 목에는 해골을 걸쳐 독사와 악룡을 항복시킨다. 서방에 배치된다.

- 금강야차명왕金剛夜叉明王은 육비六臂이고 눈이 다섯이다. 손에는 활·살·칼·법륜·오고五鈷·금강령金剛鈴을 잡았고 눈은 모두 번쩍이며 맹렬하다. 몸은 장대하고 화염이 전신을 싸고 있으며 사방을 빠짐없이 관찰할 수 있다.
- 애염명왕愛染明王 : 애욕과 집착에서의 깨달음 명왕으로 애염愛染으로 일어나는 남녀간의 괴로움을 구제하기 때문에 술집 여성에게 인기가 많다.

4. 천天

천天이란 신神의 의미로, 중국어로 신神은 영혼靈魂을 의미한다. 인도의 신을 중국인은 천天으로 번역하였다. 불교에 수호신으로서 채용된 인도에서 기원하는 신들이 천이다. 천天의 종류는 매우 많다. 왜냐하면 인도 힌두교의 수많은 신들이 대부분 불교에 귀의한 것으로 되어 있기 때문이다. 대표적인 천부를 소개하면 범천梵天, 제석천帝釋天, 사천왕四天王, 팔부중八部衆(천天 용龍 야차夜叉 건달파乾闥婆 아수라阿修羅 가루나迦樓羅 긴나라緊那羅 마후라가摩睺羅伽), 인왕仁王, 가릉빈가迦陵頻伽, 길상천吉祥天 등이 있다.

1) 범천梵天의 전신은 인도 신화에서의 우주의 창조신인 브라흐마로, 범천은 제석천과 함께 불교의 2대 호법신이다. 범천의 비妃는 변재천弁才天이다.
2) 제석천帝釋天의 전신은 인도 신화에서의 천둥雷의 신神인 인드라이다. 도리천忉利天의 주인이며 수미산須彌山 위의 희견성喜見城이

그의 거처이다. 무용武勇의 신으로 힘이 여러 신중에서 가장 강하다.

3) 사천왕四天王은 위로 제석천을 받들고 밑으로는 팔부중을 거느린다. 무장 모습으로 수미산 동서남북 사방을 수호한다. 동방의 지국천왕持國天王, 남방의 증장천왕增長天王, 서방의 광목천왕廣目天王, 북방의 다문천왕多聞天王이 있다.

- 지국천왕持國天王 : 수미산 동쪽 중턱의 황금타黃金埵에 있다. 온몸에 약간의 푸른빛을 띠고 있으며 오른손에는 칼을, 왼손에는 주먹을 쥐고 허리에 대고 있거나 보석을 손바닥 위에 올려놓고 있다. 그의 휘하에는 팔부신중八部神衆의 하나로서 술과 고기를 먹지 않고 향기만 맡는 음악의 신인 건달바乾闥婆와 부단나富單那를 거느린다.
- 증장천왕增長天王 : 수미산 남쪽 중턱의 유리타琉璃埵에 있다. 붉은 기운이 도는 적육색을 띠고 있으며, 노한 눈을 뜨고 있다. 오른손에는 용을 쥐고 있으며, 왼손은 위로 들어 엄지와 중지로 용의 입에서 꺼낸 여의주를 쥐고 있다. 구반다鳩槃多(말 머리에 사람의 몸)와 아귀餓鬼인 페레다를 거느린다.
- 광목천왕廣目天王: 수미산 서쪽 중턱의 백은타白銀埵에 있다. 백색으로 장식되며 웅변을 통하여 나쁜 것을 물리치기 때문에 입을 벌린 형상으로 눈을 부릅뜸으로써 위엄으로 나쁜 것을 몰아낸다. 붉은 관을 쓰고 갑옷을 입었으며, 오른손은 팔꿈치를 세워 삼지창三枝槍을 들고 있고 왼손에는 보탑寶塔을 받들고 있다. 용신龍神과 비사사毘舍闍를

거느린다.

- 다문천왕多聞天王 : 수미산 북쪽 중턱의 수정타水精埵에 있다. 암흑계의 사물을 관리, 몸은 검은색 계통이며 왼손에 비파를 잡고 오른손으로 비파줄을 튕기는 모습을 보인다. 야차夜叉와 나찰羅刹을 거느린다.

4) 팔부중八部衆 : 인도 고대 신화 중의 신들로 불교에 흡수된 신들이다. 따라서 불교에서는 이교異敎의 신으로서 그 격格이 낮다.

- 천天은 수미산 위에 있는 천상 혹은 천계를 가리키며 그곳에 사는 신을 말한다. 팔부중을 총칭하기도 한다.
- 용龍은 비를 내리는 마력을 갖는 신이다. 얼굴과 몸은 사람이고 뱀꼬리를 하는 수가 있고 머리 위에 셋 내지는 아홉 머리의 용 머리 또는 뱀 모양을 하기도 한다.
- 야차夜叉는 천야차天夜叉·지야차地夜叉·허공야차虛空夜叉의 3종이 있으며 천야차와 지야차는 하늘을 날아다니지만 허공야차는 날지 못한다. 다문천의 권속으로 도리천을 수호한다. 사자, 코끼리, 호랑이, 사슴, 말, 소, 양 등의 형태로 표현하기도 하고 사람 얼굴로 둘 또는 셋으로 나타내고 손에는 모두 무기를 들고 있다.
- 건달바乾闥婆는 음악의 신으로 악기를 연주한다. 제석천의 권속으로 어린아이를 해가 되는 귀신으로부터 보호하는 일을 한다. 식향食香이라 하기도하는데 이는 술과 고기를 먹지 않고 향기만 마시기 때문이다. 보통 무장을 하며 사자관獅子冠을 쓰고 삼차극三叉戟을 들고 있다.

- 아수라阿修羅는 호흡의 신이다. 항상 투쟁을 좋아해서 제석천과 맹렬히 싸운다. 얼굴 셋, 팔 여섯이고 손에는 칼을 들어 가장 무서운 귀신으로 인식되어 있다.
- 가루나迦樓羅는 공상의 새인 금시조金翅鳥로 새 중의 왕이다. 두 날개의 길이만 336만 리이며 용을 잡아먹고 산다고 한다. 사람 몸에 새머리로 되고 때로는 전신이 새 모양으로 하는 수도 있다.
- 긴나라緊那羅는 사람이냐 아니냐라는 뜻이다. 사람인지 짐승인지 새인지 일정하지 않는 괴물이다. 사람 머리에 새 몸을 하고 있거나 또는 말 머리에 사람 몸을 하는 등 그 형상도 일정하지 않다. 노래하고 춤을 추며 악기를 연주하는 음악신이다.
- 마후라가摩睺羅伽 : 발 없이 배로 움직이는 사신蛇神의 상징화된 것이다. 두 주먹을 쥐고 가슴 앞에서 춤추는 듯 하기도 하고 뱀이 있는 관을 쓰고 노래하는 듯이 나타낸다.

5) 인왕仁王 : 이왕二王 혹은 금강역사金剛力士라 부른다. 사찰 출입문 좌우에 서서 불법을 수호하는 것이 본래의 임무이다. 원래는 무장하고 손에 금강저金剛杵를 들고 있으며 손에는 든 것이 없이 주먹으로 치려 하는 분노의 상이고 바위 위에 서 있다. 입을 벌린 것과 다문 형이 좌우에 배치된다.

6) 가릉빈가迦陵頻伽 : 호성好聲으로 번역하는데 속칭 극락조라고 하는 새의 일종이다. 깃이 아름답고 소리가 곱기로 유명하다. 상반신은 사람, 하반신은 새의 모습으로 나타내고 악기를 연주하고

있다. 우리나라에서는 고려 시대 석조 부도에 이 새를 조각하는 일이 크게 유행했었다.
7) 길상천吉祥天 : 길상천吉相天이라고도 한다. 인도신화에 나오는 우주의 신인 뷔슈메신의 왕비인 라쿠슈미가 전신이다. 행복과 지혜를 맡아보는 여신이다. 아버지는 사천왕 다문천이다.

5. 나한羅漢

나한, 곧 아라한阿羅漢은 소승불교의 수행자 가운데 가장 높은 지위로서 온갖 번뇌를 끊고 고집멸도苦集滅道의 사제四諦를 이룬 성자를 말한다. 수행하는 상으로 표현하며 십육나한十六羅漢, 오백나한五百羅漢 십대제자十代弟子 등이 있다.

석가모니의 모습 - 삼십이상三十二相

삼십이상三十二相 팔십종호八十種好란 석가모니가 인간과는 다른 존엄한 모습을 갖고 있다는 믿음에서 후세에 만들어진 내용이다. 신적인 존재로서의 부처를 표현한 것이다. 물론 석가모니는 인간의 아들이다. 대지도론大智度論, 중아함경中阿含經, 방광대장엄경方廣大莊嚴經 등에 내용이 기록되어 있다.

석가모니의 모습을 삼십이상三十二相 팔십종호八十種好로 표현하는데 커다란 특징을 32상으로, 세세한 부분을 80종으로 표현한 것이다. 32상의 표현 순서를 살펴보면 재가신자가 존엄하신 석가모니 앞에 엎드려 발

아래부터 머리에 이르도록 바라보는 모습의 과정을 순차적으로 기록한 것으로, 발아래부터 순차적으로 머리에 이르도록 시선이 가도록 기록되어 있다.

석가모니의 몸(體)은 멀리서 바라보면 전체가 금색으로 빛나는 모습이다. 피부색이 금색이며 몸에서 빛나고 있다. 이 빛이 발하는 거리는 1장丈이라 하는데 약 3미터의 빛이 몸에서 사방팔방으로 빛나고 있다. 때문에 설법하는 석가모니가 서 있는 곳에는 스포트라이트가 켜져 있는 듯한 빛이 발하고 있는 셈이다. 석가모니의 뒤에는 동그랗게 빛나는 모양이 있는데 이를 윤광배輪光背라 부른다.

석가모니의 근육(肌)은 매우 섬세하고 매끄러우며 맑고 고요 청정淸淨하다. 아름다운 피부 모혈毛穴에서는 향기가 나오며, 체모體毛는 전부가 오른쪽으로 돌아가 있다. 솜털(産毛)은 청색이며 광택을 내고 있다.

머리 위를 보면 정상이 부풀어 있으며 이를 육계肉髻라 한다. 머리카락은 감청색으로 치밀하게 나 있는데 광택이 있고 부드러우며 이 전체를 나발螺髮이라 부르며 하나하나씩 우측으로 동그랗게 소라 모양으로 돌아가 있다.

얼굴 정면의 미간眉間 중앙에 있는 백호白毫는 하얀 털이 1본 나 있는데 이것도 오른쪽으로 돌아가 있다. 그림에서는 이마(額)에 털로 그리지만 목조나 청동 등으로 만드는 불상에서는 보통 이곳에 수정을 넣는다.

눈썹(眉毛)은 매우 길며 아주 가늘고 부드러우며 3일 초승달 모양을 하고 있다. 눈동자는 금색의 수정과 같다. 속눈썹(睫)은 소의 속눈썹처럼 매우 길다.

코(鼻)는 매우 높고 곧바로 세워져 있다. 콧구멍은 보이지 않으며 밑에서 바라보면 보일 정도로 작지만 들려져 있지 않다. 입술(脣)은 빈파과頻婆果처럼 빨간색을 띠고 있다.

보통 사람의 이(齒)는 32개 있지만 석가모니는 40개이다. 뾰족하지 않고 둥그스러우며 하얀 광택이 나며 이 사이(齒間)에는 틈새가 없다.

음성(聲)은 높고 낮음이 자유로워 먼 곳에 있는 사람이나 가까이 있는 사람이 잘 들을 수 있다. 혀(舌)는 매우 길어 내밀면 이마에까지 도달한다. 달변이었음을 짐작케 한다. 뺨(頰)은 매우 퉁퉁하여 사자와 같이 위엄이 있다.

귀(耳)는 귓볼(耳朶)이 드리워져 있으며 그곳에 구멍이 나 있다. 왕자시절의 석가모니는 귓볼에 보석 장신구를 달았지만 출가할 때에는 몸의 장신구 모두를 버리고 나왔다 하여 여래상에서는 장신구 없는 귓볼에 구멍이 있는 형태로 되어 있다.

석가모니의 키는 일장육척一丈六尺이라 하여 장육상丈六像이라 부른다. 현재의 치수로 환산해 보면 약 5미터의 키가 되며 좌상坐像이 되면 2.5미터의 반장육半丈六이 된다.

손가락 사이에는 만강縵網이라는 물갈퀴가 나 있는데 보통 사람, 특히 몸이 마른 노인에게서 볼 수 있다. 손가락(手指)은 매우 섬세하고 길며, 팔(腕)은 무릎(膝)에까지 내려온 것처럼 길다. 중생에게 구원의 손을 펼치기 위해서는 팔이 길어야 하기 때문일 것이다.

가장 까다롭고 복잡한 부분이 발바닥이다. 석가모니의 발바닥은 평발이다. 갓 태어난 아이의 발이 평발인데 자라면서 움푹 들어가게 된다. 석가모니는 평발로서 평생을 지낸다. 그 평발 바닥에는 독특한 지문指紋이 있는데 이를 천복륜千輻輪이라 한다. 발바닥의 모양에는 7가지의 문양이 있는데 특히 둘째 발가락 뿌리 부분에 쌍어双魚라 하여 두 마리의 물고기가 보인다. 이는 비슈누라는 힌두교 신이 석가모니로 변신한 모습으로 육지의 모든 생물이 죽어 없어진다 해도 바닷속의 물고기만은 살아남는다는 전설에서 불멸의 모습으로 표현되는데 석가모니도 이러한 불멸의 물고기를 의미한다. 이 천복륜千輻輪을 보통 불족佛足이라 부른다.

불족에는 재미있는 이야기가 전해진다. 석가모니가 길을 걸을 때면 지면에서 약 10센티미터 정도까지 발을 내리는 순간 발바닥의 모양이 지면에 새겨지게 되며 발바닥과 지면 사이가 떠 있게 된다. 의상대사가 황복사 3층탑을 돌 때 바닥을 디디지 않았다는 기록은 여기에서 기인한 것 같다. 발의 크기를 추정해 보면 신장이 약 5미터로 발바닥 크기는 신장의 약 1/7 정도라 하니 약 70센티미터 정도가 된다. 석가모니가 돌 위에서 설법을 하면 돌 위에 족형足型이 남게 되는데 이를 불족석佛足石이라 부른다.

이와 같이 5미터의 신장, 금색의 신체, 이마에 백호, 무릎까지 오는 팔 등등 중요한 석가모니의 신체적인 특징을 살펴보았다. 실제로 불상을 만들 때는 보통 성인의 크기로 만들어지는데 우리나라에서는 금색신, 육계, 나발, 백호 등이 주로 표현되어 있다.

밀교密敎와 현교顯敎

밀교란 비밀불교秘密佛敎의 준말이다. 비밀스러운 불교라는 의미이다. 반대로 비밀이 아닌 불교를 밀교에 대비하여 현교라 부른다. 말하자면 불교란 크게 나누어 밀교와 현교가 있는 셈이다.

불교에서는 부처(佛)란 진리의 체현자體現者라고 생각한다. 즉 부처란 진리 그 자체이며, 우주의 중심에 진리 그 자체인 부처가 자리잡고 있다고 생각하고 있다. 우리들은 이 부처를 우주불宇宙佛이라 부른다. 우주의 중심에 있으며 동시에 우주 그 자체가 부처이기 때문이다. 이 우주불은 유대교의 야훼, 크리스트교의 God, 이슬람교의 알라와 비슷한 개념이다.

이 우주불에 대하여 현교에서는 비로자나불大毘盧遮那佛이라 부른다. 비로자나불은 "침묵의 부처"이다. 자신이 설법을 하지 않기 때문이다. 왜냐하면 비로자나불은 우주불이기 때문에 설법을 한다 하여도 우주어로 하게 된다. 이를 우리들은 이해할 수 없기 때문에 결국 침묵의 부처가 되는 셈이다.

그렇다면 우리들은 부처의 가르침과 인연이 없다는 것일까. 비로자나불은 자신의 모혈에서 백천억의 석가불을 방출하여 우주의 여러 곳에 설법을 위해 파견을 하고 있다. 비로자나란 태양의 의미이며 마치 태양이 사방팔방으로 광선을 발사하는 것처럼 무수의 석가불은 사방팔방으로 보내고 있다. 우리들은 이러한 석가불을 분신불이라 부른다.

인간세계에 온 비로자나불의 분신불인 석가불이 바로 불교의 개조인 석가모니인 것이다. 우리들은 석가모니, 즉 분신불을 통하여 인간의 언어로 불교를 배우고 있는 셈이다. 현교에서는 이렇게 생각하고 있다.

현교에서는 우주불을 비로자나불이라 부른다. 반면에 밀교에서는 같은 우주불을 대일여래大日如來라 부른다. 비로자나란 태양을 의미하기 때문에 대일大日이 된다. 또한 불佛과 여래如來란 동의어이기 때문에 비로자나불과 대일여래는 같은 대상이 된다. 단지 오래전부터 현교에서는 비로자나불이라 부르고, 밀교에서는 대일여래라고 구별하여 부르고 있다.

그런데 현교의 비로자나불은 "침묵의 부처"이지만, 밀교의 대일여래는 "웅변의 부처"이다. 자신이 웅변과 설법을 한다. 단지 대일여래의 설법이 우주어이기 때문에 우리들은 들어도 이해할 수 없다. 때문에 밀교라고 말해지는 것이다.

우리들이 대일여래의 설법을 이해하기 위해서는 우주어를 공부할 필요가 있다. 대일여래가 설법하는 우주어는 일종의 상징언어로 되어 있다. 예를 들어 밤하늘에 별들의 움직임이 대일여래의 언어가 된다. 꽃이 피고 새가 지저귀는 것도 대일여래의 말씀이 숨어 있는 것이다. 우리들은 산크리스트어를 이해할 수 없기 때문에 수리수리사바하 같은 진언은 마치 우주어처럼 들린다.

조용히 자신의 마음을 연마해 간다면 우리들은 대일여래의 말씀을 꼭 들을 수 있을 것이다. 대일여래는 우주어로 전 우주에 전파같이 발사하고 있기 때문에 전파란 수신 장치가 없으면 잡을 수 없게 된다. 그러나 각자의 수신 장치를 갖고는 있지만 수신 장치가 제대로 작동을 못하면 대일여래가 발사하는 전파가 잡음으로 들리게 된다. 이것이 밀교가 생각하는 방법이다. 즉 밀교란 석가모니불의 매개없이 직접 우주불의 설법을 청취하려는 불교이다.

깨달음이란

깨달음(해탈)의 경지를 표현할 수 있는지에 대한 의론이 있다. 현교에서는 언어도단言語道斷 혹은 과분불가설果分不可說 등의 이론으로 언어로는 설명할 수 없다한 반면에 밀교에서는 상징적으로 표현 할 수 있다고 한다.

현교인 소승불교나 대승불교의 가르침에서는 가르침을 받는 사람의 소질에 대응하여 단계를 세워 설법한다고 한 반면에 밀교의 가르침에서는 완전히 누구나 수지受持할수 있는데 이를 실천할 수 있다면 모든 죄와 장애가 소멸하고 곧 깨달음의 세계에 들어갈 수 있다고 한다.

현교에서의 가르침은 부처의 경지에 이르기 위해서 경전이라는 교육적인 가르침이 있다고 설명한다. 반면에 밀교에서는 曼茶羅만다라에서처럼 부처가 자신의 경지 그 자체를 자신인 주위의 부처들에게 설법하는 자수법락自受法樂의 가르침이라 설명한다.

불교에서는 부처의 몸과 세계를 법신法身 보신報身(지신智身) 화신化身(분신分身) 3종류로 분류하고 있다. 법신이란 부처의 깨달은 형상이 없는 진리 그 자체를 말한다. 보신이란 수용신受用身이라도 하며 수행의 결과로 얻은 형상이 있는 모습으로 32상80종호로 표현하고 있다. 화신이란 중생을 구제하기 위하여 각각에 맞게 나타나는 모습이다. 석가모니는 전통적 이해에 의하면 화신의 부처가 된다.

그런데 깨달음의 방법에는 자력과 타력이 있다고 한다. 자신에게 준비되어 있는 부처님의 법도인 불도佛道를 전력을 다해 정진함으로서 깨달음에 도달한다는 자력의 깨달음이 현교의 방법이 된다. 한편 부처나 보살의 도움을 받는 것이 타력의 깨달음이 된다. 흔히 아미타여래불의 힘에 의해 극락정토에 간다는 신앙은 타력에 의한 것이라 하겠다. 타력에 의한 방법은 보통 재가신자의 행하는 일반적 방법이 된다.

그런데 자력과 타력의 중간 정도의 방법이 있음이 밀교의 특징이 된다. 밀교에서는 삼력三力이라하여 세 가지 힘이 있다고 생각한다. 첫째는 행자 자신이 준비되어 있는 공덕력功德力과, 둘째는 대일여래로부터 받을 수 있는 가지력加持力과, 세째는 만다라 우주 속에서 받아들일 수 있는 법계력法界力이 있다.

즉 만다라 대우주에 날라 들어가면, 대일여래로부터 가지력을 얻을 수 있으며, 만다라 우주로부터 법계력을 받을 수 있다는 생각이다. 밀교의 교주는 법신이며 현교의 부처는 보신이다. 밀교의 부처는 자신의 법락을 위해 설법하며 현교의 부처는 보살을 교화하는 부처이다.

그렇다면 석가모니의 깨달음은 무엇인가. 석가모니는 고행의 생활을 버리고 선정에 의해 깨달음에 도달하였다 전해진다. 무엇을 깨달았는가는 정확히 알 수는 없지만 성도 후에 석가모니의 가르침을 통해 이해할 수 있다. 석가모니는 깨달음의 길을 고집멸도苦集滅道라는 사성제四聖諦 교리로 설명하고 있다. 즉 욕망을 제어하는 것이 평안을 얻는 길이며, 그렇게 하는 것만이 진실한 자기의 발견과 발현發現에 이어지는 것이라 강조하고 있다.

석가모니의 방법론은 기승전결이 확실하며 간단하고도 명료하다. 어떠한 기적도 없으며 초자연적인 신이나 다른 힘을 빌리지 않는다. 하지만 범상한 우리들에게는 실행하기 어려운 일이다.

심신탈락身心脫落의 상태를 체험하는 것이 깨달음이다. 경전의 지知와 수행의 행行이 함께하는 것이 불법이다. 즉금당처卽今當處라 하여 지금 모든 곳에 불성이 있다는 등의 수 많은 문구가 떠오른다. 우리들이 괴로움에서 벗어날 수 없는 것은 욕망을 계속하여 쫓아가는 마음에 그 원인이 있다고 하는데 마음을 바꾸는 것은 참으로 어려운 일이다.

구역舊譯과 신역新譯

삼장법사三藏法師라 하면 보통 소설 서유기西遊記에 나오는 현장법사와 손오공이 떠오르게 된다. 불교 경전은 석가의 가르침인 경經, 수행자의 규범서인 율律, 경經과 율律에 대한 인도학자들의 연구서인 논論의 세 가지로 성립된다. 이 경·율·논을 삼장三藏이라 하며 이 경전을 한역한 승려를 삼장법사라 부른다. 중국에서는 보통 삼장법사라 하면 법현, 구마라집, 현장을 말하는데 우리나라에서는 현장이 제일 유명하다.

법현法顯(339-420)은 동진 시대의 승려이다. 인도 유학을 위하여 장안을 떠난 때(399 혹은 398)가 그의 나이 60세였다. 돈황을 거쳐 타클라마칸 사막을 횡단하고 파미르고원을 넘어 인도에 도착한다. 돌아오는 길은 스리랑카에서 배를 타고 인도네시아를 잠시 들른다. 그 후 천축선天竺船 혹은 곤륜선崑崙船이라는 상업교역선을 타고 계절풍(무역풍)의 도움을 받아 산동반도로 귀국한다. 그때 많은 범문梵文 경전을 가지고 온다. 장안을 떠날 때는 24인의 승려와 함께 떠났지만 법현 한 사람만이 장안에 414년에 돌아왔다고 한다. 그때 그의 나이 73세였으며 13년만의 귀국이었다. 법현은 출가자의 법칙인 계율을 중국에 소개한다.

　법현과 같은 시기에 서역에서 중국으로 와서 불전을 번역한 후진後秦의 구마라집鳩摩羅什(344-413)이 있다. 그는 천태종의 묘법연화경妙法蓮華經과 정토종의 아미타경阿彌陀經과 유마경維摩經을 한역하였다.

　현장玄奘(602-664)은 627년(혹은 629) 당나라 장안을 출발하여 법현이 다녀온 왕로往路와 거의 같은 코스를 다녀온다. 인도에서 17년간 공부를 하고 많은 범문梵文의 경전을 가지고 645년 장안으로 돌아온다. 현장은 당 태종의 원조를 받아 대안탑에서 경전 번역에 힘을 기울인다. 대표 경전으로는 마하반야바라밀다심경摩訶般若波羅蜜多心經과 대반야경大般若經이 있다.

　불교 경전의 번역은 크게 현장 이후의 번역을 신역新譯이라 하고, 구마라십鳩摩羅什 이전의 번역을 구역舊譯이라 한다. 아마도 기독교 성경의 신약新約과 구약舊約에서 영향을 받은 것 같다.

　예를 들어 관음觀音과 관세음觀世音이 있는데, 보통 관세음의 세世를 생략하여 관음이라 부른다. 여기서 관(세)음觀(世)音이란 세상의 소리를 관찰한다는 뜻으로 '세간의 소리를 듣는다.'라는 의미로 구마라집鳩摩羅什이 번역한 말이다.

　같은 관세음을 현장은 관자재觀自在로 번역한다. 이는 관찰하는 데에 자재自在한 사람의 의미로 해석된다. 사람의 마음을 관찰한다는 건 마음을 엿본다는 의미가 아니라 사람의 마음에 동의한다는 의미한다. 자재를 얻은 사람, 이러한 깨달음의 입장을 획득한 사람, 이것이 관자재의 의미이다. '관자재보살행심觀自在菩薩行心'으로 시작되는 반야심경般若心經은 현장법사의 번역으로 유명하다.

윤회輪廻와 극락세계極樂世界

불교에서는 불국토佛國土 혹은 정토淨土가 존재한다. 불교에는 많은 부처가 있는데 이 많은 부처 가운데 여래는 각기 자신의 불국토인 정토를 가지고 있다. 예를 들어 아미타불은 서방에 극락세계라는 정토를 가지고 있으며, 약사불은 동방에 정유리세계라는 정토를 갖고 있다. 비로자나불은 우주의 중심에 연화장세계라는 정토를 갖고 있다. 이처럼 다수의 정토가 있으며 우리나라에서는 아미타불의 극락세계인 극락정토가 가장 유명하다. 때문에 정토가 곧 극락이라고 생각하는 사람도 있으나 엄밀히 말하면 정토란 일반명사이고 극락이란 고유명사이다. 그런데 불경에는 정토와는 별도로 천계가 존재한다.

천계天界란 윤회 세계의 하나로 불교에서는 모든 생물이 윤회전생輪廻傳生한다는 6가지의 세계로 생각하고 있다. 고통이 많은 순서로 ① 지옥地獄 ② 아귀餓鬼 ③ 축생畜生 ④ 수라修羅 ⑤ 인간人間 ⑥ 천인天人이 있다. 이를 육도六道라 한다. 이 가운데에서 천인이 살고 있는 곳이 바로 천계이다. 천인에게는 상당히 장수할 수 있도록 보장되어 있다. 가장 하층의 천인이라도, 즉 가장 수명이 짧은 천인이라도 900만 년의 수명이 약속되어 있다. 그러나 아무리 장수한다 하여도 천인이라 하여도 죽게 된다. 죽게 되면 다시 지옥·아귀·축생·수라·인간·천인 중 어느 하나의 형태로 나타나게 된다. 때문에 육도란 윤회의 세계를 의미한다. 이처럼 천계는 윤회의 세계에 속하는데 정토란 윤회하지 않는 영원의 세계를 말한다. 윤회의 밖으로 나온 곳에 정토가 있는 것이다.

따라서 일반 중생들은 인생의 쳇바퀴인 윤회의 굴레에서 허덕이고 있지만 이러한 굴레에서 벗어나기 위해서는 해탈의 경지에 이르러 윤회의 세계를 박차고 나와 영원히 불변하는 평화의 장소인 정토로 이동하려는 것은 아닐까 싶다.

지옥地獄과 명부전冥府殿

인간은 누구나 죽는다. 인간의 여러 의식 가운데 죽음에 대한 의식이 아마도 가장 엄숙히 치러지는 것 같다. 그렇다면 불교에 있어서 죽음의 세계는 어떠한가. 또한 이 죽음의 세계를 건축물에서는 어떻게 표현을 하고 있는 것일까.

불교 사찰에서 인간의 죽음을 관장하는 곳으로 명부전이 있다. 일반적으로 명부전에 들어서면 약간은 음산한 분위기를 느낄 수 있는데 이것은 아마도 인간의 죽음과 관련이 되어 있기 때문일 것이다.

명부전은 인간이 죽어 현세에서 저승으로 가는 길목에 해당되는 세계를 구체화시킨 공간이다. 다시 말하면 저승의 유명계를 사찰 속으로 옮겨놓은 전각이다. 사람이 죽으면 지장보살의 인도를 받아 심판장에 가서 전생에서의 죄과에 대한 판결을 받고, 지옥 혹은 천당으로 간다고 하는데 만일 지장보살의 도움을 받지 못하면 그 혼령은 구천에서 떠도는 신세를 면치 못한다고 한다. 때문에 인간이 죽은 후 불교에서는 지장보살의 보살

핌을 받기 위하여, 또한 유명계幽冥界를 지배하시는 시왕十王의 심판관에게 천당에 떨어지기를 기원하기 위하여 명부전에서 의식을 올리는 모습을 쉽게 볼 수 있다. 그렇다면 이 심판은 어떻게 하여 오늘날에 이르고 있는 것일까.

원래 염라대왕은 불교 교리와는 관계가 없는 서민이 만들어 낸 허구 신화적인 인물이라 할 수 있다. 불교 교리에 의하면 우리들의 사후 운명은 모두가 자업자득自業自得에 의해 결정된다고 한다. 생전에 착하고 선한 업業을 많이 쌓은 사람은 사후에 다시 인간으로 태어나던지 혹은 천계에 태어날 수 있다고 한다. 반대로 나쁜 업을 쌓은 사람은 지옥이나 아귀세계로 떨어지거나 축생으로 태어날 것이다. 사자死者는 생전의 업에 의해 자동적으로 미래의 운명이 결정되기 때문에 사자를 한 사람씩 심판할 필요가 없게 된다.

그러나 일반 서민에 있어서는 이러한 추상적인 이야기는 설득력이 없어 염라대왕이라는 성격을 창출하게 된 것 같다. 바꾸어 말하자면 서민을 계몽시키기 위하여 스님 쪽에서 만들었는지도 모르겠다.

염라대왕의 전신은 인도신화에서 나오는 야마yama이다. 야마는 인도신화에 나오는 인간 제1호로서, 따라서 죽음도 최초가 되어 사자死者로도 제1호이기도 하다. 사후 야마는 아무도 걷지 않았던 길을 찾아 천계에 도달하게 된다. 그곳은 녹음이 있고 작은 시냇물이 흐르는 낙원으로 바로 천국이었다. 야마는 그곳에서 왕이 된다. 즉 야마는 천국의 지배인이 된 것이다.

그런데 이 천국에 점차 많은 사자死者가 찾아오게 된다. 그리하여 천국은 곧 만원이 된다. 그런데 자세히 살펴보니까 천국에 온 사자 중에는 천국에 어울리지 않는 악인도 있게 되어 야마는 그러한 악인을 지옥으로 쫓아버렸다. 즉 야마 자신은 천국의 지배인인 동시에 지옥의 지배인이기도 하다. 또한 사자를 천국으로 보낼까 아니면 지옥으로 보낼까 하는 판정을 내리는 재판관이기도 하였다.

　이러한 신화에서 보이는 야마의 이미지 가운데에서 우리나라에서는 재판관과 지옥의 지배자라는 면만을 수용하여 염라대왕閻羅大王이라 한 것이다. 염라대왕 신앙이 한반도에 들어온 것은 고려 말이라 전하는데 염라대왕은 수정으로 된 정파리淨坡璃 혹은 업경대業鏡臺를 가지고 있으며, 이것을 가지고 사자死者의 생전의 악업惡業을 조사함으로서 재판관의 모습을 보여주며, 또한 "거짓말을 하면 혀가 잘릴 것이다"라고 하여 지옥의 주인으로서 모습을 보여준다. 염라대왕은 재판관과 감옥장을 겸직하고 있는 셈이 된다.

　불교에서의 지옥은 윤회전생輪廻傳生 세계 중의 하나로 영원한 세계가 아니다. 불교의 지옥에는 8대지옥이 있어 각기 형기刑期에 차이가 있다. 가장 짧은 지옥은 1조 6천 2백억 년으로 지옥에 떨어진 사람도 이 형기를 마치면 석방된다. 따라서 불교의 지옥은 유기형有期刑으로 절대로 석방되지 않는 크리스트교의 지옥과 같은 종신형終身刑과는 다르다. 불교의 지옥은 크리스트교의 연옥煉獄에 상당된다.

　불교에서는 중음中陰이라는 사고思考가 있다. 크리스트교의 연옥과 비슷하게 생각되지만 전혀 관계가 없다. 중음이란 간단히 말하자면 재판 기간을 말한다. 현세에서 죽게 되면 천인, 인간, 수라, 축생, 아귀, 지옥의 6

가지 세계 가운데 하나로 태어나게 된다. 6가지의 세계 중 어디로 다시 태어날 것인가는 현세에서 쌓은 업業에 의하여 결정된다. 여기서 현세에 어떠한 업을 쌓았는가를 조사해 볼 필요가 있다. 즉 생전의 행위를 조사하여 내세來世에는 어느 세계가 어울릴까를 결정하는 재판이 필요하다. 이 재판 기간이 바로 중음이라 부르는 기간으로 49일간으로 되어 있다.

　　중음 기간은 49일로 되어 있으며, 처음 7일 날에 진광秦廣대왕의 심판을 출발로 7인의 재판관이 각 일곱째 날에 망자를 재판하는 시스템으로 되어있다. 그 가운데 염라閻羅대왕은 5번째로 오칠일에 심판을 한다. 이러한 사상은 고려 말기에 들어서부터이며 이전에는 염라대왕이 재판하였으며 중음이라는 기간도 확실치 않았다. 칠칠일에 태산泰山대왕이 마지막으로 판결을 하게 된다. 여기서 사자死者는 6가지의 세계 어느 곳으로 다시 태어나게 된다. 칠칠일에 중음이 끝나기 때문에 칠칠일 즉 49일째를 만중음滿中陰이라 하여 매우 중요한 날로 여긴다.

　　그러나 이렇게 하여 지옥으로 떨어진 사람을 또한 애처로이 생각하여 이러한 사람을 구제하려고 다음의 3인의 재판관을 또 두었다. 백개일百箇日과 일주기一周忌, 삼회기三回忌(2년째)에 이 세 명의 재판관이 각각 재심再審을 한다. 이때 유족들이 사자를 위하여 얼마나 시주(추선공양追善供養이라 한다)를 하였는가에 따라 지옥에 떨어진 사람도 용서를 받게 된다고 한다. 칠칠제가 시왕제로 변하는 것은 유교의 3년상인 상복례喪服禮와 관련이 깊다.

　　이러한 유명계 세계인 명부전에는 중앙에 지장보살을 두고 왼쪽에는 젊은 수도승의 모습을 하고 있는 도명존자道明尊者를, 오른쪽에는 귀왕이라는 이름과는 다른 문관의 모습을 하고 있는 무독귀왕無毒鬼王을 봉안한다. 지장보살은 석가모니 부처가 입멸하여 56억 7천만 년 후에 미륵보살이 이 세상에 출현할 때까지인 무불 시대 동안 일체의 중생을 구제하도록 석가모니로부터 의뢰받은 보살이다. 지장보살 오른쪽(좌향)으로 제2 초강대왕初江大王, 제4 오관대왕五官大王, 제6 변생대왕變生大王, 제8 평등대왕平等大王, 제10 오도전륜왕五道轉輪王 등의 짝수 왕이, 왼쪽(우향)으로는 제1 진광대왕秦廣大王, 제3 송제대왕宋帝大王, 제5 염라대왕閻羅大王, 제7 태산대왕泰山大王, 제9 도시대왕都市大王 등 홀수 왕이 배치된다.

시왕상 앞에는 2구 내지 10구의 동자상을 안치한다. 이 외에 대왕을 대신하여 심판을 하는 검은 복두僕頭를 쓴 하급 관리의 모습을 한 판관判官 2인, 기록과 문서를 담당하는 녹사錄事 2인, 문 입구를 지키는 장군將軍 2인을 마주보게 배치한다. 이 명부전은 지장보살과 시왕十王이 모셔져 있어 지장전地藏殿 혹은 시왕전十王殿이라고도 부른다.

사찰 내에서 명부전의 위치는 일정하지 않다. 소규모 사찰에서는 대웅전 좌측 혹은 우측에 배치시키지만 대규모 사찰에서는 대웅전보다는 뒤편 혹은 약간 떨어진 곳에 배치시키는 예가 많다. 건물은 대부분이 정면 3칸 혹은 5칸에 측면 2칸으로 맞배지붕이 일반적이다.

인간에게 있어서 특히 죽음에 대한 의식은 대단히 보수적이며 쉽게 변하지 않는다고 한다. 한국의 명부 사상은 죽음에 대한 우리의 토속적인 신앙과 불교와의 습합에 의한 사상으로 명부전은 매우 한국적인 정서가 깃든 건물이라 하겠다. 수많은 외래 종교가 이 나라에 왔다 사라지곤 하였다. 비록 지금은 불교의 모습으로 보여지고 있지만 태고 시절부터 내려오는 우리의 토속적인 정신이 면면히 흐르고 있는 곳이 바로 명부전이 아닐까.

미륵彌勒과 화랑花郞

고구려의 경우는 불명확하지만 백제와 신라에서는 불교를 호국의 일환으로 정치적으로 이용하였다. 특히 신라의 경우, 삼국통일전쟁을 위하여 황룡사 창건 등 호국불교의 적극적인 도입에 대해서는 잘 알려져 있다. 그 가운데 주목하는 것은 진흥왕 때부터 시작되었다는 화랑제도이다. 우리에게 가장 잘 알려진 통일전쟁에서의 용맹한 화랑의 모습은 황산벌 전투에서 계백 장군과 맞선 화랑 관창의 이야기일 것이다. 물론 김유신, 김춘추, 김법민 모두 화랑이었다. 의상대사도 화랑이었다고 하나 그 출처는 잘 모르겠다. 화랑 관창은 그 어린 나이에서도 매우 용감하게 싸우다 장렬히 전사한다. 무엇이 그를 그토록 용감하게 만들었을까.

고구려 광개토대왕 때 만들어진 청소년 군사 집단인 경당扃堂을 참고하여 화랑제도를 창설한 진흥왕은 즉위 35년(574)에 황룡사 장육불을 조성하고 기원사祇園寺와 실제사實際寺를 창건하는 등 불교 수용에 적극적이었으며 만년에는 법운法雲이라 하여 승려로서 일생을 마쳤다.

화랑은 진평왕 때 원광법사가 세속오계를 제정하여 특히 충忠과 신信을 매우 중요시하였다. 충성과 신의의 정신이 삼국통일의 충분한 밑거름이 될 수 있었을 것이다. 대가야 정벌 선봉장인 사다함은 친구인 무관랑이 병으로 죽자 그를 따라 굶어 죽었다 한다.

화랑은 불교의 미륵신앙과 관련이 깊다. 미륵신앙은 56억 7천만 년 후에 현재의 미륵보살이 미륵여래불이 되어 도솔천兜率天이라는 미륵산須彌山 최정상의 세계인 정토를 이루게 되며 미륵신앙을 믿으면 바로 이 도솔천에서 행복하게 살 수 있다고 믿는 신앙이다.

56억 7천만 년이라는 천문학적 숫자는 "0"이라는 숫자를 발견한 인도인이 정한 숫자이다. 인도에서는 도솔천의 하루는 인간세계의 400일에 해당된다 한다. 그리고 도솔천의 평균 수명은 400년이라 전해지므로 1년을 360일로 계산하면 5억 7천 6백만 년이 된다. 이 5억 7천 6백만이라는 숫자가 언젠가부터 10배가 되어버리면서 56억 7천만으로 변하였다고 한다.

그런데 도솔천에 가기 위한 방법이 두 가지가 있다. 하나는 이처럼 기나긴 시간을 기다리다 가는 방법으로 우리들이 죽은 후에 자신의 육체를 미이라로 만드는 등 비석에 자신의 이름을 새기는 신앙을 들 수 있다. 또 다른 방법은 너무 긴 시간이라 기다리지 못하고 도솔천으로 지금 다시 태어나는 방법이다. 전자를 미륵하생彌勒下生, 후자를 미륵상생彌勒上生이라 한다.

화랑은 바로 미륵신앙의 집단이다. 그들은 자신들을 용화龍華의 향도香徒라 불렀으며 용화란 곧 미륵을 뜻한다. 화랑은 도솔천에서 신라에 하생한 미륵이라 생각하여 화랑 집단은 미륵의 가호를 믿으며 이상국가의 실현에 힘을 다 할 수 있었다.

화랑의 미륵신앙은 바로 미륵상생의 신앙이다. 미륵세상을 신라에 구현하기 위하여 소극적으로 기다리는 것이 아니라 삼국을 통일함으로서 적극적으로 도솔천을 실현하려 하였다. 때문에 그들은 미륵신앙이라는 종교적 정신자세를 가지고 삼국통일전쟁에 임할 수 있었으며, 고구려나 백제의 군대보다 용감히 싸울 수 있던 것이 아닐까 하는 생각이 든다. 그런 의미에서 삼국통일전쟁은 신라에 있어서 종교전쟁이었다고 할 수 있다.

    삼국통일이라 함은 바로 미륵상생 신앙의 실현이며 신라를 정토의 나라로 만든 결과가 된다. 모든 이데올로기의 특징은 그 목표가 이루어지면 그 이데올로기는 사라지게 된다. 최근 노동자들이 그들의 권익을 위하여 데모를 하는데 그 요구사항이 이루어지면 데모를 철수하듯이 말이다.

    신라는 통일 후 미륵신앙은 급격히 자취를 감추고 대신 현세를 잘 살아가려는 신앙으로 발전하게 되는데 바로 아미타신앙이다. 반가사유상에 대한 신앙은 바로 미륵신앙이다. 미륵신앙의 퇴조는 바로 반가사유상의 제작과도 관련이 깊다. 한반도에서 현재 출토 발견된 반가사유상은 32점에 이른다. 그 가운데 높이가 80센티미터 이상의 것이 8개 보인다. 1개를 제외하면 모두가 신라의 것이다. 규모가 작은 것은 아무래도 개인적인 신앙의 대상이 되기 쉽다. 따라서 신라에서는 미륵신앙이 국가적인 차원에서 진행되었다고 생각할 수 있다. 신라는 통일 이후 대규모의 반가사유상을 제작하지 않았음을 알 수 있다.

    신라에서 반가사유상은 주로 죽령루트인 안동에서 출토되었다. 또한 1965년 죽령 남쪽 지역인 봉화에서 출토된 석조 반가사유상은 허리 아래 부분만이지만 이것만으로도 1.7미터나 되며, 전장 3미터나 되는 동양 최대의 반가석상이라 할 수 있다. 현재 대구 경북대학교 박물관에 소장되어 있다. 경주에는 삼국통일의 영웅인 김유신이 청년 시절에 수련장이었던 단석산과 김유신 묘당의 재실 유적지에서도 반가상이 발견되어 경주박물관에 전시되어 있다.

　　미륵신앙은 미래에 대한 신앙이라 할 수 있다. 이에 반하여 아미타신앙은 현세에 대한 신앙이다. 아미타불은 현재 서방 십만억토의 극락정토에서 설법을 계속하고 계시는 부처이다. 매우 먼 거리에 떨어진 세계에 있는 부처이지만 현재 구제를 받을 수 있다. 이처럼 극락정토에 다시 태어나려는 신앙이 아미타신앙이다.

　　대체로 평화 시에는 아미타신앙이 발전하게 되며, 전쟁 등 혼란 시대에는 미륵신앙이 발전하게 된다. 우리 역사에도 자신을 미륵이라 칭한 사람들이 있는데 궁예, 견훤 등으로 후삼국 시대인 난세의 시기에 나타났다. 현세에 대한 확신이 없으면 우리들은 자연히 미래에 의존하게 된다. 이런 요망에 대응하여 어느 시대나 미래를 탐지하려는 점술가들이 존재한다. 점치는 곳에는 미륵보살을 모시는 경우가 대부분인데 이는 미래를 관장하시는 분이 미륵보살이기 때문이다.

　　그런데 근대에 들어서면서 사람들은 신에 의해서 나타나는 이상국가를 믿지 않게 된다. 그 대신에 근대인은 과학의 진보와 함께 이루어지는 이상국가를 믿게 된다. 과학에 의해 역사는 진보하며 그리고 진보의 마지막에는 이상국가가 나타난다는 믿음이다. 그러나 과학의 진보가 꼭 자연적으로 이상의 국가를 만들어주지 않는다는 것을 알게 되면서 근대의 사람들은 일거에 보다 급격한 방법으로 지상에 이상국가를 만들려고 생각한다. 마르크스에 의해 묘사된 새로운 이상국가의 이미지는 현대세계에서 가장 현실적이며 강력한 미래의 이상 실현이라 믿었다. 지금은 와해되었지만 수년전까지만 하여도 이를 악마의 국가라고 믿는 사람과의 대립으로 세계 냉전의 시대가 존재하였다.

역사가 토인비가 말했듯이 현대는 유럽 문명이 지배하는 세계이다. 유럽 문명은 단순히 과학 문명으로만 세계를 지배하는 것은 아니다. 이상국가의 도래 방법에 있어서 세계는 기독교의 지혜를 배우고 있다. 정의 사회 구현이라는 기독교의 이상국가 건설은 이미 투쟁적이 되어버렸다. 자비를 키워드로 하는 불교의 평화적 방법에 의한 신의 나라가 올 수 있다면 얼마나 좋을까.

○ 육군사관학교와 미륵신앙

바로 이 화랑 정신은 오랫동안 잊혀졌다가 1946년 창설된 육군사관학교에서 다시 부활하게 된다. 물론 육군사관학교는 청소년 군사 집단으로서 일본 육사와 미국의 웨스트 포인트 아카데미 West Point Academy를 본떠 창설한 것이기는 하지만 육사에 화랑의 정신을 부여한 것은 박정희 대통령의 독창적인 아이디어라 생각된다. 군인 출신이며 통일을 염원한 그에게 충성으로 임금을 섬기라는 사군이충事君以忠과, 싸움에 임해서는 물러나지 말라는 임전무퇴臨戰無退 등의 세속오계世俗五戒는 매우 매력적으로 보였을 것이다. 그래서 태릉에 있는 육군사관학교를 화랑대라 하였고 경주에도 화랑대가 있다. 하지만 현재의 육군사관학교에는 종교의 자유가 있어 특정한 종교를 믿는 집단은 아니지만 신라 시대의 화랑에는 미륵신앙이라는 종교적 정신이 자리잡고 있었다. 지금의 육군사관학교에는 내세적 미륵사상이 없었기에 아마도 현세적인 유교적 출세 지향적인 인물이 많이 배출되어버렸는지 모르겠다.

○ **일본의 반가사유상**

552년 일본에 최초로 백제로부터 전해온 불상에 대하여 일본서기에는 석가불금동상으로 기록되어 있으나 신뢰성이 높다는 원흥사연기에는 태자상太子像으로 기록되어 있다. 여기서 태자상이란 출가 이전의 젊었을 때의 석가모니 모습이다. 인생에 대한 고뇌, 괴로움, 번뇌 등에 대한 생각에 빠져 있는 모습이 바로 반가사유상이다. 따라서 반가사유상半跏思惟像은 원래 태자상에서 기인한다.

574년 북주 무제에 의한 폐불사건을 경험한 중국불교계에서는 6세기부터 말법 사상이 크게 퍼지게 된다. 말법 시대가 오게 되면 80세에 열반에 드신 과거불로서의 석가모니의 가르침은 그 힘이 없어지며 대신에 미래불인 미륵불에 대한 신앙이 우세하게 된다. 따라서 6세기 경 중국의 말법 사상의 도래는 태자상을 미륵상으로 변하게 하는 중요한 요소가 된다.

반가사유상은 미륵보살이 오른발을 왼발에 걸치고 그 오른발에 오른손을 걸쳐 오른손이 오른쪽 뺨을 살포시 만지며 자신이 여래가 되어 출현하는 도솔천에 대해 생각하는 모습을 하고 있다고 한다.

일본의 국보 제1호가 바로 목조 미륵보살반가사유상(606혹은 666년 병인년)이다. 현재 교토의 고류지廣隆寺에 전시되어 있다. 우리나라 국립중앙박물관에 소장되어 있는 청동반가사유상은 국보 83호로 6-7세기로 추정되고 있다.

일본 사람들은 이 목조 반가사유상의 알 수 없는 야릇하고 신비로운 미소에 넋을 빼앗기고 있다. 1960년 초 그 은은하고 매력적인 미소에 너무 심취한 한 대학생이 그만 자신도 모르는 사이에 좌대에 올라 반가사유상을 안아버리고 말았다고 한다. 그때 그만 뺨을 대고 있는 오른손의 새끼손가락이 끊어져 버렸는데 너무도 놀란 젊은이는 그 부러진 새끼손가락을 가지고 도망가 버렸다가 며칠 후 다시 나타나는 사건이 세간을 놀라게 한 바가 있다. 끊어진 손가락은 잘 봉합 수술되어 현재에 이른다. 그 당시 부러져 나간 손가락 단면을 정밀 조사해 본 결과 나무의 재질이 붉은색을 띤 한국산 적송赤松임이 알려졌다. 적송은 우리나라에서만 서식하는 나무로 특히 충남 부여와 경북 청송 백두산 일대에 서식하는 소나무이다. 이러한 사실은 반가사유상이 한반도에서 전해 간 것임을 입증해주고 있다. 일본 비조불교는 백제불교에서 시작되지만 이후 신라불교의 영향을 많이 받음을 알 수 있다.

의상대사 구법 건축순례행기
義湘大師 求法 建築巡禮行記

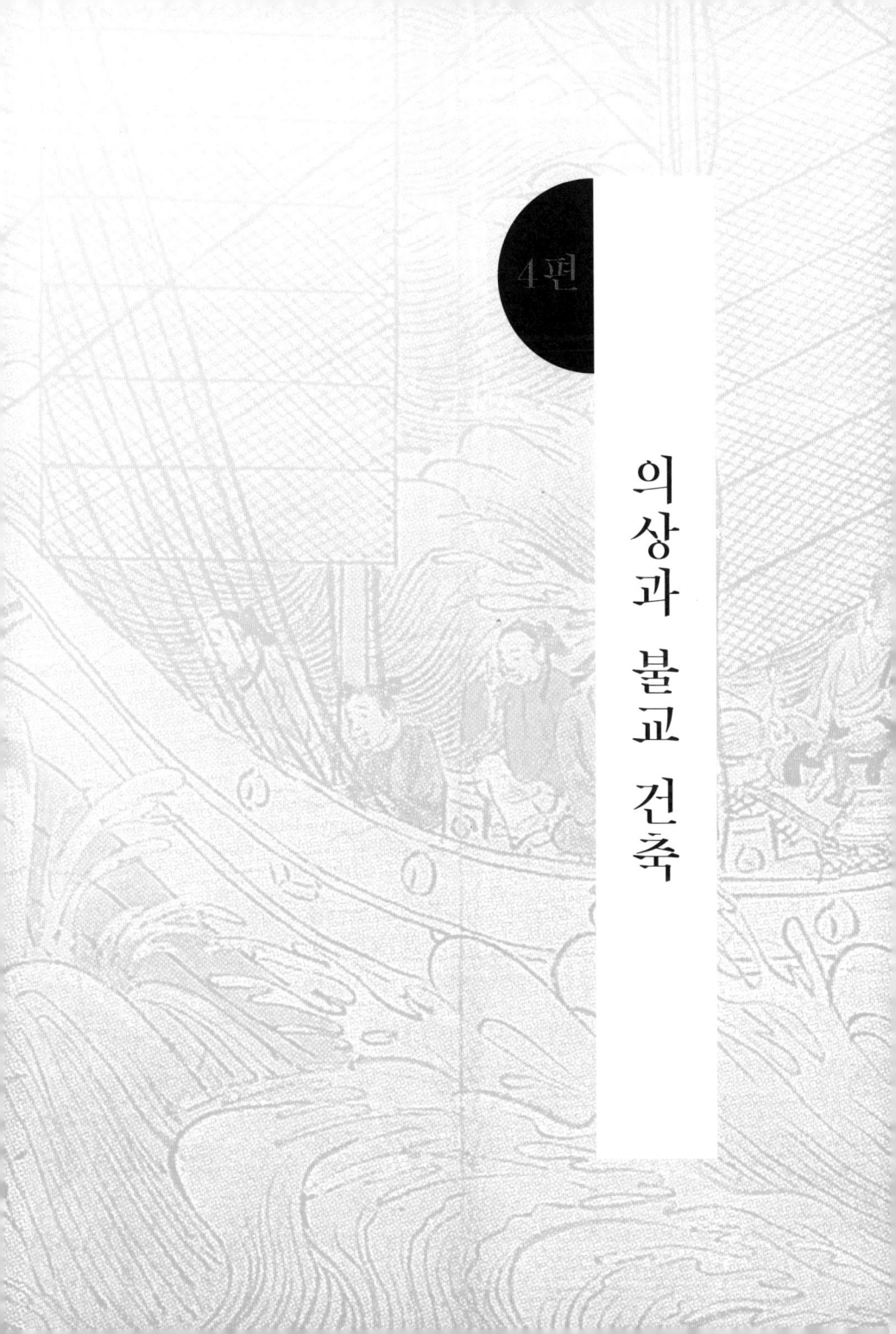

4편

의상과 불교 건축

화엄일승법계도
|華嚴一乘法界圖|

1부 신라의 삼국통일

7세기 신라의 정치적 상황

의상은 진평왕 47년인 625년에 출생하였다. 7년 후인 632년에 진평왕이 돌아가시면서 선덕여왕이 즉위하게 된다. 당 태종 이세민은 635년에 이르러서야 비로소 선덕여왕을 주국낙랑군공신라왕柱國樂浪郡公新羅王으로 책봉하는 등 선덕여왕의 즉위는 그리 순탄하지 않았다.

당 태종은 여자를 왕으로 삼았다 하여 선덕여왕의 즉위를 그리 탐탁히 여기지 않았던 것 같다. 때문에 당 태종이 선덕여왕에게 모란꽃 그림과 씨앗을 보내왔을 때 선덕여왕은 그림에 나비가 없음을 지적하면서 당 태종이 자신을 조롱한다고 해석한 유명한 고사가 삼국유사에 전해지고 있다.

• **한중일 최초의 여왕**

한국 신라新羅 선덕여왕善德女王 632년 즉위

중국 당唐 측천무후則天武后 690년 즉위

일본 왜倭 추고推古 592년 즉위

　29세 때인 654년에 황복사에서 출가하기까지 의상의 젊은 시절은 선덕여왕 재위의 시대였다. 선덕여왕 시대는 삼국통일의 여명 시대라 할 수 있다. 그 시대의 주인공은 김춘추와 김유신이며 통일수업을 완성시킨 사람은 문무왕이다. 의상대사는 진평왕·선덕여왕·진덕여왕·무열왕·문무왕·신문왕 등 6대의 왕의 시대를 지내는데 특히 격동의 삼국통일이라는 전쟁시대 한가운데에서 일생을 보낸다.

　선덕여왕 때의 신라는 백제와 고구려와 끊임없는 전쟁이 일어나던 시기이다. 642년 대야성 전투에서 패배하고 647년 내부 반란인 비담의 난이 일어나는 등 혼란한 국내외 정세 속에서 의상은 젊은 시절을 보낸다. 의상이 황복사에서 출가하는 654년은 김춘추가 무열왕으로 등극하는 때이며, 661년에 의상이 입당하는 때는 문무왕이 즉위하는 때, 671년 귀국하여 702년에 입적하기까지 장년의 활동은 문무왕과 신문왕 시대이다.

　특히 642년 대야성 전투와 647년 비담의 난은 정치적으로 중요한 사건이 된다. 이 두 사건을 통해 김춘추와 김유신이라는 새로운 정치적 세력이 등장하게 되면서 일통삼한一統三韓이라는 새로운 국면을 전개하게 된다.

　의상이 계림부 한신공의 아들이며 김씨라는 점은 신라 왕족의 일부분이었다는 것을 쉽게 추측할 수 있다. 당시 신라에는 원광대사에 의해 화랑제도가 정비되어 있어서 귀족의 자제들은 대부분 화랑의 신분으로 국가에 봉사하고 있었기에 의상이 화랑의 신분으로 젊은 시절을 보냈으리라 짐작할 수 있다. 때문에 의상이 화랑이 되었다는 기록은 남아 있지 않지만 화랑이라는 가정 하에서 "의상대사"라는 소설이 등장하기도 한다. 신라의 청소년 군사 집단이라 할 수 있는 화랑제도는 진흥왕 37년(576) 원광대사에 의해 확립되며 신라 고유의 사상과 도교·불교·유교가 합해진 이념적 배경을 지니고 있다.

일통삼한一統三韓의 여명黎明

신라가 삼국통일의 의지를 확고히 하는 시점은 김춘추의 개인적인 생각에서 시작된 감이 없지 않다. 선덕여왕 11년(642) 8월 백제 장군 윤충이 대야성(합천)을 함락하고 도독이찬都督伊湌 품석品釋과 그의 아내 고타소를 죽인다. 고타소는 김춘추와 보량공주 사이에 태어난 딸로 김춘추가 특히 사랑하였다 한다. 김춘추는 이 소식을 전하여 듣고 기둥에 기대어 서서 하루 종일 눈도 깜짝이지 않았고 물건이 앞을 지나쳐도 알지 못하였다고 한다. 그리고 얼마 후 "슬프도다. 사나이 대장부로서 어찌 백제를 능히 멸망시키지 못할까 보냐!"라 하였다 전해진다. 김춘추는 이후 백제를 멸망시키려는 생각에 깊어지면서 김춘추의 일통삼한의 꿈은 시작이 된다. 660년 7월 18일 나당연합군에 의해 사비성이 함락되어 백제가 멸망한다. 이로써 642년 대야성 함락 이후 18년 만에 김춘추의 복수가 성사된다.

대야성 함락 사건에 곧이어 김춘추는 선덕여왕에게 청하여 고구려를 방문하여 그들과 동맹을 맺고 백제를 공격해 줄 것을 요청한다. 그러나 고구려의 연개소문은 오히려 숙령 서북 지방 반환을 요청해오면서 고구려의 원조 연합 요청은 결렬된다.

고구려와의 협상이 이루어지지 못하자 김춘추는 왜의 군사적 지원을 구하기 위해 647년에 고향현리高向玄理와 함께 대화 조정에 사절로서 도일한다. 비록 군사적 요청은 실패하였으나 신라에 대한 좋은 감정을 주었다고 하며 신라로 귀국한 후 김춘추는 실권을 장악하게 된다. 진덕여왕 2년(648) 12월에 김춘추는 아들 문왕과 함께 입당하여 당 태종에게 백제 출병을 요청한다. 귀국 후 649년에는 당의 의복과 제도를 따르며, 650년에는 법흥왕 때부터 사용해 왔던 연호를 포기하고 당나라 연호인 영휘永徽를 사용한다.

이처럼 김춘추가 삼국통일을 위하여 국제 외교 정치에 힘을 기울이고 있을 한가운데에 경주에서는 비담의 난이 일어난다.

비담毗曇의 난亂

선덕여왕 12년(643) 신라가 국력이 약하여 외세의 침략이 많자 당 태종에게 구원병을 요청하게 되는데, 당 태종은 선덕여왕을 우습게 생각하면서 그 회답으로 다음의 3가지 방안을 제시한다. 첫째, 변방에 군사를 내어 거란과 말갈의 군사를 거느리고 요동으로 쳐들어가는 방법으로 1년 정도는 환난을 완화시킬 수 있다. 둘째, 신라에 당의 수천의 군복과 기를 빌려주는 방법, 셋째, 중국 왕의 친척 한 사람을 보내 신라의 임금으로 삼되, 군사를 파견하여 임금을 호위하게 하여 신라가 안정되는 것을 기다려 그 후 자수自守하도록 하는 방법이다.

　　이 해는 김유신 장군의 활약에도 불구하고 백제의 가야 지방 침략과 당의 제1차 고구려 침략 전쟁에 편승한 백제의 영토 확대가 활발한 시기이다. 당으로부터의 구원책으로 제안된 태종의 3가지 안 가운데 하나를 정해야만 했다.

　　선덕여왕 14년(645) 11월에 비담은 상대등上大等이 된다. 계속되는 전쟁의 어려운 시기에 분황사 완공(643), 황룡사탑 완공(645) 등의 무리한 공사 강행은 반정세력에 빌미를 가져다준다. 상대등 비담과 염종 등은 선덕여왕의 정치적 무능함을 이유로 원로회의에서 "여왕은 능히 선정을 베풀지 못한다"고 말하며 선덕여왕의 폐위를 거론하게 된다. 신라에서 국인에 의해 왕이 폐위가 된 예로 진지왕이 있었다. 그러나 선덕여왕은 순순히 폐위를 허락하지 않는다. 이는 선덕여왕 배후에 김춘추와 김유신이라는 신진 세력이 있었기 때문이다. 비담과 염종 등은 선덕여왕 16년(647) 정월에 명월산성을 장악하고 반란을 일으킨다.

　　이 내란의 와중에 선덕여왕은 1월 8일에 갑자기 사망하고 여왕의 사촌동생인 진덕여왕이 즉위한다. 647년 1월 17일에 비담을 죽이고 그 도당 30명을 죽임으로서 반란이 평정된다. 김춘추는 이미 일본 대화개혁 후의 대화 조정과 외교를 위해 일본으로 건너간 후였다. 이어서 648년 김춘추는 문왕과 함께 입당하여 당 태종과 나당연합국 국교를 맺으며 649년부터는 처음으로 중국의 의관을 사용하고 중국 연호를 사용하는 등 친 중국

화로 급선회한다. 당시 중국에는 신라 유학승으로 원측圓測(627 입당~692 귀국)이 현장의 제자로서 장안에 머물러 불경을 번역하였다 하니 아마도 김춘추와 만났을 것이다.

비담의 난과 선덕여왕의 폐위 사건은 중앙귀족들이 신라의 선덕여왕의 왕에 대한 자질에 의문을 갖고 일으킨 친위 쿠데타라 할 수 있다. 비담의 난을 평정한 세력은 당시 실세인 김춘추와 김유신의 연합군이다. 김춘추는 폐위된 진지왕의 손자로 성골에서 진골이 되어 왕위에 올라갈 수 없는 상태였으나 당시 유능한 왕족의 한 사람이다. 한편 김유신은 선조가 금관가야의 후손으로 대표적인 지방호족 세력이다. 이 두 세력은 왕마저 폐위시킬 수 있는 막강한 권력을 가지고 있는 중앙귀족에 대하여 많은 불만을 가지게 된다. 결혼을 하여도 자식을 보지 못한 선덕여왕 역시 폐위를 당할 뻔한 왕으로 김춘추와 김유신의 세력과 함께 중앙귀족 세력인 비담, 염종 등의 세력과 한 판의 전쟁을 통하여 평정하게 된다.

- 김유신金庾信(595~673)은 금관가야 김수로왕의 9대 손인 그의 증조부 김구해金仇亥가 신라 법흥왕에게 투항한(532) 뒤 태어난 가야 왕족의 후예이다. 아버지 김서현은 진평왕의 어머니인 만호태후의 딸 만명부인과 어렵게 결혼하여 진평왕 17년(595)에 장자인 김유신을 낳는다. 김유신의 아우는 흠순欽純이며 손위 누이는 보희寶姬, 아래누이가 문희文姬이다. 비담의 난을 평정하는 등 신라가 삼국통일을 하는 데 혁혁한 공을 세운다. 김유신은 생전에 진평왕·선덕여왕·진덕여왕·무열왕·문무왕 등 5명의 왕을 모셨다. 시호는 순충장렬흥무대왕

純忠壯烈興武大王이다.

- 김춘추金春秋(602~661)는 폐위된 진지왕의 손자이며 아버지 각간 용수龍樹와 진평왕의 딸인 어머니 천명부인 사이에서 진평왕 24년(602)에 태어난다. 왕비는 문명왕후文明王后 문희文姬이니 바로 김유신의 손아래 누이다. 마지막 성골왕인 진덕여왕이 돌아가자 654년 3월 왕위에 오른다. 나라를 다스린 지 8년 만인 661년에 돌아가니 그때 나이 59세였다. 애공사哀公寺 동쪽에 장사를 지내고 비석을 세웠다. 그의 용모는 매우 수려하고 사려가 깊었다고 전해진다. 외교적 고립을 벗어나기 위해 일본에 갔을 때 일본서기의 기록자는 "김춘추의 얼굴은 지극히 아름답고 화술 또한 빼어나며 매우 행동적인 남자"로 기록하고 있다. 당나라에 청병 외교하러 갔을 때 그를 본 당 태종도 감탄하여 "신비스런 용모"라 극찬하였다.

김춘추와 김유신의 만남

지방호족과 중앙귀족은 언제나 대립관계에 있다. 중앙귀족들은 지방호족의 힘을 견제하는 것이 일반적이다. 때문에 지방호족들은 자신의 자제들을 볼모에 가깝게 중앙에 공부하러 보낸다. 언제나 지방호족은 중앙귀족의 횡포를 싫어하고 그 세력에 대항하기 위하여 항상 호시탐탐하기 마련이다.

김유신은 대가야 출신의 지방호족으로 경주의 중앙귀족에 대한 불만을 갖고 있는 세력이다. 또한 김춘추는 왕이 될 수 없는 진골로서 중앙귀족에 대한 불만이 많은 세력이다. 이 두 세력은 서로의 정치적 기반을 탄탄히 하기 위해서 서로를 필요로 하게 된다. 이러한 김춘추와 김유신의 정치적 결탁은 삼국유사에 축국설화로 아름답게 포장되어 우리들에 전해진다.

김유신은 김춘추와 인척 사이가 되기를 원했다. 그래서 하루는 김춘추와 축국을 하다가 고의로 김춘추의 옷을 밟아 옷고름을 찢어 놓았다. 그리고 김춘추에게 자기 집으로 가서 옷고름을 달자고 하였다. 김유신이 여동생 보희를 시켜 옷고름을 꿰매게 했지만 보희는 몸이 아팠기 때문에 그 동생인 문희가 대신 꿰맸다. 문희는 김춘추와 단둘이 앉아 옷고름을 꿰매 주었는데 그 자리에서 눈이 맞아 정을 통하게 되었다. 김유신은 내심으로 그렇게 되길 바랐기 때문에 모른척한다.

이 사건이 있기 10일 전에 보희가 꿈에 서악에 올라가 오줌을 누었는데 경도가 온통 오줌으로 가득 찼다. 아침에 동생 문희에게 망측하다며 꿈 이야기를 했더니 문희는 비단 치마로 값을 치르고 꿈을 샀다는 일화가 삼국유사에 전한다.

이 축국 설화를 선덕여왕 재위시(632-647)의 사건으로 생각한다면 정확한 연대를 알 수 없으나 602년 출생인 김춘추가 적어도 30대 시기였다고 추정할 수 있으며 김유신은 595년 출생이므로 40대 초반으로 추측할 수 있다. 그런데 이 사건으로 생긴 아이가 바로 문무왕인 법민法敏으로 삼국사기에 기록되어 있는데 법민의 정확한 출생 기록은 알려져 있지 않다. 삼국사기에는 꿈 설화와 축국蹴鞠 사건에 대한 내용만 있을 뿐이고 그 시기에 대한 기록은 없다.

삼국유사에는 삼국사기의 내용을 더욱 상세히 기록하고 있다.

선덕여왕이 남산에 거둥한 틈을 타서 유신이 마당 가운데 나무를 쌓아 불을 질렀다. 연기가 일어나자 왕이 바라보고 무슨 연기인가를 물으니 좌우에서 아뢰기를 "유신이 누이동생을 불태워 죽이는 것인가 봅니다." 고 하자 왕이 그 까닭을 물으니 그 누이동생이 남편도 없이 임신한 때문이라고 했다. 왕이 "그게 누구의 소행이냐" 하고 물었다. 이때 김춘추는 왕을 모시고 앞에 있다가 얼굴빛이 몹시 변했다. 왕이 말하기를 "그것은 네가 한 짓이니 빨리 가서 구하도록 하라" 하여 김춘추는 명령을 받고 말을 달려 왕명을 전하여 죽이지 못하게 하고 그 후에 버젓이 혼례를 하였다고 전한다.

그런데 법민의 동생인 인문도 역시 문희의 둘째 아들이다. 삼국사기에 김인문은 진덕여왕 5년(651) 23세에 왕명으로 당나라에 들어간다는 기록이 있다. 따라서 김인문은 629년생이 된다. 그런데 장남인 법민은 이상하게도 출생연도가 불명하다. 인문(629-694)보다 두 살 정도 나이가 많다고 가정하면 627년생이 되는데 따져보면 꿈 설화와 축국 사건은 626년이 된다. 선덕여왕이 632년에 즉위하기 때문에 삼국유사에서의 선덕여왕이라는 기록은 오류이며 이 사건들은 진평왕 시절인 선덕여왕이 덕만공주 시절의 일이 된다.

중대형황자中大兄皇子와 중신겸족中臣鎌足의 만남

기존의 귀족 세력에 대하여 반감을 갖고 있는 왕족 세력과 지방호족 세력이 쿠데타를 위하여 정치적 결탁을 도모하는 예를 거의 같은 시기에 일본에서 찾아볼 수 있다. 대화개신大化改新이 일어나기 1년 전에 이루어진 중대형황자(625-671)와 중신겸족(613-669)과의 결탁이 김춘추와 김유신과의 결탁과 너무도 유사하여 여기 소개한다.

어느 날 호코사法興寺(비조사飛鳥寺)에서 축국蹴鞠(옛날 귀족들의 공차기) 하다가 중대형황자가 공을 차는 순간 가죽신이 벗겨지면서 저 멀리 느티나무 밑으로 날아가 버렸다. 그러자 중신겸족이 나무 밑에서 나타나 그 신을 주워 무릎을 꿇으면서 정중히 황태자에게 바쳤다. 그 때가 바로 644년으로 중신겸족이 31세이고 중대형황자가 19세 때였다. 이 두 사람은 645년 6월 12일 소아입록蘇我入鹿를 살해함으로써 쿠데타를 성공시켜 대화개신大化改新을 성공한다.

여기서 필자는 김춘추와 김유신의 정치적 만남이라는 설화 내용의 시기를 626년이라 추정하였는데, 일본의 중대형황자와 중신겸족과의 만남은 644년으로 기록되어 있다. 일본에서는 그 다음해인 645년에 대화개신이라는 쿠데타에 성공하게 되고, 신라에서는 647년 비담의 난을 통해 김춘추가 권력을 잡게 되는 쿠데타에 성공한다. 대화개신이 백제계인 소아씨에 대한 신라계인 중대형의 승리라 생각한다면 647년 김춘추의 도일은 충분히 이해가 간다.

신라의 김춘추와 일본 왜국의 중대형황자는 몰락한 왕족이며 신진세력으로서 두 사람 모두 자격은 되지만 왕이 될 수 없는, 정치적으로 비슷한 처지의 상황이다. 김춘추는 지방호족인 김유신 장군과 동맹을 맺고 상대등 비담이라는 실질적 세력인 중앙귀족에 대항하여 비담의 난을 평정한 것처럼 중대형황자는 실세에서 멀어진 중신겸족와 동맹을 맺어 당시 왜국의 중심 귀족 세력이던 소아입록을 처단하며 대화개신에 성공하는 사건이 매우 흡사하다. 이뿐만 아니다. 김유신이 자신의 동생 문희를 김춘추에게 주는 것처럼 중대형황자에게 석천마형石川麻兄(중대형의 또 다른 측근)이 자신의 딸을 보내는 점, 소아입록蘇我入鹿이 황극皇極여왕을 위협하는 것처럼 비담은 선덕여왕의 폐위를 거론하는 점, 김춘추가 비담의 난을 평정하고 진덕여왕을 옹립한 후 나중에 무열왕으로 등극하는 것처럼 중대형황자 역시 대화개신을 성공한 후 제명齊明를 세운 후에 천지天智로 오르는 등, 일본의 중대형황자는 신라의 김춘추에게 정치적 한 수를 배워 실행에 옮겼을 것으로 생각된다. 당시 신라와 왜는 정치적 수순이 매우 비슷한 점이 흥미롭다.

의상과 김춘추와 김법민의 만남

의상과 김춘추와의 인연은 기록에서 찾을 수 없지만 같은 화랑 선후배이며, 의상이 출가하는 654년은 바로 김춘추가 무열왕으로 등극하는 시기이기도 하다. 당시 의상이 김춘추와 교분이 있었으리라는 추측은 쉽게 가능하다. 김춘추의 장남인 법민 문무왕(627년생으로 추정)과 차남인 김인문(629년생)과는 연배도 비슷하고 661년 의상이 입당한 시기에 김인문이 함께 장안에 있었으니 서로의 만남은 쉽게 상상할 수 있다.

의상과 부석사와의 인연은 의상과 문무왕과의 인연에서 찾을 수 있다. 삼국사기에 이르기를 왕명에 따라 부석사를 창건하였다 하여 문무왕과의 관계를 알려 주고 있고, 문무왕이 경주에 성벽을 쌓는 일이 있을 때 이를 만류하자 문무왕은 의상의 의견을 따라 그만두었다는 기록에서 볼 때 문무왕과 의상은 서로 신뢰가 매우 깊었을 것으로 판단된다.

　　의상대사의 커다란 업적에 비하여 우리들에게 알려주는 기록은 매우 적다. 이는 아마도 신라 시대에 불교와 근본적인 가치관이 다른 유학자들의 세력이 강했기 때문에 의상이 과소 평가되었을 것으로 생각된다. 808년에 부석본비가 세워졌다는 기록은 있으나 고려 숙종 때는 이미 그 비석이 존재하지 않았다 한다. 고려 숙종 때 대각국사 의천에 이르러 겨우 의상에 대한 재평가가 이루어져 의천이 찬술하는 불전원류를 집필하면서 의상에 대하여 해동화엄시조海東華嚴始祖 원교국사圓敎國師라는 시호諡號를 추존하고 있다. 조선 시대에 이르러서는 선교禪敎 통합으로 불교의 세력은 더욱 약해지는데 이러한 사회적·정치적 이유로 인하여 의상에 대한 기록이 적게 남게 되며 그 평가가 작아지게 된다.

2부 구도자 의상의 거점

출가 이전까지 의상의 행적

  필자는 의상이 650년에 사도승으로 출가하여 원효와 함께 1차 입당을 시도하지만 실패를 하고 654년에 관도승으로서 황복사에서 정식으로 출가한 후 2차 입당을 시도하여 양주에 도착했다는 새로운 제안을 하였다.
  의상이 입당에 성공할 때까지의 행적에 관한 기록은 초기 문헌에서 거의 찾아 볼 수 없다. 낭지 혹은 보덕에 대한 이야기도 의상과 원효의 고구려를 통한 입당 시도 기록을 바탕으로 불교를 사랑하는 동 시대의 두 사람이 매우 친분이 깊은 사이일 것이라는 가정 하에 후세 사람들이 새로운 이야기를 창출한 느낌이 든다.
  삼국유사三國遺事 낭지승운보현수朗智乘雲普賢樹에서는 낭지의 제자로는 지통과 원효로 되어 있으며 지통이 낭지에게 수학을 한 후에 의상의 제자가 된다는 내용이 있을 뿐이다. 낭지선사를 스승으로 삼으라는 안함법사의 유언을 받들어 의상은 입당 이전에 영취산 반고사磻高寺에 기거하는 원효와 함께 호계동 혁목암赫木庵에서 낭지선사朗智禪師와 만나는 일화는 후에 만들어진 것 같다. 낭지선사는 이미 이차돈이 순교하는 해인 527년 영취산에서 법화경을 강론하였으며 혁목암은 영취산 삽량주 아곡현(현재 울주군)에 위치하며 가까이에 망해사望海寺가 있으며 영취산 동쪽에는 대화강大和江이 흐르고 있다.

- 낭지선사朗智禪師의 생몰년은 미상이며, 경상남도 양산梁山에서 활동한 삼국 시대 승려이다. 낭지선사가 머물던 암자를 혁목암赫木庵이라 하는데, 부처가 가섭불迦葉佛로 살던 당시의 절터였다고 전한다. 구름을 타고 중국 청량산淸涼山(오대산의 별칭)에 가서 강설을 듣고 잠깐 동안에 돌아오곤 하였다 전해진다.

삼국유사 보장봉노보덕이암寶藏奉老普德移庵에 의상과 원효의 이야기가 전혀 나타나지 않음에도 불구하고 고구려승인 보덕이 650년에 백제 땅으로 왔다는 시대적 상황을 비추어 볼 때 의상과 원효가 당연히 보덕의 제자가 되었을 것으로 생각하여 이야기가 만들어진 것 같다.

즉 당시의 고승들은 자유로이 이동할 수 있는 능력을 가지고 있기 때문에 당연히 왕래가 있었을 것으로 추정하여 낭지스님의 소개로 의상과 원효는 백제 고달산에 거주하는 비래방장飛來方丈인 보덕화상普德和尙을 만날 수 있게 되며 그곳에서 열반경涅槃經과 유마경維摩經 등을 배웠다고 전해진다. 그곳에서 승만대왕(선덕여왕)의 환후가 짙어지자 보덕화상은 "승만사자후일승방편방광경"을 내보이며, "이것이 승만대왕의 약이니 이 경을 가지고 가 의상이 직접 읽어주고 설법하면 병이 쾌차하리니 그대들은 지체 없이 떠나라." 하셨다. 보덕화상에게 원효대사가 물었다. "큰스님, 장차 저희들이 어떻게 불법을 펴야 세상을 이롭게 할 수 있겠습니까?" "원효의 대법인연은 중도中道에 있고, 의상은 중토中土에 있다. 그리고 의상은 부석浮石에서 유통이 시작될 것이고 원효는 분황芬皇에서 이루어질 것이니 그리 알라. 그대들은 이제부터 남을 위해 설법하여도 크게 그르침이 없을 것이니 내 법사의 칭호를 주노라." 하시고 마정수기摩頂授記하였다.

- 삼국유사에 의하면 보덕화상普德和尙은 고구려 반룡산 연복사 출신으로, 보장왕寶藏王이 도교를 받아들여 불교를 박대하므로 650년에 백제 완주군 고대산孤大山으로 날아왔다 전한다. 신라가 삼국통일 한 후 보덕화상은 신라의 승통에 오르게 된다.

또한 최근의 출판물인 이종익의 전기소설 "의상대사"와 허장욱의 장편소설 "법성게"에서도 의상의 초년 시절에 대한 내용을 찾아볼 수 있다. 소설에서는 의상의 어머니는 박혁거세의 22대손인 선나善那부인이며 어릴 때는 일지공자日芝公子로 불렸고 세 살 아래의 여동생 소희素姬가 있었으며 집은 오릉 근처 흥륜사 북쪽에 있었다고 한다. 의상은 출가 전까지 화랑으로서 군인으로 활동하였으며, 연인 관계였던 묘화가 18세 이상 귀족

딸 5명을 선출하여 중국 황제에게 선물하는 제도 때문에 중국으로 끌려가는데, 산동반도 등주에서 물에 빠져 자살하는 사건 등이 묘사되어 있다. 의상은 모든 노비의 문서를 불살라 버리고 해방시켜 주었으며 자신의 앞으로 물려받은 재산을 나누어주고 선도산 송림에 있는 집을 기원사로 창건하여 이모인 월지부인과 묘화와 소희 등의 명복을 빌게 한다.

경주시 구황동 낭산 동쪽 기슭에 위치하는 황복사 3층 석탑에서 나온 문서에 의상과 그의 제자 이름이 전혀 나타나지 않는 점을 들어 의상의 황복사 출가에 대한 의문이 생긴다. 이 때문인지 이종익 소설에서는 황룡사 금강계단에서 탁발과 수계를 받는다는 이야기로 전개되는데 자장율사가 전계아사리가 되고 안함법사가 교수아사리가 되고 국교 대덕이 갈마아사리가 되어 계를 받았으며 승만대왕까지 나와 증명해주었다고 서술되어 있다. 하지만 의상전교에 이르기를 의상이 황복사의 층계를 허공으로 돌았다는 기록에서 보면 황복사와 의상은 그 인연이 깊은 곳임에는 틀림이 없다.

황복사 3층 석탑은 1942년 해체 수리 과정에서 692년에 세워지고 706년에 사리와 불상 등을 탑 안에 넣었다는 사리함 명문이 발견되어 신라 석탑 연구에 귀중한 자료가 된다.

의상의 구법 영역

기록에 의하면 의상은 당나라 유학을 마치고 귀국한 후 부석사를 거점으로 활동한 것으로 나타나 있다. 입당하기까지 불자로서의 행적은 원효와의 동행한 점과 황복사에서 출가한 점 이외의 기록은 찾을 수 없다.

　　의상이 입당하기 이전까지의 행적을 살펴보면 부석사는 아직 창건되지 않은 상태이며, 사도승으로서 불법을 공부하기 위해 의상은 원효와 함께 낭지스님을 만나러 영취산에 간다는 삼국유사의 기록(원효만이 나오지만)과 낭지스님이 중국의 청량산을 자유로이 왕래하였다는 기록에서 청량산과 영취산은 의상과 원효의 활동 범위에 있다는 판단이 가능하다.

　　기록과 전설을 통한 의상에 관한 자료를 종합해보면 의상이 생전에 적극적으로 구법 활동을 하던 사찰로는 ① 봉황산의 부석사(676 의상), ② 학가산의 골암사(오진)와 보문사(676 의상), ③ 문수산의 축서사(673 의상), ④ 각화산의 각화사(676 원효), ⑤ 청량산의 청량사(663 원효의상), ⑥ 천축산의 불영사(651 의상), ⑦ 천등사의 봉정사(672 능인) ⑧ 갈라산의 고운사(681 의상) ⑨ 영축산 혁목암(527 낭지) 등을 들 수 있다.

　　여기서 혁목암을 제외하면 부석사를 중심으로 하는 상기 8개소의 사찰들은 소백산맥의 지형과 연결되는 지리적 특성을 가지고 있고, 또한 도보로 이동이 가능한 거리에 있으므로 상호 교류가 가능한 사찰의 영역으로 설정할 수 있다. 화엄십찰은 당연히 의상과 매우 밀접한 사찰임에 틀림이 없지만 지역적으로 신라 전체에 퍼져 있으며 학계에서도 대부분이 의상과 그의 제자에 의해 창건된 것으로 추정하고 있다. 물론 의상이 화엄십찰을 언급한 근거는 없다.

　　의상은 671년 귀국한 후에 676년 부석사를 창건한다. 또한 전설로 내려오는 내용이지만 676년에는 부석사 이외에도 오진의 골암사와 원효의 각화사가 창건된다. 부석사 이전에 창건된 사찰로는 축서사, 불영사, 청량사를 들 수 있는데 이 세 사찰 중에서 부석사와 가장 가까운 거리에 있는 사찰이며 부석사 창건을 위한 거점 사찰로서 축서사를 선택하고 싶다.

축서사 鷲棲寺

축서사는 현재 경상북도 봉화군 물야면 개단리 문수산 기슭 아래 해발 800미터에 위치하는 673년 의상대사가 창건한 사찰이다. 독수리 축鷲 깃들 서棲, 즉 독수리가 사는 절이란 뜻으로 독수리는 지혜를 뜻하니 지혜의 보살인 문수보살의 의미로 이어진다.

창건 연기 설화에 의하면 인근 지림사智林寺(지금의 수월암水月庵)의 주지가 어느 날 밤 산 쪽에서 서광이 일어나는 것을 보았다고 한다. 그가 의상에게 이를 고하고 함께 산에 올라가 보니 석조 비로자나불(국보 995호)이 광채를 발산하고 있었다. 이에 의상은 이곳에 축서사를 짓고 이 불상을 모셨다. 1705년 숙종 때 중건했으며 현재 대한불교조계종 제16교구 본사인 고운사孤雲寺의 말사이다. 구한말 때 일본군에 의해 대부분이 파괴되었으며 1875년에 건축된 대웅전만이 남았다고 전해진다. 괘불탱화(보물 1379호)는 비공개이다.

축서사는 문수산 정상 가까이에 소백산맥이 병풍처럼 둘러싸인 곳에 위치하고 있다. 북쪽으로는 봉황산 부석사와 연결되고 남쪽으로는 청량산 청량사와 연결되는 매우 중요한 위치에 자리잡고 있다. 축서사는 부석사 이전에 창건된 사찰로 부석사의 큰 집이 될 수 있는 조건이라 생각된다. 의상은 이곳에서 부석사의 창건에 대한 계획을 세웠으리라 추정한다.

축서사 전경

축서사 석조 비로자나불좌상(보물 제995호)

각화사覺華寺

그런데 흥미로운 점은 의상이 축서사를 창건한 시점과 거의 같은 시기에 원효는 축서사 뒤 문수산 너머 동쪽 저편에 각화사를 창건한다는 점이다.

태백산각화사중건기에 의하면 봉화군 춘양면 석현리에 위치하는 각화사는 원효가 신라 문무왕 때인 676년에 창건하였다고 전해진다. 석현리와 인접한 서동리의 춘양고등학교 부지 내에는 각화사의 전신인 남화사지覽華寺址가 있다. 원효는 이 절을 이전하여 각화사라 이름지었다고 전해진다. 화엄 사상을 깨우친다는 뜻의 각화사라는 이름은 의상과 원효의 깊은 인연을 알려준다.

의상과 원효의 오랜 우정을 생각한다면 축서사와 각화사의 위치는 의미심장하다. 문수산 정상과 가까운 곳에 위치하는 축서사에서 문수산 정상까지는 그리 오랜 시간이 걸리지 않는다. 문수산 정상과 함께 산등성을 따라 걷다가 동쪽으로 하산하면 바로 각화사에 이른다.

초세에 출가하여 세상과 인연을 끊고 소요입도逍遙入道하였다는 기록에서 볼 수 있듯이 의상은 원효와 함께 입당 이전부터 청량산 문수산 봉황산 일대의 산천을 소요하면서 불법을 위한 수행을 경험하였을 것이다. 의상은 귀국 후 676년 부석사를 창건하기 이전부터 봉황산 중턱에 있는 부석을 기존의 샤먼들이 신라 토속신앙으로 믿고 있던 것을 이미 잘 알고 있었다고 생각한다. 기록에는 원효와 함께 낭지스님을 만나러 청량산에 갔다고 하는데 의상은 축서사를, 그리고 원효는 각화사를 각각 근거지로 하

각화사 대웅전

여 상호 교류를 하였을 것이다. 아쉬운 부분이지만 한국불교사에서 그렇게도 유명한 의상과 원효가 입적한 장소에 대한 기록은 커녕 승탑조차 찾아볼 수 없음은 안타까운 일이다. 아직 부석사의 본격적인 발굴 조사가 이루어지지 않았다는 점에 희망을 둔다.

고운사孤雲寺

경상북도 의성군 단촌면 구계리 등운산騰雲山 아래에 위치한 고운사는 681년 의상대사가 창건한 사찰이다. 최치원이 화엄종의 대성자인 현수법장의 전기인 법장화상전을 저술한 곳이기도하다. 또한 최치원이 승방을 재건한 사찰이며 화엄종과 인연이 깊은 곳이다. 창건당시에는 고운사高雲寺라 하였는데 후에 최치원의 자字를 따서 고운사孤雲寺로 이름은 바꾸었다. 석가여래불상은 안동 갈라산葛羅山 낙타사駱駝寺에서 옮겨 왔다고 전해진다.

이곳에서 유학자인 최치원은 부석존자전(혹은 부석본전)을 저술하고 해동화엄초조기신원문을 찬하는 등 승려인 의상에 대하여 많은 존경과 관심을 가진 것으로 보인다. 최치원은 의상이 같은 당나라 유학의 길을 걸었고 귀국 후에는 자의인지 타의인지 알 수는 없지만 신라 정치 세력의 중심에 들어가지 못하고 산천을 즐기며 생활하였다는 점에서 동질감을 느낀 것은 아닐까.

• 최치원崔致遠(857-?) 신라 최고의 문장가이며 유학자이다. 자는 고운

고운사 석조석가여래좌상(보물 제246호)

孤雲 또는 해운海雲이다. 868년 당나라로 유학을 떠나 874년 과거 빈공과에 합격한다. 879년 황소黃巢의 난 때 토황소격문討黃巢檄文의 기초를 작성해 이름을 떨친다. 885년 신라로 귀국하였으며 894년 문란한 국정을 통탄하며 진성여왕에게 상소하지만 받아들여지지 않자 그 후 속세와 인연을 끊고 유랑하다 해인사에서 여생을 마친다. 고려 현종 때 문창후文昌侯로 추증된다. 최승우崔承祐(?-935), 최언위崔彦撝(868-944)와 함께 "신라 3최"로 불리운다.

골암사鶻嵒寺

의상전교에서 의상의 제자인 오진悟眞은 하가산下柯山 골암사에 살면서 매일 밤 팔을 뻗어 부석사 석실의 등에 불을 켰다고 한다. 골암사와 무석사와는 직선거리로만 보아도 35km정도 떨어져 있어 실제 산행으로 이동한다면 60여km 되는데, 매일 왕복하는 것은 불가능해 보이지만 심신탈락의 경지에 이를수 있는 고승이라면 가능할 것이다. 경북 안동시와 영주시 예천군의 경계상에 위치하는 하가산은 현재 학가산鶴駕山으로 불리우며 882미터로 축서사 문수산에서 연결되는 백두대간의 주요 봉우리 중에 하나이다. 학가산 정상인 국사봉 아래에는 680년경에 의상의 제자 능인이 수행하였던 능인굴能仁窟이 있는데 골암사로 추정되는 곳이다.

보문사 극락보전

봉정사 대웅전(국보 제311호)

보문사 普門寺

경상북도 예천군 보문면 수계리에 위치하는 학가산 보문사는 676년 의상대사가 창건한 곳으로 전해진다. 고려 시대 보조국사 普照國師 지눌 知訥은 1184년에 이곳에서 화엄론을 읽다가 '여래의 지혜는 중생들의 몸 안에 있는데 다만 어리석은 중생들이 알지 못할 뿐이다.'라는 구절을 보고 기쁨의 눈물을 흘리며 오도 悟道 하였다고 한다. 1185년에 중창하고 대장경 大藏經을 열람한 곳이다.

사찰의 역사는 유구하지만 임진왜란때 대부분소실 되었고 1791년에 중창하였으며 극락보전과 삼층석탑 등이 남아있다.

봉정사 鳳停寺

경상도북 안동 학가산 남동측에 있는 천등산 天燈山 아래 안동시 서후면 태장리에 위치하는 봉정사는 682년 의상이 창건한 것으로 알려져 왔는데 1971년 극락전 상량문이 발견되면서 의상의 제자인 능인 能仁이 문무왕 12년(672년)에 창건하였음이 밝혀졌다. 창건후 화엄강당(보물 제448호)을 지었으며 극락전(국보 제15호)은 1363년에 지붕을 수리한 기록이 나옴으로써 우리나라에 현존하는 최고의 목조건축물로 여겨지고 있다. 1435년에 중창된 대웅전은 1962년 해체수리되었으며, 2009년에 국보 제 311호로 지정된다.

불영사 대웅보전(보물 제1201호)

청량사 전경

불영사佛影寺

경상북도 울진군 금강송면 하원리 천축산에 위치하는 불영사는 651년 의상대사가 창건했다고 전해진다. 대웅보전은 법당내에 있는 탱화가 1725년에 제작된것으로 미루어 보아 그 비슷한 시기에 건립된 것으로 추정 된다. 기록만으로 보면 의상이 처음으로 창건한 사찰이 된다. 의상은 650년 원효와 함께 1차 입당 시도에 실패한 후 661년에 입당 성공하기까지 불영사에서 9년간 거주한 것으로 추정된다.

청량사淸凉寺

청량산 정상 가까이에 위치하는 청량사는 의상과 원효가 663년 문무왕 때 창건한 것으로 전해진다. 연화봉 아래에 내청량사와 금탑봉 아래에 외청량사가 있으며 고봉선사高峰禪師(1351-1428)에 의해 중창된다. 본전인 유리보전은 663년에 원효가 창건하였고 응진전이 683년에 의상에 의해 창건한 것으로 전해진다.

청량산은 혁목암과 함께 낭지스님의 본거지이기도 하며 중국에서는 오대산을 청량산으로 부르고 있다. 현재 우리나라에서는 오대산과 청량산이 서로 다른 곳에 위치하지만 신라 시대에는 청량산을 오대산으로 불렀을지도 모른다. 참고로 오대산 월정사는 643년 자장율사가 창건한다.

청량사는 산중턱의 도로에서 매우 가파른 길을 따라 30분 정도 걸어 올라가면 산봉우리 가까운 곳에 위치하는데, 과연 입산수도할 만한 곳

부석사 무량수전(국보 제18호)

이라는 느낌을 주는 곳이다. 산봉우리에 둘러싸인 지형의 형상이 축서사와 유사하지만 약간 규모가 작아 보이기도 한다. 하지만 산봉우리와 건물들이 펼쳐진 배치 모습의 절경은 방문자로 하여금 절로 감탄이 나오게 만든다. 우리나라 최고의 신성한 장소라 감히 말하고 싶을 정도이다. 의상과 원효가 입당하기까지 수도한 곳으로 추정된다.

의상이 창건한 사찰은 화엄십찰과 상기에 언급한 사찰 이외에도 안동 천등산 개목사開目寺, 영천 보현산 거동사巨洞寺, 안동 금계산 봉서사鳳棲寺, 영주 소백산 성혈사聖穴寺, 안동 학가산 영봉사詠鳳寺, 의성 용요산 地藏寺, 영주 박봉산 黑石寺 등이 의상이 창건한 사찰로 전해지고 있으며 현재까지 법등이 계속 이어지고 있다. 폐사로는 문경 미면사米麵寺, 울진 신흥사新興寺, 경주 황복사黃福寺 등이 기록에 전해진다.

의상과 부석사浮石寺

화엄 사상의 핵심은 의상이 저술한 법성게에서 나오는 "일중일체다중일一中一切多中一 일즉일체다즉일一卽一切多卽一" 구절에 있다. 즉 "하나에 모두가 다 있으며 모두에 하나가 있으니 하나가 곧 모두이고 모두가 하나이다"라는 뜻이다. 때문에 "일미진중함시방一微塵中含十方 일체진중역여시一切塵中亦如是", 즉 "한 티끌 작은 속에 우주를 다 머금었으며 낱낱의 티끌이 다 그러하다"고 법성게는 이어진다. 이처럼 화엄 사상은 모든 개체의 평등과 조화를 주장한다. 의상은 귀족 출신이지만 신분에 구애받지 않고 평등한 이념을 가지고 화엄교단을 구성해 왔다. 때문에 의상의 10대 제자 중에는 노비 출신인 지통과 가난한 나무꾼이었던 진정이 있다. 당시 도성을 중심으로 화려하게 전개되는 국가불교의 모습과는 달리 의상은 실천적 신앙을 위해 부석사를 중심으로 교단 체제를 형성하고 신앙을 실천해 간다.

  필자는 부석사를 의상 탐구의 도달점이자 출발점으로 삼고 싶다. 부석사는 의상에게 무엇이며 어떠한 의미를 가지고 있는가에 대하여 생각해 보고 싶다. 물질주의적 현대 세계를 어둠이라 비유한다면 고요한 수도자의 마음은 빛이 될 것이다. 수도자의 성지로서의 사찰인 부석사는 수도자 의상에게는 자부심과 긍지이며 곧 새로운 힘이라 할 수 있다.

  한국불교 역사 속에서 불멸의 성사이신 의상에게 부석사는 커다란 의미를 갖는다. 부석사를 빼고 의상대사를 생각할 수 없다. 기록에 의하면 부석사에서 의상은 많은 시간을 보냈다고 되어 있다. 의상은 봉황산 부석사에 은거하며 고요한 명상과 사색의 생활을 사랑하며 깊은 감개를 느꼈을 것이다.

  '의상은 자신을 어떻게 생각하고 있는가'라는 자기 인식의 집약이 부석사에서 나타나고 있다. 새로운 자기인식의 차원을 부가하는 작업이라 할 수 있다. 부석사는 구도자로서 의상의 기쁨, 만족, 긍지라 할 수 있다. 의상의 인생 전체를 집약하는 무언가가 부석사에는 존재한다. 부석사는 의상이 사랑한 장소뿐만 아니라 구도자로서 의상의 인생 전체를 집약하는 무언가가 있다. 의상과 인연이 있는 장소이며 자신의 사상을 구체적인 형태로서 표현하기 위해 건립한 사원인 부석사를 떠나 의상을 생각할 수 없다. 자연에 대한 관찰과 사색, 직관, 그리고 추리 등은 수행 승려로서의 기본적 소양이라 할 수 있다.

정치적 국가불교이며 도시 불교가 7세기 신라 불교의 주류라 한다면 의상은 깨달음을 위한 수행의 불교로서 수선修禪의 도장道場이며 보리菩提의 도장으로서 산중 불교를 실현할 수 있는 부석사를 수행의 근본 장소로 생각하였을 것이다. 의상은 신앙심을 높이기 위해서는 번화한 도시보

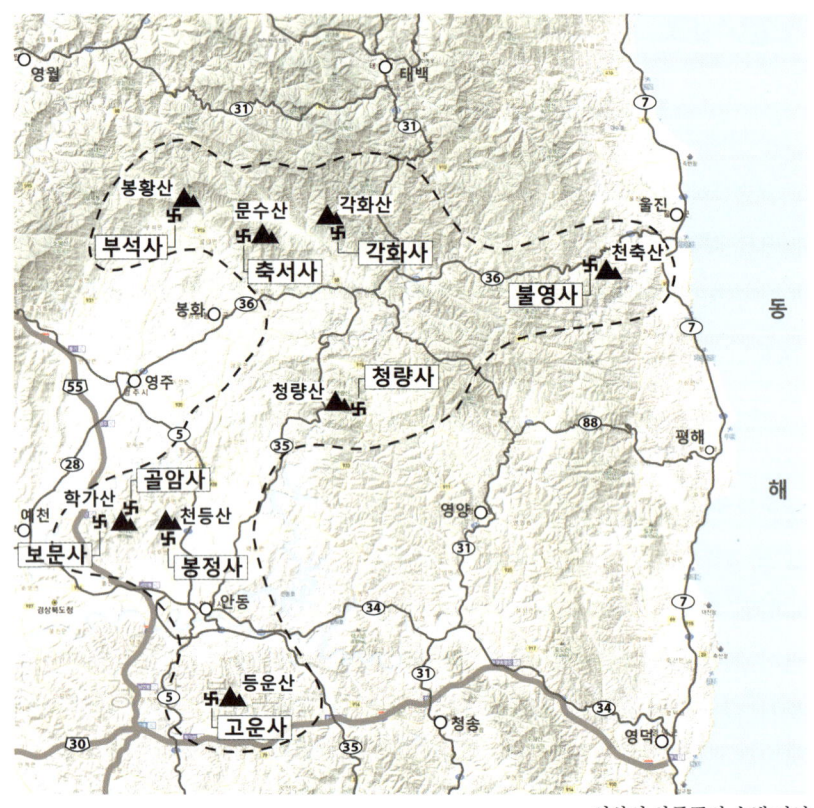

의상의 산중구법 수행 영역

다는 자연의 품속인 산속에 들어가 은거하며 수행하는 것이 좋다고 생각하였을 것이다. 의상은 경주라는 도시에서의 국가 통치 개념의 불교 활동을 뒤로 하고 소백산 봉황산 아래 부석사를 창건하여 부석종을 개창한다. 부석사를 거점으로 산중에서 구도자로서의 수행 활동은 의상이 입적하기까지 계속 이어진다.

의상은 문무왕과의 관련 기록에서 볼때 정치에는 소원하였지만 실제로는 커다란 영향을 주고 있다. 그렇지만 세속을 버리고 세상에는 나타나지 않으며 정치와의 거리를 절묘하게 두고있음을 알수 있다.

화엄 십찰이라 언급된 사찰들은 의상과 그의 제자들의 행각行脚(승려가 수행을 위해 각지를 순회하며 걷는 행위)에 의해 만들어진 장소로 생각된다.

부석사의 겨울은 엄하고, 뭐라 말할 수 없는 아름다움이 있다. 겨울 산은 외롭고 엄하고 깊고 침착하다. 겨울이야말로 수행자가 은거하며 수행하기 가장 어울리는 엄한의 계절 시기가 아닌가싶다.

대부분이 산속에 위치하는 우리나라 사찰은 사방이 산으로 둘러싸여 아늑하며 가까이에 내천이 흐르는 명당스러운 장소가 일반적이지만 의상과 관련 있는 사찰들은 산중턱 혹은 정상 가까이에 위치하며 앞으로 탁 트인 전경을 가지고 있다는 특징이 있다. 인간이 가장 살기 좋은 청정의 자연환경이 600미터 높이라는 이야기가 떠오른다.

3부 선묘와 부석사

①義湘傳敎 ... 儀鳳元年 湘歸太伯山 奉朝旨創浮石寺 敷敞大乘 靈感頗著 ...

... 의봉 원년(676)에 의상은 태백산에 돌아가서 조정의 뜻을 받들어 부석사를 창건하고 대승을 폈더니 영험이 많이 나타났다 ...

⑥三國史記 ... 文武王十六年春二月 高僧義湘奉旨創浮石寺 ...

... 문무왕 16년(676) 2월에 고승 의상이 조정의 뜻을 받들어 부석사를 창건한다.

부석사 창건 시기에 대해서는 의상전교와 삼국사기에 676년에 조정의 뜻을 받들어 창건하였다 기록되어 있다. 여기서 조정이라 함은 문무

의상과 선묘의 만남(화엄연기회권, 고산사)

용이 된 선묘와 의상의 신라 귀국(화엄연기회권, 고산사)

왕을 의미하며 676년이란 해는 신라가 당나라와 함께 백제(661 멸망)와 고구려(668 멸망)를 정복한 후 당나라와 8년간 싸워 승리함으로써 한반도를 최초로 통일한 해이다.

선묘善妙 설화

당나라 산동반도 등주登州에 무사히 도착한 의상은 그곳에서 한 신도의 집에 머물렀다. 그때 선묘라는 처녀를 만나게 되는데 그녀는 의상의 아름다운 용모에 반하여 가까이 하려 하였지만 굳은 의상의 마음을 움직일 수 없었다. 이 선묘와 의상의 아름다운 설화가 송고승전宋高僧傳 의상전義湘傳에 다음과 같이 전해 내려온다.

"화엄사상을 배우기 위하여 당나라 등주에 도착한 의상은 선묘라는 한 처녀의 사모를 받게 된다. 배움을 마치고 귀국하는 의상대사를 선창 길에서 보았다는 소문을 들은 선묘는 미리 의상을 위해 준비한 법복과 여러 가지 집기를 함에 가득 넣어 해안에 도착하였지만 이미 의상을 태운 배는 멀리 떠나가고 있었다. 선묘는 주문을 외우며 이 옷함이 저 배에 닿기를 빌고 옷함을 물속에 던졌다. 때마침 질풍이 불더니 이 옷함을 의상이 탄 배에 닿게 하는 것이었다. 선묘는 다시 의상이 탄 배를 향하여 맹세하기를 '내 몸이 변하여 대룡大龍이 되기를 바라옵니다. 그래서 저 배가 무사히 신라 땅에 닿아 그로 해서 스님이 법을 전할 수 있게 되기를 비옵니다' 하고 바닷속에 몸을 던져 버렸다. 그 원력願力이 굽힐 수 없는 것임을 알았는지 신神이 감동하여 과연 용이 되었다. 배 밑을 부축한 용의 도움으로 의상은 신

의상영전(고산사)

라에 무사히 귀국할 수 있었다. 귀국한 의상은 산천을 두루 편력한 후 부석사를 창건하려 하나 그곳에는 이미 오백 명의 권종이부權宗異部의 무리가 있어 이를 방해하였다. 그때 선묘가 의상대사를 돕기 위하여 공중에서 대신변大神變을 일으켜 커다란 바위로 변한다. 넓이가 일리一里나 되는 바위가 되어 가람의 지붕 위에서 떨어질까 말까 하는 모양을 하였다. 그곳의 무리들은 그 돌을 보고 사방으로 흩어져 버렸다고 전해진다."

이상의 설화를 보면 선묘라는 처녀가 의상의 귀국 행로를 돕기 위하여 용으로 변신하며, 부석사 창건을 돕기 위하여 또다시 부석으로 변하고 있다. 이러한 설화 내용은 사실 여부보다는 그 당시 설화를 만들어낸 신라인들의 종교관을 간접적으로 이해하는 데 도움이 된다.

창건 이전 부석사의 모습

여기서 창건을 반대한 권종이부 무리란 다른 종교 집단을 말한다. 이는 불교 전래 이전부터 부석사 지역은 어떠한 종교 집단에 의해 성역을 이루고 있었다는 것을 의미한다. 그들이 가지고 있었던 종교의 모습이란 어떠한 것이었을까.

현재 부석사의 모습은 고려 시대 건축물인 무량수전을 비롯하여 조선 시대에 조성된 모습으로 현재에 이른다. 불교 건축이 들어오기 이전의 부석사 지역은 부석리浮石里라는 명칭에서 보이듯이 부석에 대한 신앙이 있었음을 쉽게 짐작할 수 있다. 부석사가 창건되기 전인 무량수전이 건축되기 전 당시의 자연 그대로의 모습을 상상하여 보자.

부석

선묘상(고산사)

부석사 목어

4편 의상과 불교 건축

부석신앙 · 용신앙 · 태양신앙

　무량수전의 우측에 있는 부석 뒤에는 커다란 암벽이 절벽을 이루고 있어 이 지대는 커다란 암반으로 형성되어 있음을 짐작케 한다. 이 부석의 암맥은 지하를 통하여 무량수전의 바닥까지 연결되면서 주존불인 아미타여래불을 밑으로부터 지지하고 있어 부석과 아미타여래불의 관련을 깊게 하여 준다. 또한 이 아미타여래불 바로 밑의 암반에는 샘이 있다. 지금은 사용되고 있지 않지만 이 샘은 동해바다와 연결되어 있다고 전해 내려오고 있다.

　의상대사의 십대제자 가운데 오진悟眞은 일찍이 하가산下柯山 골암산鶻嵒山에 살면서 매일 밤 팔을 뻗어 부석사 석실의 등에 불을 켰다는 기록이 있다. 골암산은 부석사에서 가까운 곳으로 부석사에는 석실이 있었음을 짐작할 수 있다. 이 석실이란 아미타여래불이 모셔진 바로 밑에 샘물이 나오는 장소를 뜻할 것이다.

　부석사가 용과 관련되었음은 선묘 설화 이외에 무량수전 밑에 묻혀 있다는 석룡의 존재로 알 수 있다. 이 석룡은 샘이 있는 아미타여래불 바로 밑에서 머리 부분이 시작된 용체가 무량수전 전면에 있는 석등 아래로 꼬리 부분이 묻혀 있었다 한다. 임진왜란 때 명나라 장수인 이여송이 이 석룡의 허리 부분을 잘랐다고 전해지며, 일제 시대 때 개수공사를 하면서 잘려진 석룡의 허리 부분이 발견되었다 한다. 2001년 레이더로 탐사한 결과 13미터의 석룡으로 추정되는 석맥石脈이 발견되기도 하였다. 이 석룡은 단순히 돌을 용의 모양으로 인공적으로 깎아 만든 것이 아니라 용의 비늘형상을 띠고 있는 자연석이라 하니 신비스러울 뿐이다.

아미타불은 무량의 광명이며 무한의 생명을 가지고 있다. 그래서 무량수불無量壽佛 혹은 무광수불無光壽佛이라고 한다. 즉 빛(光)의 화신이다. 태양신에 대한 토속신앙이 불교화한 모습으로는 아미타여래불이 가장 적격일 것이다.

부석사의 아미타여래불은 무량수전이 남향인 것과는 달리 동쪽을 바라보고 있다. 좀 더 정확히 말하면 정동에서 약 30도 기울어진 동남동 방향을 하고 있다. 여기서 동남동 30도라는 각도는 동지와 하지의 일출과 일몰의 방향과 일치한다는 점에서 고대 태양 신앙과 밀접한 관계가 있다고 볼 수 있다. 무량수전 내의 아미타여래불이 서쪽에 안치되어 동남동을 향하고 있는 것은 아미타 신앙의 서방정토 사상과 함께 토속신앙의 하나인 태양 신앙과 밀접한 관계를 맺고 있음에 대한 입증이라 볼 수 있다. 여기서 부석사의 신앙은 의상대사의 창건에 의해 시작된 것이 아니라 그 이전부터 신라의 고대 토속신앙인 용龍 신앙과 부석浮石 신앙의 뿌리가 내려져 있는 곳임을 알 수 있다.

새로운 '신앙 축'의 발견

부석사의 사찰 조영 특징은 배치의 축이 안양루 앞에서 꺾어져 있다는 점이다. 이와 같은 가람 배치는 대지의 지형적인 조건에 의한 것과 서방 극락정토 사상의 요소로서의 표현으로 알려져 있다. 그러나 이상의 고찰을 종합하여 보면 건축물 배치에 새로운 신앙의 축이 성립됨을 알 수 있

부석사 무량수전 내부

다. 즉 "서방극락정토 → 부석+용 → 아미타여래+샘 → 동남사지 → 동해 → 동남동 → 동지일출"이라는 신앙의 축이 성립된다. 또한 현재 부석사 경내에 세워진 두 기의 삼층석탑은 인근에 있었던 동방사라는 폐사에서 이전한 것이다. 우연인지 모르지만 동방사지는 부석사에서 동남동에 위치하고 있다. 부석사와 매우 관계가 깊은 사찰임에 틀림이 없을 것이다.

지금의 불교신자들은 서방 극락정토에 현존하시는 아미타불에 예배드리는 불교적 측면만을 의식하지만, 이러한 신앙의 방향은 자연스럽게 아미타불의 뒤편에 위치하는 부석 신앙에 대한 예배도 되며 또한 용 신앙에 대한 예배도 함께 이루어지게 된다. 부석과 용은 선묘를 상징하므로 다시 말하면 부석사의 배치 구성은 불교 신앙과 토속신앙인 선묘 신앙, 용 신앙, 부석 신앙, 태양 신앙이 복합적으로 이루어지고 있음을 알 수 있다.

일본의 선묘 신앙

신증동국여지승람新增東國輿地勝覽에 의하면 '부석사에는 동쪽에 선묘정善妙井이 있고 서쪽에는 식사용정食沙龍井이 있는데 가물 때 기도를 드리면 감응이 있다고 전해진다. 그러나 지금 이 우물은 이미 폐정廢井이 되었으며 무량수전 좌측 뒤에 조그마한 선묘각이 놓여 있을 뿐이다.'라고 전하고 있다.

선묘 설화는 우리나라보다 일본에 더 큰 영향을 끼쳤다. 일본 12세기 겸창鎌倉 시대에 화엄 계통의 인물인 명혜고변明惠高辨(1173~1232)은 특이하게도 일본화엄이나 중국화엄을 계승치 않고 신라화엄을 계승하였다.

그는 송고승전의 내용을 화엄조사회전華嚴宗組師繪傳이라는 당채권자본唐彩卷子本 6권을 엮었는데 그 가운데 4권은 의상과 선묘의 관계이고, 나머지 2권은 원효와 의상의 관계를 내용으로 하고 있다. 그리고 원효와 의상의 족화탱화를 제작하여 모시고 예배드렸었다고 한다. 일본 경도京都 고산사高山寺에는 국보인 화엄종조사회전과 선묘신입상이 있다. 당시 일본에는 전란이 많아 미망인들이 많이 생겼고 명혜고변은 이 미망인들을 비구니로 받아들인다. 지금도 선묘니사善妙尼寺와 선묘신사善妙神社가 고산사 인근에 있다. 화엄종에 정통한 신라승 심상審祥(?-742)은 736년에 일본 대안사大安寺에 머물면서 화엄경을 강술함으로써 일본의 화엄종이 시작되는데 명혜고변은 심상의 학파인 듯하다.

부석사의 독특한 지리적 배경

신라의 불교는 눌지왕 때 고구려의 묵호자로부터 전래되는데 그 루트의 하나는 낙동강 동측의 길로 죽령을 넘어 안동을 거쳐 의성과 군위를 지나 경주에 도착되는 길이며, 또 하나는 낙동강 서측의 길로 조령을 넘어 상주와 선산을 거쳐 경주로 도착되는 길이다. 이 두 길목에는 아직도 당시의 많은 불교 유적들이 남아 있으며, 부석사는 바로 죽령 남측에 위치하고 있다.

경상북도 영풍군 부석면에 위치한 부석사는 태백산맥과 소백산맥이 갈라지는 지점인 봉황산 중턱에 자리잡고 있다. 소백산맥은 당시 고구려와의 국경선이었다. 부석사가 소백산맥에 위치하고 있다는 점은 소백산맥의 요충지를 불신의 가호에 의해 지키려는 주술적인 의미 외에도 통일 직후 고구려의 잔재세력에 대한 군사적인 배려도 있다는 것을 짐작할 수 있다.

전쟁 시에는 사찰이 군사적으로 중요한 거점이 된다는 점은 동서양을 막론하고 역사적 사실로서 잘 알려져 왔다. 더욱이 이 지역이 삼국 시대 이래부터 군사적인 요충 지역이었음은 역사적 기록은 물론 주변의 산악 일대에 산재되어 있는 많은 고대 산성의 유적에서도 찾아 볼 수 있다. 실제로 부석사의 본전인 무량수전 앞의 전망을 바라보면 봉황산 앞에 광활히 펼쳐져 있는 산세가 한눈에 들어온다. 이러한 점은 같은 산악 지형에 위치하고 있지만 심산유곡에 위치하는 대부분의 사찰과는 그 성격이 다르다.

소조여래좌상의 실체

의상대사가 창건한 당시의 부석사의 모습은 알 수 없지만 현재의 무량수전은 고려 말의 건물로 추정하고 있다. 1916년 해체 수리 시 발견된 묵서명墨書銘에는 1376년에 재건된 것으로 기록되어 있는데 1377년에 재건된 조사당과 대비하여 보면 그 양식이 적어도 100년 내지 150년은 조사당보다 앞서는 것으로 해석되고 있다. 무량수전 중앙의 편액扁額은 공민왕의 친필로 전해진다.

무량수전의 본존불인 소조여래좌상塑造如來坐像은 국보 45호로 지정되어 있다. 불상의 총 높이는 2.78미터, 무릎 폭 2.06미터이며 배면에 있는 광배光背의 총 높이는 3.8미터이다. 봉황산부석사개연기鳳凰山浮石寺改椽

記에 의하면 1358년 병화로 인해 존상尊像의 두부頭部가 불꽃을 뚫고 날아나와 불佛 서쪽의 문장석文藏石 위에 놓여있었다고 한다. 문장석이란 현재의 부석浮石을 지칭하는 듯하지만 정확하지는 않다.

본존불의 신부身部 양식은 우견편단右肩偏袒으로 수인手印 역시 석굴암 본존불의 양식을 따른 항마촉지인降魔觸地印을 취하고 있는 점은 신라시대 불상 양식의 재현이라는 느낌이 강하다. 화재 당시 신부에 대한 언급이 없었으며 또한 기록이 개연기改椽記인 점을 감안한다면 무량수전은 전체적으로 손상을 입지 않았다고 생각할 수 있다. 때문에 이 불상은 신라 시대의 원형 골격을 유지하고 있다. 따라서 내부는 목심으로 결구되어 진흙으로 빚었다 생각된다. 화재 후 재건된 본존불의 두상頭像 부분은 두꺼워진 입술, 정안正眼에 정시正視하는 미목眉目, 풍만한 면상面相, 긴 귀, 잘록한 목에 넓게 퍼진 삼도三道 등 엄격한 모습의 고려불의 특징을 잘 보여주고 있다.

통일신라 시대는 전술한 바와 같이 현세의 복을 위한 아미타 신앙이 발전하게 되는데 신도들의 기원을 잘 들어줄 수 있는 자비로운 얼굴의 부처가 많이 만들어졌다. 반면에 고려 시대는 국교가 불교이며 단순히 기복신앙이 아닌 불교 교리 공부 등 엄격한 수행이 필요하다는 접근 방법에 의해 부처의 모습들이 엄숙하고 약간은 무섭게 보일 정도이다.

석굴암의 본존불과 부석사 무량수전의 본존불은 신라 시대 불상의 대표적인 예로서 잘 알려져 있다. 우견편단의 모습이나 변형된 항마촉지형의 수인이 동일한 점에서도 그 수법의 유사함을 쉽게 알 수 있다. 또한 이 두 분의 불상은 모두가 석가여래불로 오인을 받고 있다가 최근에 들

부석사 소조여래좌상(국보 제 45호)

산전사 불두　　　　　　　　　　비조대불

어 아미타여래불로서 재평가를 받고 있다는 점에서도 운명을 같이하는 듯하다.

　751년 경덕왕 때 김대성은 자신의 전생의 부모를 위해 토함산에 석굴암을 조성하였다. 그 때 만들어진 석굴암 본존불은 국보 24호로 지정되어 있으며, 1995년에는 세계문화유산으로 등록될 정도로 우리나라뿐 아니라 세계적으로도 가장 아름다운 석불로서 유명하다.

　문무왕이 동악인 토함산에 탈해왕을 소상으로 만들어 안치하였다는 삼국유사의 기록을 앞에서 언급하였다. 현재 석굴암이 놓여 있는 장소가 문무왕이 동악에 안치하였다는 탈해왕의 소상을 안치한 장소와 동일하다고 필자는 추정한다. 그렇다면 김대성은 원래 있었던 탈해왕의 소상을 어떻게 처리하였을까 궁금하지 않을 수 없다. 필자는 감히 문무왕과 탈해왕의 각별한 인연을 생각한다면 당연히 부석사에 그 탈해왕의 소상을 안치하였을 것이라 추정한다. 그렇다면 무량수전에 화재가 난 후 얼굴 부분만 다시 만들어 안치했다는 기록을 볼 때 화재 이전의 소조여래좌상의 모습은 아마도 현재 석굴암 본존불의 모습인 자비로운 신라 부처의 모습을 하고 있었을 것으로 추측할 수 있다.

산전사山田寺 불두佛頭

　본존불의 화재 사건은 고대 일본에서도 그 예를 찾아 볼 수 있어 소개한다. 7세기 백봉白鳳 시대의 대표적인 불상으로 나라奈良 산전사 청동불두가 유명하다. 산전사는 645년 6월 12일 대화개혁大化改新 때에 중대형황자中大兄皇子와 중신겸족中臣鎌足과 같은 편이었던 소아석천마여蘇我石川麻呂가 세운 사찰로 그가 억울한 죽음을 당하자 명복을 빌기 위해 678년 조성을 시작하여 685년에 완성된 청동약사여래불이 있다. 647년 정월에 일본으로 건너간 김춘추는 산전사를 알았을까. 이 청동약사여래불은 1180년에 흥복사 승병에 의해 약탈당하여 흥복사興福寺 동금당의 본존으로 이전된다. 이후 1411년에 흥복사의 대화재로 금당의 대들보가 무너지면서 이 불상을 덮쳐 불두는 튕겨나가고 불상 몸체는 불에 녹아버린다. 그 청동 불두가 1937년 10월 30일 흥복사 동금당을 수리할 때에 약사여래상 좌대인 수미단 아래에서 발견되면서 세간의 화제가 된다. 1358년 화재로 손상당한 부석사 무량수전의 본존불인 소조여래좌상의 불두도 부석사 어디엔가 숨겨져 있지는 않을까 하는 희망을 가져본다.

비조대불 飛鳥大佛

백제의 도래인이었던 소아蘇我 씨족의 사찰이었던 비조사飛鳥寺는 588년에 조성이 시작되어 596년에 완성된다. 일본 최초의 사찰이었던 비조사의 대불 화재 사건은 더욱 유명하다. 비조사 금당에 안치된 석가여래상은 높이 2.75미터에 이르러 비조대불로 불리우는 장육불로, 605년에 안작부지리鞍作部止利에 의해 주조가 시작되고 606년 4월 8일에 완성되어 개안공양開眼供養을 한다. 안작鞍作은 도래인으로 623년에는 법륭사 금당의 석가삼존불을 제작한 것으로도 유명하다.

비조사 창건 당시의 가람은 1196년 벼락에 의해 소실되었는데 그때 본전불도 대파되어 지금까지 여러 번에 걸쳐 개수되었다. 오른쪽 눈 밑의 뺨 부분과 오른 손가락 일부만이 창건 당시의 것이라 한다. 비조대불은 부석사 소조여래좌상과 크기가 거의 비슷한 데다 화재 참화를 경험한 점에서도 흥미롭다. 필자가 비조대불을 처음 만났을 때 한국의 전남 장흥 보림사 대적광전에 안치되어 있는 철조비로자나불의 모습과 그 규모와 분위기에서 너무도 유사하였다는 느낌이 들었다.

법륭사法隆寺

법륭사는 용명用明의 유언을 받들어 추고推古와 성덕태자에 의해 607년에 창건된다. 법륭사는 중국의 운강석굴雲崗石窟, 한국의 석굴암石窟庵과 함께 동양삼보東洋三寶로 유명하다. 610년에는 고구려승 담징曇徵이 도일渡日하여 금당 벽화를 그리는데 670년 4월 30일에 낙뢰에 의한 화재로 금당이 전소된다. 이 때문인지 모르지만 담징이 그린 금당 벽화는 우리나라 교과서에는 실려 있어도 일본 교과서에서는 찾을 수 없다. 그들의 의견으로는 화재 후 다시 재건하였기 때문이라고 해석하는 모양이다.

법륭사 건축 양식은 아스카飛鳥 시대(538-645) 건축이라 부르기도 하고 혹은 하쿠호白鳳 시대(645-710) 건축이라고도 부르는데 이는 법륭사가 670년에 화재로 소실된 이후에 재건되었는가 그렇지 않은가에 대한 판단 때문에 일어나는 일이다. 법륭사의 재건 연대는 확실치 않지만 711년에 오층탑의 소상과 중문의 이왕을 만들었기 때문에 건물은 이전에 만든 것이 확실하다. 일본 학계에서는 재건론이 일반적이며 지통持統 때인 686-

697년 사이에 만들어진 것으로 생각하고 있다.

법륭사의 수리 복원은 금당의 경우 헤이안平安 시대에 1회, 가마쿠라鎌倉 시대에 1회, 남북조 시대에 2회, 무로마치室町 시대에 1회, 에도江戶 시대에 2회가 있다는 기록이 있지만 무엇보다 1949년의 대화재 사건이 유명하다.

소와昭和 시대(1926-1989)의 대수리는 1940년 9월부터 7년 계획으로 시작된다. 도중에 제2차 세계대전이 일어나는데 1945년 4월 미군 공습이 시작되자 전화戰火를 피하기 위하여 사내 부처상과 보물 등은 물론 건축물까지 피난시키기로 결정한다. 우선 금당 상층부를 해체하여 인근 산중으로 이전시키는데 불행 중 다행으로 미국이 교토와 나라의 문화재를 보호하는 정책으로 바뀌면서 전화戰火를 피할 수 있었다.

그런데 1949년 1월 26일 새벽 금당에 화재가 일어난다. 전쟁으로 예상보다 늦게 진행되었던 벽화 모사 작업 중에 화가가 사용했던 전기담요가 과열된 것이 원인이었다. 옆에 있는 오층탑에도 불꽃이 튀었으나 다행히 옮기지는 않아 무사하였지만 금당은 전부 타버렸다. 불행 중 다행으로 금당 상층부는 해체하여 보관되었고 부처님들도 다른 곳으로 이전해 있었기 때문에 무사하였다. 또한 금당은 화재가 일어나기 이전에 실측 조사가 이루어져 있어서 이를 바탕으로 1950년 4월부터 본격적으로 재건이 시작되어 1954년에 완성된다. 2천 년 이상의 히노끼는 당시 일본에서는 찾을 수 없었기 때문에 대만의 원시림에서 가져왔다 한다.

법륭사 금당 화재 사건은 당시 신문에 대서특필된다. 일본 전 국민에게 알려지게 되면서 법륭사 대수리는 급속한 활기를 갖게 된다. 국가 예산도 증가하여 동량棟梁의 인건비가 1일 8엔 20전에서 450엔으로 올랐다. 참고로 당시 민간의 대공大工 인건비는 1일 600엔이었다. 2008년 2월 10일 오후 8시 40분경에 발생한 숭례문 방화 사건이 머리를 스친다.

○ 한·중·일 모두가 사랑하는 법륭사

전통 목조 건축에 관심을 갖거나 연구하는 사람들에게는 아무래도 실제의 건물을 직접 보는 것이 가장 중요할 것이다. 중국 사람들은 비록 중국에서는 7세기의 목조건축물은 찾아볼 수 없지만 중국의 불교가 전래되어 자신의 선조들의 기술로 건축한 것으로 생각하면서 법륭사를 감상한다. 우리나라의 경우는 일본 불교 전래가 구체적으로 백제로부터 전해졌으며 백제의 장인들이 건축하였다고 일본서기에 기록되어 있으므로 우리의 조상이 건축하였다고 생각하며 감상한다. 일본인들은 당연히 자신들의 조상이 건축하였다고 생각하면서 감상한다. 같은 건물을 두고 한국, 중국, 일본 모두가 자신의 입장에 서서 자신의 전통 건축에 대하여 무한한 자부심을 만끽하면서 감상할 수 있는 건축물이 바로 법륭사이다.

쌍봉사雙峰寺 삼층목탑과 목조삼존불상

우리나라에 남아 있는 3층 이상의 목탑으로는 1624년에 사명대사가 재건한 법주사 팔상전(5층탑)과 1690년에 중수된 쌍봉사 3층 목탑이 있다. 이 두 목탑 모두가 임진왜란의 병화 후에 재건된 목조건축물이다.

전라남도 화순군 이양면 증이 계당산桂棠山에 위치하는 쌍봉사는

825년 당나라에 유학하여 847년 귀국한 철감선사澈鑒禪師 도윤道允(798-868)이 창건하고 구산선문 가운데 하나인 사자선문獅子山門의 기초를 마련한 곳이다. 이곳에서 종풍宗風을 이어받은 징효澄曉(826년-900년)가 영월 흥녕사興寧寺에 사자산문을 개산한다.

    필자는 1989년 여름에 쌍봉사를 찾아갔는데 사진에서 볼 수 있었던 3층 목탑은 1984년 4월 초에 촛불로 인한 실화로 소실되어 더 이상 볼 수 없게 되었고 1986년에 새롭게 복원된 3층 목탑이 세워져 대웅전으로 사용되고 있었다. 화재 당시 1694년에 조성된 목조삼존불상(석가모니불과 가섭과 아난존자)은 화를 입지 않아 다시 안치되었지만 후에 도난을 당했다가 다행히 찾을 수 있었다 전한다.

금산사金山寺 대적광전大寂光殿

    전라북도 김제시 금산면 금산리 39에 위치하는 금산사는 600년에 창건되어 신라 경덕왕 때 의상의 제자 진표眞表가 법상종으로 개창한 호남 굴지의 미륵도량 사찰로 후백제 견훤이 유폐되었던 곳으로 유명하다. 금산사도 임진왜란의 병화를 피할 수 없었다. 1598년 왜병의 방화로 소실되고 1635년에 재건된다. 대적광전은 정면 7칸에 측면 4칸으로 다섯 부처와 여섯 보살, 그리고 500나한을 모신 곳이다. 1986년 12월에 개신교도의 방화로 소실되었다가 1990년 복원된다.

금각사 金閣寺

노벨문학상 후보로 두 번이나 올랐던 미시마 유키오 三島由紀夫(1925-1970)의 1956년작 장편소설 금각사는 그의 최고의 걸작으로 손꼽힌다. 1950년 7월 2일 새벽에 실제로 일어난 금각사 수도승인 22살 하야시 쇼겐 林養賢의 방화 사건에서 소재를 가져온 소설 금각사는 제2차 세계대전 이후인 미군정 시절의 이야기이다.

금산사 주지의 아들인 주인공 미조구치 溝口는 몸이 약하고 약간의 말더듬이로 승려인 아버지가 들려준 금각의 환상과 아버지의 유언대로 금각사 주지가 될 결심을 한다. 도제 동학인 쯔루가와 鶴川와 가시와기 栢木와의 주지(노사) 사이에서 고민하다 금각사를 불태우는 과정을 그린 탐미소설이다. 현재의 금각사는 1955년에 재건되었고 최근에 금박으로 새로이 보수가 되었다.

# 4부 문무왕과 석굴암

꿈속에서의 만남

삼국유사 탈해왕 기록을 살펴보면 마지막 부분에 매우 흥미로운 내용이 있다.

"그는 재위 23년 만인 건초建初 4년 기유己酉(29)에 붕崩하여 소천구疏川丘 속에 장사지냈다. 그런데 뒤에 신神이 명령하기를 "조심해서 내 뼈를 묻으라"고 했다. 그 두골頭骨의 둘레는 3척 2촌이고 신골身骨의 길이는 9척 7촌이나 된다. 이(齒)는 서로 엉기어 하나가 된 듯도 하고 뼈마디는 연결되어 있었다. 이것이 이른바 천하에 짝이 없는 역사力士의 골격이었다. 이것을 부수고 소상塑像을 만들어 대궐 안에 모셔 두었다. 그랬더니 신神이 또 말하기를 "내 뼈를 동악東岳에 안치해 두어라" 했다. 그래서 거기에 봉안케

석굴암 전경

했던 것이다."라고 마무리를 지으면서 계속해서 전해지는 내용을 첨부하고 있다.

"계속해서 어떤 사람이 말하기를 탈해가 붕崩한 뒤 27세 문무왕 때 조로調露 2년 경진庚辰(680) 3월 15일 신유辛酉일 밤 꿈에 몹시 사나운 모습을 한 노인이 나타나 말하기를, '내가 탈해이다. 내 뼈를 소천구에서 파내다가 소상塑像을 만들어 토함산에 안치하도록 하라.' 하니 왕은 그의 말을 그래도 쫓았으며 제사 또한 끊이지 않고 계속 지냈으니 이를 동악신東岳神이라 한다."

무슨 이유인지는 모르지만 일연은 문무왕과 탈해왕의 인연을 일부러 첨부하였다. 그렇게까지 기록으로 남겨둔 것은 매우 독특하고 중요한 내용이었기 때문이라고 생각된다. 필자는 문무왕과 탈해왕의 관계를 중심으로 그 실마리를 찾아 신라라는 나라의 성격을 풀어 나아가고자 한다.

용은 동방을 상징하는 상상의 동물이다. 물이 없는 곳에 용은 존재하지 못한다. 부석사 본존불인 아미타불이 안치되어 있는 수미단 바로 아래 용의 머리 형상을 하고 있는 돌 틈으로 샘(물)이 나오고 있으며 그 샘은 동해 바다와 연결되어 있고, 이 샘에는 용이 살고 있으며 동해를 넘나들고 있다고 전해진다. 동해와 용을 생각하다 보면 문무왕의 해중릉이 떠오르며 해중릉은 곧 석굴암과 관련을 갖는다.

문무왕은 신라 30대 왕으로 이름은 법민法敏이며 태종무열왕의 원자이다. 그의 어머니는 김유신의 누이동생인 문희, 곧 문명왕후이다. 문무왕은 김유신과 함께 신라군을 통솔하고 당과 연합하여 백제를 멸망(660)시켰고, 다음해에는 무열왕의 죽음으로 왕위를 이었다. 그 후 계속하여 고구려를 멸망(668)시켰고 당나라와 8년간의 전쟁에서 승리함으로써 최초로 한반도를 통일(676)시킨 위대한 왕이다.

탈해왕은 누구인가

토함산의 동악신인 신라 4대 탈해왕은 어떠한 사람인가. 그는 신라 2대 남해왕 때 용성국龍城國에서 온 사람으로 아진포阿珍浦에 도착한 후 토함산에 올라 돌집을 지어 7일 동안 머물렀다는 기록이 삼국유사에 전해져 온다. 지금도 동해에 아진포가 현존하는데, 현재 고리 원자력 발전소에 가까운 곳이다. 이곳에는 탈해왕이 도착한 장소를 기념하여 조선조에 만들진 석비가 세워져 있다. 계속해서 삼국유사에서 이르기를 '어느 날 탈해는 동악에 올랐다가 내려오는 길에 종자를 시켜 물을 떠오게 하였고, 종자는 물을 떠가지고 오는 도중에 먼저 마시고 탈해에게 드리려 하였다. 그러나 물그릇 한쪽이 입에 붙어서 떨어지지 않자, 탈해가 꾸짖으매 종자가 맹세하기를 "이후로는 가까운 곳이나 먼 곳이나 감히 먼저 마시지 않겠습니다." 하였고 그제야 물그릇이 입에서 떨어졌다. 지금 동악에는 우물이 하나 있는데 세상에서 요내정遙乃井이라 부르는 우물이 바로 이것이다.' 라는 불가사의한 이야기가 전해온다. 석굴암에 가면 지금도 요내정으로 불리는 이 감로수가 맑고 풍부하게 흐르고 있어 신도들의 땀을 식혀주고 있다.

또한 탈해가 호공瓠公의 저택을 속임수를 써서 빼앗은 내용은 유명하다. 몰래 숫돌과 숯을 그 집 곁에 묻어 놓고 다음날 아침에 문밖에 가서 말하기를 "이 집은 우리 조상들이 살던 집이요"라고 하니 호공은 그러하지

석굴암 내부

않다 하여 서로 다투었다. 시비가 가려지지 않으므로 이들은 관청에 고발하였다. 관청에서 묻기를 "무엇으로 네 집이라는 것을 증명할 수 있느냐" 하자 어린이는 말했다. "우리 조상은 본래 대장장이였소. 잠시 이웃 고을에 간 동안에 다른 사람이 빼앗아 살고 있는 터이오. 그러니 그 집 땅을 파서 조사해 보면 알 수가 있을 것이오." 이 말에 따라 땅을 파니 과연 숫돌과 숯이 나왔다. 이리하여 그 집을 빼앗아 살게 되었다는 내용이다. 이 소식을 전해들은 남해왕은 탈해의 지혜로움을 알고 맏공주인 아니阿尼부인을 그의 아내로 삼게 하였다. 남해왕의 사위가 된 탈해는 57년에 신라 4대왕인 탈해이사금으로 즉위한다.

삼국유사 가락국기에는 또 탈해에 대한 다른 기록이 있다. 왜倭의 완하국玩夏國 왕의 부인이 알을 낳았는데 그 알이 변해서 사람이 되어 이름을 탈해脫解라 했다. 이 탈해가 바다 건너 가락국에 왔는데 키가 3척(약 1m)이고 머리 둘레가 1척(약 30cm) 정도의 난장이었다. 탈해는 가락국 국왕인 김수로왕과 왕위 자리를 두고 술법을 겨뤘으나 패하여 신라로 돌아갔다는 내용이다. 탈해왕의 괴기한 풍채나 용성국 출신이라는 출현의 독특함에 따라 역사학자들이 그가 신라 사람이 아닌 외국 아랍계의 사람이라고 추정하는 등 새로운 학설이 있다.

문무왕은 누구인가

문무왕 즉위에 대한 기록을 보면 의아한 점이 있다. 부왕인 태종무열왕 때 파진찬으로서 병부령兵部令을 역임했으며 654년에 태자로 책봉되었다. 660년 태종무열왕과 당나라의 소정방蘇定方이 연합해 백제를 정벌할 때 법민도 종군해 큰 공을 세웠으며, 이 공으로 왕이 되었다고 한다. 김춘추의 장남이라면 당연히 다음 왕이 되어야 함에도 불구하고 문무왕은 전쟁의 공을 이유로 들어 왕위에 오른다.

      문무왕은 출생연도 기록은 미상으로 되어 있다. 삼국사기에 기록되어 있듯이 김유신의 둘째 누이인 문명왕후의 장남이라면 왜 출생연도가 미상인가. 그의 동생인 김인문은 629년으로 정확히 기록되어 있다.

      김춘추는 문명부인과 결혼하기 전 보량궁주와의 사이에서 대야성 전투에서 남편인 품석과 함께 처형된 고타소라는 딸을 둔다. 문무왕의 출생의 비밀을 알 수는 없지만 어머니가 보량궁주는 아니며 또한 문명왕후도 아닌 것 같다. 아마도 알 수는 없지만 기록에 나와 있지 않는 어느 여인에게서 낳은 자식이라는 가정을 해본다. 이 어느 여인이란 아마도 용 신앙의 전설을 가지고 있는 사람으로 즉 석탈해와 관련이 깊은 석昔씨의 여인이 아닌가 한다. 왜냐하면 문무왕은 탈해왕과 매우 밀접한 관계를 가지고 있고 용龍 신앙과 석昔씨는 동일시되기 때문이다. 문무왕 때 당나라와 전쟁이 한창이었던 시기의 명문장가 강수强首는 청방인문표請放仁問表를 지어 당 고종을 감동시키고 많은 외교문서를 작성하는 명필가로서 그 이름이 높았다. 강수의 아버지는 석체昔締로 석탈해의 후손임을 생각하면 문무왕과 석씨와의 밀접한 관계를 엿볼 수 있다.

      문무왕의 생년을 626년으로 추정한다면 29세에 태자로 책봉을 받은 셈이 된다. 676년 삼국을 통일한 문무왕은 항상 지의법사에게 말하기를 "나는 죽은 뒤에 나라를 지키는 큰 용이 되어 불법을 숭봉해서 나라를 수호하려 하오."라 하였다 한다. 삼국유사에서는 '대왕이 나라를 다스린 지 21년만인 681년 7월 1일에 돌아가시니 유명에 의해 화장하여 동해중의 큰 바위에 장사를 지냈다.'고 전해지고 그곳이 바로 해중릉이며 대왕암으로 불리기도 한다.

- 신라왕이 동해에 장사를 지내는 예는 문무왕 이후에 34대 효성왕(재위 737-742)과 37대 선덕왕(재위 780-785)이 동해에 산(散骨)한 예가 있다.

태양신앙과 석굴암

여기서 석굴암의 방향에 대하여 생각해보자. 석굴암 본존불의 시선은 동남동을 향하여 해중릉을 바라보고 있는데, 그 방향이 동지 때 태양의 일출 방향과 일치한다. 태양 신앙은 고대인에게 매우 중요한 토속신앙이었다. 특히 북반부에 위치하는 지역에서는 동지가 매우 의미 있는 시기이다. 동지라는 절기는 태양이 일 년 중 가장 약한 시기이며 또한 바로 이 시점에서부터 점차로 힘이 강해지는 새로운 태양이 시작되는 시기이기도 하다. 때문에 지금도 동지 전날이면 많은 사람들이 토함산에 올라 석굴암에서 밤을 지새고 다음날 해돋이를 보고 팥죽을 만들어 먹는 등의 풍습이 이어지고 있다.

이제까지는 막연히 석굴암 본존불의 시선이 동남동 방향으로 해중릉과 이어진다고 생각하여 왔다. 그러나 최근의 정확한 측량에 의하면 석굴암 석실의 방향(석실과 본전불의 방향은 약간의 차이가 있는데 이는 일제 때 수리하는 중에 발생했다고 추정을 하고 있다.)은 정확히 감은사와 이견대를 통과하며, 이견대에 오르면 남측으로 해중릉이 바라보인다.

석굴암에서 흐르는 감로수는 토함산의 원천수이고 이 물은 동쪽로 대종천大鐘川을 이루며 동해로 흘러 들어간다. 이 대종천의 끝 무리에 문무왕의 호국 신앙을 기리는 감은사가 위치하고 동해 바로 앞에는 해중릉이 있고 이를 바라볼 수 있는 이견대가 있다.

토함산 위에는 석굴암이 있으며 그 본존불인 탈해의 소상은 문무왕의 해중릉을 향하고 있다. 더욱 흥미로운 것은 상기의 방향 축을 서쪽으로 더욱 연장시켜 보면 석굴암 뒤로는 탈해왕의 묘와 연결되어 문무왕과 탈해왕과의 관계를 한층 더 깊게 해준다는 점이다. 또한 이 축을 반대 방향으로 더욱 연장시켜 보면 바로 일본의 이즈모出雲 신사에 닿게 된다. 신라 문무왕(재위661-681)이 일본에 망명하여 일본의 문무왕(재위697-707)이 되었다는 어느 한일 역사가의 글이 머리를 스친다.

이를 도식화하여 보면 "탈해왕릉 → 석굴암 → 감로수 → 대종천 → 감은사 → 이견대 → 해중릉 → 일본 이즈모出雲신사 → 동남동(일출)"이라는 방향축이 성립된다. 문무왕의 변신인 용은 해중릉과 감은사를 넘나들면서 대종천의 원천인 석굴암의 요내정에까지 그 기운을 뻗쳤음이 분명하다.

용신앙

문무왕과 관련된 유적을 살펴보면 불교 신앙뿐만 아니라 민속 신앙인 용 신앙도 항상 함께 나타난다. 오행설五行說에 있어서 용龍은 목木에 해당되고 동쪽을 뜻하며 물을 필수로 하는 동물이다. 탈해왕은 동해 용성국에서 붉은 용의 호위를 받아 신라에 왔으며 문무왕은 이 탈해왕의 유골로 소상을 만들어 동악에 안치하였다.

　　또한 문무왕은 사후에 해중릉에 안치되어 동해 호국의 용이 되었다. 그리고 감은사는 문무왕이 변신한 용의 안식처로 창건되었다고 전해진다. 감은사에는 지하 통로 부분이 있었을 것으로 추정되는 독특한 금당 형식과 지금도 사지寺址 앞에는 연못이 있어 당시의 대종천과 연결되어 있었으리라 쉽게 짐작하게 한다. 또한 감은사 3층 석탑의 웅장하고 씩씩한 모습에서 문무왕의 호국 기상을 충분히 느낄 수 있다.

　　석굴암은 탈해왕이 마셨다는 요내정 바로 위에 본전불을 두는 방식으로 이는 부석사의 본전불의 배치 방법과 매우 유사하다. 부석사의 샘은 이미 끊겨져 사용하지 않고 있지만 석굴암의 경우는 지금도 많은 수량이 흐르고 있으며 석굴암 아래 감로수를 통해 탈해왕의 마셨다는 샘물을 지금도 마셔볼 수 있다. 말하자면, 석굴암은 샘 바로 위에 건물을 배치시키는 격이 되는데 정확히 말하면 본전불 바로 뒤의 12면관음상 바로 아래가 샘이 솟는 부분이라 한다. 때문에 현재의 복원 방법으로는 심각한 결로 현상을 해결하지 못하고 있으며 기계 설비에 의존하며 겨우 지탱하고 있을 뿐이다.

경주 감은사지 동·서 삼층석탑(국보 제112호)

감은사 感恩寺

　　경주시 양북면 용당리에 있는 감은사는 문무왕의 유지에 의해 건설된다. 문무왕이 681년에 붕崩하자 유명에 따라 동해구의 큰 바위 위에 장사지냈다. 왕은 평시에 항상 지의智義법사에게 '나는 죽은 뒤에 나라를 지키는 큰 용이 되어 불법을 숭봉崇奉해서 받들고 나라를 수호하려 하오'라고 말했다. 신문왕은 부왕의 뜻에 따라 절을 완공(682)하고 감은사라 하였다.

　　감은사의 금당은 용으로 변한 문무왕이 기거할 수 있도록 지하에 용혈龍穴을 갖는 특별한 구조를 가지고 있다. 감은사 대지는 대종천과 동해 바다가 가까이 있는 지형적 특성상 신라 시대에는 사찰대지와 대종천이 직접 연결되어 있었음은 알 수 있다. 지금은 대종천에 제방을 쌓아 논과 도로로 사용되어 사찰 대지와 연결이 되지 않지만 사찰 전면에는 자연 연못이 조성되어 있다.

　　지금은 폐사지가 되어 2기의 당당한 3층 석탑(국보 112호)과 금당 초석이 남아 있을 뿐이다. 금당은 남향으로 배치되어 있지만 용 신앙을 생각한다면 본존불은 동남동, 즉 동해를 바라보고 있었을 것으로 추측된다.

　　대종천大鐘川은 토함산 석굴암 밑의 샘인 감로수가 흘러내려 형성된 강으로 커다란 종의 강이라는 뜻이다. 몽고 침략 때 황룡사 탑과 금당이 소실되는데(1238) 그때 몽고군은 황룡사 종(754, 49만7581근)을 배로 싣고 갔다. 배가 동해 바다에 가까이 오자 해룡이 분노하여 풍랑을 일으켰다. 배가 전복되면서 황룡사 종이 강 밑으로 빠졌는데 아직도 그 행방을 찾을 수 없다고 전해진다. 태풍 등 큰 파도가 치는 날에는 물 밑에서 둥둥거리는 소리가 들린다 하여 언제부터인지는 모르지만 대종천이라는 이름을 갖게 된다.

해중릉 海中陵

문무왕의 유지에 따라 동해의 큰 바위에 장사를 지냈다는 삼국유사의 기록을 바탕으로 경주시 월성군 양북면 봉길리 200여 미터 앞 바다에 있는 바위를 해중릉으로 정하게 된다. 1967년 5월 15일에 발견되어 사적 제158호로 지정된다.

둘레 약 200미터에 이르는 해중릉은 크게 6개의 바위로 구성되어 있는데 북동측에 위치하는 네 개의 바위가 동서와 남북으로 있어 수로가 형성되어 있으며 그 중앙에 4평 가량의 옥개석 같은 판석이 남북으로 기다랗게 놓여져 있다. 많은 학자들이 이 개석은 인위적으로 만들어진 것이며 그 아래에는 문무왕의 사리가 들어 있을 것이라는 추측성 의견을 내놓았다.

문화재 보호구역으로 지정되기 전까지만 해도 해중릉에는 용왕이 살고 있다는 전설 때문에 해녀들은 그곳에서 물질을 하지 않는 전통이 있었다. 실제로 해중릉 중앙에 놓여진 개석 사방은 바위로 둘러싸여 있어서 태풍, 해일 등을 막아 주어 아늑한 공간이 만들어준다. 또한 사방이 수로로 뚫려져 있어 동쪽에서 파도가 치면 밀려들어와 새로운 바닷물을 순환시키는 지형적 구조를 가지고 있어 바다 생물이 살기에 매우 적당한 환경을 만들어 준다.

60년대 초반에 동해 감포 앞바다에 제주도 출신의 해녀가 시집을 왔다. 그 해녀는 그런 정보를 아직 모르고 있었기 때문에 해중릉에 가면 많은 수확물을 얻을 수 있다고 생각했다. 그곳에 가보니 과연 많은 전복, 소라 등이 가득하게 쌓여 있어 마음껏 가져올 수 있었다. 새색시는 너무 기뻐서 시어머니에게 자랑을 하였다. 그런데 시어머니는 어두운 표정으로 그곳에는 용왕이 살고 있어서 아무도 그곳에 가지 않는다고 걱정하였는데 과연 그날 저녁에 새색시는 높은 고열과 몸살로 죽을 뻔 했다는 이야기가 전해온다.

　　필자가 어느 해 정월 보름날에 해중릉에 가보았는데 그 앞 해변가에서는 해릉중을 향하여 많은 무속인들이 촛불을 켜고 용왕에게 소원을 비는 모습을 볼 수 있었다. 과연 용 신앙이 아직도 생생히 살아 있음을 목격한 것이다.

　　해중릉은 문무왕이 수장된 왕릉으로서 문화재로 지정은 되어 있지만 그곳은 오랫동안 그 지역의 사람들 사이에서는 용왕이 살고 있는 용 신앙의 본거지였다. 얼마나 많은 사람이 선묘처럼 용이 되고자 해중릉에 들어 갔는지 알 수 없지만 용이 되어 버린 많은 사람 중에 문무왕만이 역사 기록에 남아 있을 뿐이다. 해중릉은 옛날부터 현재에 이르기까지 오랜 시간 동안 동해 감포 앞 바다에 사는 많은 사람들의 마음속에 용으로서 자리 잡고 있는 용 신앙의 본거지라 할 수 있다.

　　10여 년 전에 모 TV방송국에서 문무왕의 유적을 찾는다고 해중릉을 막고 바닷물을 빼어 개석을 관찰한 결과 자연석임이 판명되었다는 방송을 보고 실망을 금치 못했다. 신앙은 그 실체를 확인해 보는 것이 아니라 우리들 마음속에 영원히 간직되어야 할 마음의 고향이다. 신앙이 머무는

문무왕 해중릉

곳은 신앙 그 자체가 중요한데 단지 궁금하다는 현상적인 입장에서 그 실체를 파헤치려 함은 인간의 무지와 오만의 결과일 뿐이다.

서양의 역사 깊은 천주교 성당에서는 지금도 내부 사진촬영 금지는 물론 그림 묘사도 하지 못하게 하는 곳이 많다. 오직 보고 느끼고 돌아가는 수밖에 없다. 신앙의 기본은 바로 '모르는 것이 신비롭다'에서 출발한다. 신앙의 신비로움은 같은 체험을 하더라도 다르게 느껴짐에 있는 것이다. 마음에서 새로이 재생산되는 신앙의 신비는 똑같이 보이지 않음에 아름다움이 있음이다.

석굴암과 부석사의 동질성

석굴암과 부석사는 문무왕, 용, 동해, 샘, 동남동을 향한 본전불, 동지일출 등 여러 측면에서 서로 일치하는 점이 많다. 석굴암 본전불과 부석사 본존불은 공교롭게도 크기와 모습이 비슷하며 역사적 사건과도 서로 관련을 갖고 있다.

두 본존불은 신라 불상에서만 보여지는 독특하고 완전하지 않은 촉지항마觸地降魔의 수인手印에 따라 학술적으로는 석가여래불로 불려진다. 하지만 현실에서는 아미타불로 부르고 있어 매우 혼돈을 주고 있다.

부석사는 원래 화엄종이기 때문에 주존불인 비로자나불을 모셔야 할 것이다. 그런데 부석사의 무량수전 안양루 등의 현판은 아미타불을 모시는 건물에서 사용되는 단어이기 때문에 당연히 아미타불이라 하여야 할 것이다.

석굴암 역시 석가여래불이라고 나와 있는 내용도 있지만 미타굴이라는 옛 기록에서 아미타불로 부르고 있다. 항마촉지의 수인으로 두 본존불을 석가모니불이라 해석한 것은 일본인이라 하지만, 1941년 조계종이 재탄생하면서 부석사와 석굴암은 조계종 산하가 되는데 현재 조계종의 주존불이 석가모니불이기 때문에 아마도 석가모니불과 아미타불을 함께 혼용하여 사용하고 있는 듯하다.

  이 두 가지의 본전불 명칭 해석의 옳고 그름을 떠나 석굴암은 태양신앙과 김대성이 전세前世 부모의 은혜를 기렸다는 등의 현세의 종교적인 의미에서 본다면 현재 서방 극락정토에서 설법을 하고 계시는 현재불인 아미타불이라는 생각이 가깝게 느껴진다.

  현재 석굴암은 경덕왕 10년(751년)에 김대성이 불국사와 함께 창건한 것으로 전해지고 있다. 그렇다면 751년 이전에는 어떠한 모습을 하고 있었을까. 현재 석굴암의 평면 형식은 전방후원식의 원삼국 시대의 고분 형식과 매우 흡사하다. 문무왕이 탈해의 유골을 육신상으로 만들어 토함산의 요내정에 동악신으로 안치하였다는 점이 고분으로서의 의미를 강하게 보여 준다.

  탈해는 7일 동안 토함산 굴 안에서 머물렀고, 사후 문무왕에 의해 소상이 새로이 만들어져 모셔진 곳이 바로 요내정이다. 그 자리에 김대성은 또다시 새롭게 전생 부모에 대한 효도라는 뜻으로 석굴암을 창건하였다. 지금은 김대성에 의해 창건되었다는 기록만이 강하게 전해지고 있지만 석굴암은 단순히 김대성 개인의 효심에서 창건된 것이라기보다는 문무왕과 호국 결단, 그리고 탈해왕과 토속 신앙인 용 신앙이 결부되어 나타난 신라의 불교 신앙과 토속 신앙의 종합적인 습합習合에서 이루어진 장소라는 의미가 짙다. 석굴암과 해중릉은 신라 이전의 태고 때부터 의미심장한 성지聖地로서 인식되어 왔을 것이다. 이러한 신성한 장소에 탈해왕, 문무왕, 김대성 등의 역사적 인물 혹은 알려지지 않은 무수한 사람들을 자신의 신앙심에 결부시켜 그것이 전설로 또는 역사적 사실로서 오늘날에 전해져 오고 있다.

　　한때는 역사의 중요한 장소로 인식되다가 또 어느 때는 역사의 뒤안길로 잊혀지기도 하면서 명멸의 세월이 되풀이되는가 보다. 아직도 이 유적 속에서 많은 사람들이 자신의 심기를 신앙으로서 승화시키고 있음을 생각할 때 잊혀져 가는 우리 민족 신앙의 잠재력에 오히려 자긍심을 갖게 된다. 탈해왕을 아랍 쪽에서 도래한 인물로 가정 가능하다면 신라 사회에서 아랍계로 추정되는 인물들이 활동한 또 다른 예로서 처용處容이 유명하다. 또한 헌강왕릉의 신상 중에는 아랍계 인물로 추정되는 얼굴에 수염이 덥수룩한 석상이 보이는데 금세 신라인이 아니라 외국인으로 생각되는 신상이다.

　　신라 시대에 아랍과 교역이 있었다는 많은 이론과 증거가 나오고 있다. 이러한 의미에서 석굴암의 건설에 대한 의문이 생기게 된다. 석굴암은 원형 돔 구조이지만 서양건축에서의 펜덴티브의 돔 구조가 아닌 팔뚝석이라는 무게 균형을 이용한 매우 독특한 건축 양식을 보여 주고 있다. 이처럼 어렵고 독특한 건축 기술이 한반도에서 석굴암 한곳에만 존재한다는 것은 매우 불가사의하다. 때문에 석굴암은 신라인이 아니라 외국 서역인이 건설하였을지도 모른다는 이야기가 설득력있게 들린다.

석굴암 본존불상(국보 제24호)

5부 낙산사 홍련암

홍련암 창건 설화

삼국유사에 따르면 671년 의상은 귀국 후에 곧바로 설악산 자락의 오봉산 바닷가 해변에 관음보살의 진신이 산다는 말을 듣고 그곳을 낙산洛山이라 이름하였다. 대개 서역에 보타낙가산寶陁洛伽山이 있기 때문이다.

의상은 관음보살을 친견하기 위해 간절한 기도를 드리는 발원문인 261자의 백화도량발원문을 짓는다. 의상이 재계齋戒 후 7일 만에 좌구坐具를 새벽 물위에 띄웠더니 용천팔부龍天八部의 시종들이 굴 속으로 안내해 들어가므로 공중을 향해 찬례하니 수정水精 염주念珠 한 꾸러미를 내준다. 의상이 받아가지고 물러나오니, 동해의 용이 또한 여의보주如意寶珠 한 알을 바치므로 의상이 받들고 나와서 다시 7일 동안 재계하고 나서 관음의

홍련암

홍련암 마룻바닥의 구멍

구멍으로 본
바다 밑 모습

참 모습을 보았다. '좌상의 산마루에 한 쌍의 대나무가 솟아날 것이니 그곳에 불전을 짓는 것이 마땅하다.' 법사가 듣고 굴에서 나오니 과연 대나무가 땅에서 솟아 나왔다. 이에 금당을 짓고 관음상을 만들어 모시니, 그 둥근 얼굴과 고운 바탕이 마치 천연적으로 생긴 것 같았다. 대나무가 도로 없어지므로 그제야 비로소 관음의 진신이 살고 있는 곳임을 알았다. 이 때문에 그 절 이름을 낙산사라 하고, 법사는 자기가 받은 두 구슬을 성전에 봉안하고 그곳을 떠났다. 삼국유사에서 이르는 금당인 낙산사는 홍련암을 말함이다. 현재 홍련암 밑에 있는 동굴을 보타굴이라 부른다.

- 백화도량발원문百花道場發願文은 의상이 낙산의 관음굴에서 예배하고 발원하면서 지은 260자의 글이다. 1328년 체원體元이 찬한 백화도량발원문약해百花道場發願文略解는 백화도량발원문百花道場發願文을 해설한 것이며 최치원의 부석본전을 참고로 의상의 전기가 간략히 기술되어 있다. 이곳에 지엄으로부터 법장에게는 문지文持를, 의상에게는 의지義持의 호를 받았다는 기록이 있다.

홍련암의 배치특성

의상대사가 관음보살을 친견한 곳으로 유명한 낙산사 홍련암은 부석사나 석굴암과 마찬가지로 사찰의 배치가 동해를 향하는 동남동 방향으로 되어 있다.

낙산사에 가면 가장 유명한 곳이 의상대이다. 의상대사를 기리기 위해 지어진 정자로 가장 관광객이 붐비는 곳이다. 의상대에 가면 동해바다가 한눈에 들어오고 북측을 바라보면 절벽 바로 밑에 위치한 홍련암이 멀리 보인다. 보통 동해에 접하는 산에 소나무가 많은 것과는 달리 홍련암 위의 절벽 산은 작은 대나무로 꽉 뒤덮여 있다.

　　　지금은 대 사찰로 위용을 자랑하고 있지만 낙산사의 출발은 홍련암이 위치하는 자리에서부터이다. 홍련암은 일반적인 다른 암자와 달리 동해 절벽 사이에 걸터앉아 전각 마루 아랫부분이 바다로 뚫린 커다란 절벽바위 사이에 지어진 특별한 구조를 보인다. 현재 지어진 홍련암 안으로 들어가면 마룻바닥에 네모난 구멍이 뚫려 있어 구멍 아래로 바다의 파도치는 모습을 볼 수 있다.

　　　이미 언급된 부석사와 석굴암에서 문무왕, 의상대사, 탈해왕, 동해용 신앙 등의 관계를 살펴보았다. 때문에 필자는 의상대사와 동해의 관계를 생각할 때 홍련암의 본존불인 높이 52.5cm의 관음보살좌상의 방향은 당연히 동남동을 향하고 있을 것이라는 예상을 해보았다. 하지만 그 예상은 보기 좋게 비껴가 버렸다. 실망스러웠지만 홍련암에 들어서니 보살 한 분이 계시기에 현재 남쪽을 바라보고 있는 본존불이 본래부터 그 자리에 계셨는가 하고 물어보았다. 보살이 대답하기를 1970년대 초 동해에 커다란 해일이 있었는데 그 당시 홍련암이 크게 파괴되어 1975년에 중건되었다고 한다. 그때 관음보살좌상은 기적처럼 바다로 떠내려가지 않고 근처 절벽 바위에 걸쳐 남아 있었다고 전해지며 현재 홍련암 본존불이 당시 그 부처님이라 한다. 때문에 홍련암은 소원 성취가 잘 되는 한국 3대 사찰로 유명하다. 즉 동해에는 낙산 홍련암, 남해에는 여수 향일암, 서해에는 강화

석모도 보문사가 있다.

    새로이 홍련암을 건설하면서 처음에는 본존불을 동쪽을 바라보게 안치하였으나 언제인가부터 남쪽을 바라보게 놓아졌다고 설명한다. 지금도 동쪽을 바라볼 수 있도록 부처님을 놓을 수 있는 예전의 자리는 남아 있다.

관음보살 친견

    의상대사가 친견한 관음보살은 지금도 파랑새로 변신한 모습으로 나타났다고 전해진다. 관음보살인 파랑새의 모습이 홍련암 외벽에 그려져 있다. 그런데 보살에게 물으니 실제로 그 파랑새가 지금도 나타난다고 한다. 매일은 아니고 새벽 4시에서 5시 사이에 남측 창문에 잠시, 지성이 지극하면 나타난다고 한다. 파랑새인 관음보살을 본인도 친견하고는 싶지만 게으른 자로서 새벽에 그곳으로 가기는 너무 어렵다고 생각하면서 다시 발길을 돌려 되돌아가는 도중에 근처 바닷가 바위에서 파랑새는 아니지만 파랑새와 같은 모습의 흙색과 비슷한 짙은 노랑새 한 마리를 발견할 수 있었다.

    문득 파랑새는 수컷일 것이니 그 새는 파랑새의 암컷일 것이라는 생각이 들면서 그렇다면 지금 보이는 새는 관음보살의 부인 정도가 될 것이 아닌가 하는 생각이 들었다. 급히 사진기로 사진을 찍어 두었다. 오후 3시경으로 기억한다. 그리고 관음보살의 부인을 친견하였다고 생각하며 가슴 기쁘게 서울로 되돌아온 기억이 생생하다.

그리고 연구실에서 당장 사진을 컴퓨터로 켜서 그 새를 찾아보았다. 그런데 이상하게도 그 바위와 바다는 잘 찍혔음에도 새는 보이지 않는 것이었다. 아무리 찾아도 새만 찍히지 않았던 것이다. 너무 실망한 마음이었지만 문득 진짜 관음보살의 부인이었다는 생각이 스치었다. 때문에 사진에 나타나지 않는 것이라는 생각이 들었다. 그것으로 참으로 친견하였다는 생각에 가슴이 뿌듯하였다.

그리고 1년 후 필자는 또다시 홍련암에 갈 수 있는 기회가 생겼다. 그날은 오전 8시에 가게 되었는데 이상하게 아침이라 그런지 새들이 너무 많은 것이었다. 그런데 새들의 절반은 까치들이었고 나머지 절반은 1년 전에 본인이 친견하였다는 흙색 진한 노란색의 새가 가득이었다. 아마 그 새는 텃새인 것 같았는데, 그 많은 새가 어찌 1년 전 그날에는 한 마리만 보였는지 지금도 알 수 없다. 그 새의 모습은 돌로 새기어 감로수 앞에 놓여져 있다.

홍련암은 신비로운 곳이다. 배를 타고 바다로 나가보면 더욱 그 신기함을 알 수 있다. 과연 홍련암 아래에는 동굴이 있어 그곳에 파랑새가 기거하고 있는 듯하다. 또한 그 동굴 덕분에 홍련암 부근이 시원하다. 때문에 2005년 4월 4일 낙산사 대 화재 시에도 홍련암 바로 옆에까지 불길이 들었으나 다행히 홍련암은 안전하였다. 홍련암은 석굴암과 부석사와 같이 본전 건물의 아래에 물이 존재하고 있으며 신앙의 축이 동남 방향인 해가 떠오르는 방향을 향하고 있다.

낙산사와 부석사에서 화엄 사상을 반영하는 대적광전이나 비로자나불 등은 찾아 볼 수 없고 오히려 무량수전, 안양루, 아미타여래불 등 정

등명낙가사 영산전과 극락보전

토사찰의 요소가 잘 나타나 있는 점은 흥미로운 일이다.

○ **등명낙가사**燈明洛伽寺

낙산사 남쪽으로 강릉 정동진에 가까운 괘방산掛榜山 중턱에 등명낙가사가 있다. 등명낙가사는 신라 자장율사가 창건한 사찰로 처음에는 등명사라 하였으며 조선 초기에 폐사가 된 후 1950년대에 경덕景德 영해당靈海堂 선사가 등명낙가사로 개명하며 중창한다. 사찰은 최근에 재건되어 고풍스러운 멋은 없지만 동해바다가 바로 눈앞에 펼쳐지는 풍광이 아름다운 사찰이다.

강릉 동해안에 위치하는 등명낙가사의 대웅전에 해당되는 영산전 본전불도 그러하듯이 동해에 접한 신라의 사찰들은 대부분이 동해를 바라보는 본전불의 배치를 쉽게 찾아볼 수 있다.

6부 망해사와 처용암

망해사望海寺

동해 바다를 향한 신앙의 축은 또다시 울산에 있는 문수산(599.8m) 망해사와 처용암과의 관계에서도 찾아볼 수 있다. 망해사는 신라 헌강왕(재위 875-885)때에 동해 용龍을 위해 세웠다고 삼국유사에 나온다. 현재 망해사는 1962년에 중창되어 영취산(352m) 아래 현재 태고종의 법등으로 계속되고 있다.

망해사라는 이름과 달리 바다가 보이지 않아 약간 실망하였지만 스님의 이야기로는 좀 더 올라가면 신라 시대의 망해사 절터가 있는데 그곳에 가면 동해가 보인다고 한다. 다시 올라보니 옛 절터와 함께 주인을 알

망해사 승탑(보물 제173호)

처용암

수 없는 웅장한 통일신라 시대의 석조 승탑 두 기를 만날수 있다. 두기의 승탑僧塔은 팔각원당八角圓堂의 형태로 상륜부는 없어졌지만 그 당당함과 우아함에 통일신라 예술의 우수성을 쉽게 느낄 수 있다.

승탑에서 동쪽을 바라보니 호수가 보이고 바다는 해무로 잘 보이지 않는다. 옛 절터 역시 배치의 방향이 동남동을 바라보게 되어 있음을 알수 있다. 동남동 방향으로 가면 처용암이 있기에 그곳으로 발길을 돌린다.

중국 오대산의 동대에 가면 망해사가 있는데 오대산은 문수보살을 모신 곳으로 동해를 바라보는 신라의 문수산과 망해사와는 인연이 깊다.

처용암 處容岩

삼국유사 처용랑망해사조處容郎望海寺條에 이르기를 신라 헌강왕이 이곳 개운포에서 쉬고 있을 때 갑자기 운무雲霧로 가려지게 되어 앞을 볼 수 없게 되었다. 일관日官의 말에 따라 용을 위한 절인 망해사를 짓도록 하니 운무가 걷히고 해가 나오게 되어 이곳을 개운포開雲浦라 부르게 된다. 이때 용왕이 바다에서 일곱 왕자와 함께 춤을 추었는데 이 중 처용이 경주로 가서 미모의 여자를 맞이하고 급간級干의 벼슬을 받아 정사를 도왔다한다. 이때 처용이 나온 바위를 처용암이라 부른다.

처용암(울산시 황성동)은 현재는 자유로이 들어갈 수 없다. 1970년대까지만 해도 처용암 안에는 무속사당의 건물이 있었다고 한다. 그 후 문화재 보호 지역으로 지정되면서 그 건물은 철거되고 육지에 처용을 모시는 사당이 세워지는 것으로 대신하고 있다. 아마도 용왕은 처용암에 살고 있는 듯한데 그곳에는 아무것도 남아 있지 못하고 있음이 아쉽게만 느껴진다.

처용암은 해중릉과 같이 육지에서 약 150여 미터 떨어져 있으며 그 섬 크기도 해중릉과 비슷하다. 처용은 잘 알려진 바와 같이 동해 용궁에서 온 사람으로 전해지고 있어 처용암에서는 용 신앙이 꾸준히 이어지고 있다. 해중릉도 문무왕이 용으로 변하였다 하니 두 돌섬은 모두 용 신앙의 근거지가 된다.

신라인의 신앙구조

이처럼 망해사와 처용암의 위치 관계는 석굴암과 해중릉과 동일한 신앙 축을 만들 수 있다. 즉 "토함산 → 석굴암 → 대종천 → 감은사 → 동해 → 해중릉 → 동남동(일출)"과 같은 "문수산 → 망해사 → 외황강(태화강) → 동해 → 처용암 → 동남동(일출)"이라는 신앙의 축이 성립된다.

신라인들은 산 → 샘 → 강 → 동해 → 바위섬 → 동남동 → 일출이라는 방향축 선상에서 산 신앙, 용 신앙, 거석 신앙, 태양 신앙이라는 신라의 샤머니즘인 토속신앙이 생겨나고, 서방 극락정토 아미타불이라는 불교 신앙과 함께 습합되어 신라만의 독특한 신앙 구조가 만들어졌다고 생각한다.

의상대사 구법 건축순례행기
義湘大師 求法 建築巡禮行記

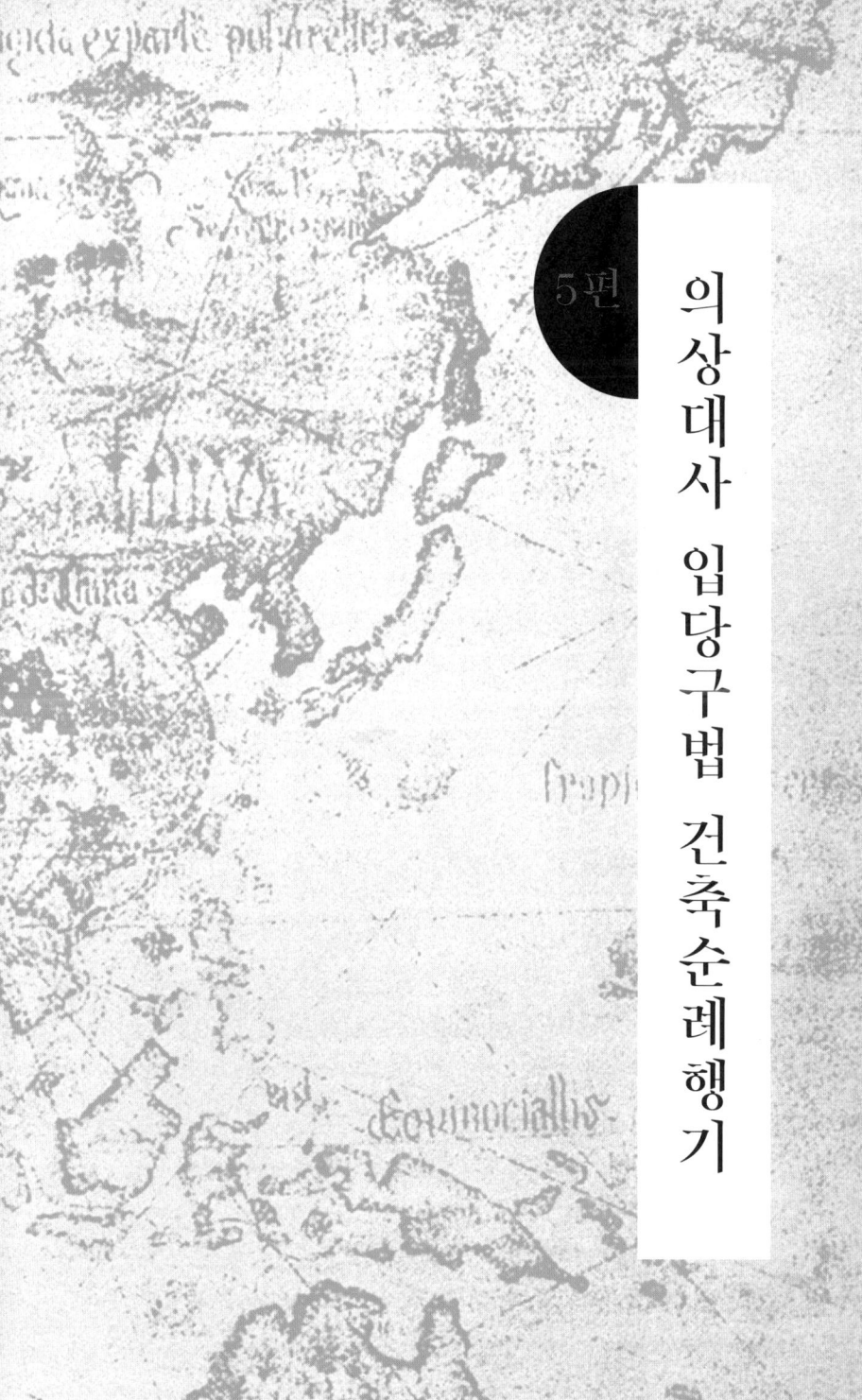

5편

의상대사 입당구법 건축순례행기

화엄일승법계도
|華嚴一乘法界圖|

1부 입당 구법 건축 순례

건축 순례의 준비

　　의상이 2차로 입당을 시도한 661년 당시, 당항성이 있는 남양반도의 마산포를 출발하여 양주에 도착했다는 의상전교의 기록과 등주에 도착하였다는 송고승전의 기록이 있으나 필자는 양주 도착설이 신뢰가 간다고 언급하였다. 의상은 중국 양주에 도착한 후 양주에서 어떠한 행로를 거쳐 장안에 도착하였는지는 전혀 알려져 있지 않다. 이 부분은 오랜 시간 동안 무척 궁금하였던 점이다.

　　오래전 일본 유학 시절인 1980년대 이래 어렴풋이 생각을 이어오던 중에 의상의 중국 행적에 대해 좀 더 알아볼 수 있는 기회가 서서히 찾아오고 있었다. 마침 중국 청도이공대학에서 본인 연구실로 유학을 온 학생이 있었다. 2016년 봄 대학원 건축사 강의 중에 부석사에 대한 공부를 하면서 자연스레 의상에 대한 내용이 포함되게 되었다. 당연히 중국에서의 의상 연구는 어떻게 이루어졌는가 등이 궁금하여 인터넷을 통하여 관련 자료를 찾아보게 된다.

　우선 선묘 설화를 중심으로 송고승전에서 전하는 등주에는 의상 혹은 신라 유학승에 대한 기록이 있지 않을까 하여 관련 자료를 인터넷으로 검색하여 보았다. 등주라는 지역 명은 6세기에는 산동반도 전체를 가리키는 지역 명칭이었다. 그 가운데 현재의 봉래시는 당나라 때부터 번영한 해상도시이며 지금도 많은 불교 사원과 도교 사원 등 역사적 유적이 보존되어 있으며 최근 대규모 관광도시로 탈바꿈하고 있는 도시이다. 그러나 아쉽게도 봉래시와 의상, 선묘 설화에 관련된 자료를 찾기가 어려웠다. 봉래시에는 당나라 때 신라방이 있었다는 기록이 전해질 뿐이다.

　산동반도에서 신라와의 관련이 깊은 장소로는 9세기에 활동하였던 장보고張保皐(?출생- 828년 완도 청해진설치 - 841년 11월 암살 사망)가 건설한 적산법화원赤山法花院에 대한 기록이 있다. 계속해서 양주에서의 의상과 선묘 설화에 대한 자료를 검색해 보았으나 역시 전혀 찾을 수 없었다. 그런데 예상치 못한 중요한 자료를 만날 수 있었다. 당나라 양주에는 대명사라는 대사찰이 있었다는 기록과 그곳에는 753년 12월에 중국 승려로서 처음으로 바다를 건너 일본에 도착하여 일본에 율종시조이자 천태종을 전한 감진鑑眞(688-763)이라는 매우 걸출한 스님이 계셨다는 점을 알 수 있었다. 일본에서 감진스님은 불교계에서 존경받는 인물 중에 한 사람으로, 거의 신적인 존재로서 인정받고 있는 훌륭한 스님이다. 나라奈良 지역의 당초제사唐招提

寺에서 좌화坐化하며 입적하신 모습을 목조로 만든 좌상이 국보로서 지금도 남아 전해지며 매년 6월 5-7일에 감진 조각상 진품을 일반에 공개한다.

입당구법순례행기入唐求法巡禮行記와의 동행

중국을 다녀온 고대 역사 기록서에는 마르코 폴로의 동방견문록東方見聞錄, 현장玄奘의 대당서역기大唐西域記, 엔닌圓仁의 입당구법순례행기入唐求法巡禮行記가 잘 알려져 있다. 이외에도 399년부터 412년까지 남해를 여행한 법현의 역유천축기전歷遊天竺記傳과 법현전法顯傳, 671년부터 695년까지 불교의 흔적을 찾아 법구를 구한 의정義淨(635-712)의 남해기귀내법전南海寄歸內法傳과 대당서역구법고승전大唐西域求法高僧傳, 일본 지증대사智証大師 엔진円珍이 853~858년까지 입당하여 기록한 행력초行歷抄, 일본 성심成尋(1011-1081)의 참천태오중산기參天台五重山記, 엔닌圓仁과 동시대의 신라 고승인 혜초慧超(704-787)의 왕오천축국전往五天竺国傳 등이 있다.

이 문헌 가운데 이번 여행 일정에 커다란 지침을 가져다 준 귀중한 자료는 바로 엔닌圓仁(794-864)이 기록한 입당구법순례행기이다. 입당구법순례행기는 엔닌이 46세인 838년 17회째 견당사 사절과 함께 청익승의 신분으로 입당한 것을 시작으로 847년 일본에 귀국하기까지의 행적을 상세하고 정확히 기록한 순례기이다.

입당구법순례행기는 우매한 필자에게는 새로운 발견이었지만 이미 잘 알려진 자료였다. 그곳에는 당시 중국 당나라의 크고 작은 도시와 촌락의 모습과 관료행정과 민중의 구체적인 생활 모습에 대한 묘사와 도로나 거리에는 5리마다 식을 세우고 10리마다 다시 하나의 표지를 세워 이를 이격주離隔柱라 불렀다는 정확한 정보가 기록되어 있다. 더욱이 원거리를 갈 시에는 정부의 허가를 얻어야만 이동이 가능하였던 사회상에 대한 정보 등과 842년 10월 9일에 회창폐불會昌廢佛 사건이 시작됨으로서 겪은 엔닌의 어려운 순례 행적이 숨김없이 기록되어 있다. 846년 무종武宗의 사망으로 불교 탄압은 끝이 나지만 엔닌은 귀국하기까지 많은 어려움을 겪는다. 엔닌이 당나라에 도착하여 장안에 이르기까지와 귀국할 때에도 신라인의 많은 도움을 받아 이동하고 있음이 기록에 잘 나타나 있어 신라와 일본의 교류를 짐작하게 한다.

그 수많고 소중한 입당구법순례행기의 내용 가운데 필자의 눈에 뜨인 건 바로 엔닌이 양주에 도착한 이후 장안에 이르기까지의 행로를 알 수 있었다는 점이다. 엔닌은 견당사 파견 시 청익승 신분으로 입당했기 때문에 단기간 내에 귀국해야 했지만 마음을 바꾸어 당에 체류하기를 원하는데 학문생으로서의 체당 허가를 얻기야 했기 때문에 양주에서 직접 장안으로 갈 수 없었다. 우여곡절을 겪으면서 840년 4월 1일 등주에서 당 정부로부터 체류 허가 공문 증명서를 받는다. 840년 5월에 당시 불교의 성지로 잘 알려진 오대산을 거쳐 840년 8월 장안에 도착한다. 엔닌의 순례 행로는 이미 앞선 연구자들에 의해 지도화되어 있어 더욱 알기 쉬웠다. 감사할 뿐이다. 입당구법순례행기에서 나타나는 엔닌의 우여곡절은 한마디로 그 고통을 필설로 이루 말할 수 없지만 감개무량한 것이다.

9세기 당시 일본의 입당 유학생에는 학문생學問生과 청익승請益僧의 두 부류가 있다. 청익승은 스승을 방문해서 의문을 해결하는 것을 목적으로 하는 단기 입당 연구생으로 환학생還學生이라고도 했다. 이에 비해 학문생은 정규 유학생으로 장기체류를 하면서 공부를 했다.

당시에 이용할 수 있는 교통수단은 배와 도보인데 양주 혹은 등주에서 장안으로 연결되는 길은 한정되어 있었을 것이다. 이 외의 길은 잘 모르기도 하고 도적 등 위험으로 가득하여 사용하지 못하였을 것으로 아마도 도로와 도로 사이의 거리가 잘 표시되어 있는, 당시 국도 같은 도로를 이용하였을 것이다. 엔닌이 838년~847년 사이에 이용한 도로를 아마도 의상이 이미 사용하였던 기존의 도로였다고 가정한다 해도 크게 무리는 없을 것이다.

의상의 오대산 방문

엔닌은 그 어려운 상황 가운데에서도 중국 불교의 성지라 불리는 오대산을 들러 장안에 가게 된다. 신라의 자장율사도 오대산에 기거하였으며 혜초도 오대산에 있었다. 오대산은 당시 중국불교의 중심지이다. 의상은 당나라라는 머나먼 나라에 갔는데 오대산에 가지 않았다는 것은 상상하기 어렵다. 그럼에도 불구하고 기록이 보이지 않으니 안타까운 노릇이다.

그런데 필자는 의상이 오대산에 들렀을 것이라는 몇 가지 단서를 찾을 수 있었다. 의상은 668년에 화엄일승법계도華嚴一乘法界圖를 저술하고 지엄으로부터 인정을 받게 된다. 지엄대사는 그해에 돌아가시고 의상은 671년에 당나라의 신라 침공을 알리기 위해 귀국을 서두르게 된다. 말하자면 668년에 어느 정도 화엄 공부의 마무리를 하고 나서 귀국(671년)까지는 3년이라는 시간이 남게 된다.

이 시기에 지엄의 제자로서 의상과 동학이며 후에 화엄 제3교주가 되는 현수 법장은 670년 장안(혹은 낙양) 태원사에서 출가하게 되는데 의상과 현수 법장의 친분을 생각하면 필자는 이 시기에 당연히 장안 태원사에 동행하였을 것으로 추정한다. 또한 오대산에는 낙양 백마사와 함께 중국 최초의 사찰로 유명한 현통사가 있다. 이 현통사는 측천무후가 대화엄사로 개명했다고 전해지고 있어 화엄종의 주요 사찰임을 생각할 때 의상이 현수 법장과 함께 오대산 현통사에 방문하였을 것이라고 추측할 수 있다.

출가하기 전에 불교에 입문하여 불교를 학습하고 난 후 28세인 670년에 태원사에서 정식으로 출가하는 현수 법장의 모습과 초세 약관의 나이에 불교에 관심과 경험을 쌓은 후 29세인 654년에 황복사에서 출가하는 의상의 모습과 너무나도 유사하다.

더욱이 최치원이 찬한 해동부석존자의상휘일문海東浮石尊者義湘諱日文에서도 의상은 신라로 귀국하기까지 10년간 정진하였으며 만리유전萬里流傳이라 하여 중국 여러 곳을 다녔음을 알려주고 있다.

양주 혹은 등주에서 장안까지의 행로는 알려져 있지 않지만 의상전교에서는 양주 도착 후 얼마 안 되어 장안으로 갔다 하였고 송고승전에서는 경추徑趨라 하여 지름길을 달려 장안으로 갔다고 하였다. 두 곳에서 언급된 바와 같이 의상은 지체 없이 곧바로 장안에 도착하였을 것이다. 화엄 공부를 마치고 오대산을 견학한 후에는 장안에서 가장 빠른 길인 등주를 통하여 황해를 건너 신라로 들어왔을 것이다.

건축순례의 출발

　의상의 입당 구법 순례를 위한 답사는 2016년 8월 7일(일)에 인천에서 양주로 출발한 뒤 8월 13일(토)에 서안을 출발하여 다시 인천으로 귀국하는 일정으로 시행된다. 참가자는 필자를 포함하여 4명(김승제, 조진석, 손석의, 손개)이었는데 공교롭게도 엔닌의 순례 참가자 수와 같게 되었다. 입당구법순례행기를 지은 환학승 엔닌圓仁은 사미승 이쇼惟正와 수행 승려인 이교惟曉, 행자인 데이유만丁雄滿 등 4인이 동행이 되어 순례가 이루어진다.
　의상의 입당 행적을 더듬어 본다면 의상의 입당 수단이었던 배편을 이용하여 황해를 건넌 뒤 예상된 도로를 보도로 이동했어야 의상의 숨결을 느낄 수 있는 순례의 길이 될 수 있을 것이었다. 그러나 아쉽지만 여러 사정상 엔닌의 행로를 참고로 하여 서울 인천 → 상해 → 양주 → 남경 → 연태 → 봉래 → 태원 → 오대산 → 태원 → 서안 → 서울 인천이라는, 만 7일이라는 최단 시간의 일정으로 결정된다.

- 중국의 면적은 9,597,000㎢으로 한반도 면적(약 221,000㎢)의 43배가 넘는 거대한 나라이다. 유럽 대륙의 면적과 비슷하며 러시아는 중국의 2배 가깝고 미국은 중국보다 조금 작다. 인구도 세계 1위로 13억 7천만 명(2016년)을 넘고 있다. 인도가 11억 3백여만으로 그 뒤를 잇고 있다. 전 세계 인구가 60억이라 해도 20%에 해당되어 10명 가운데 2명이 중국인이 된다. 이 가운데 한족漢族이 10억여 명으로 총 인구의 약 92%이며 그 나머지는 55개의 소수민족으로 구성되어 있다.

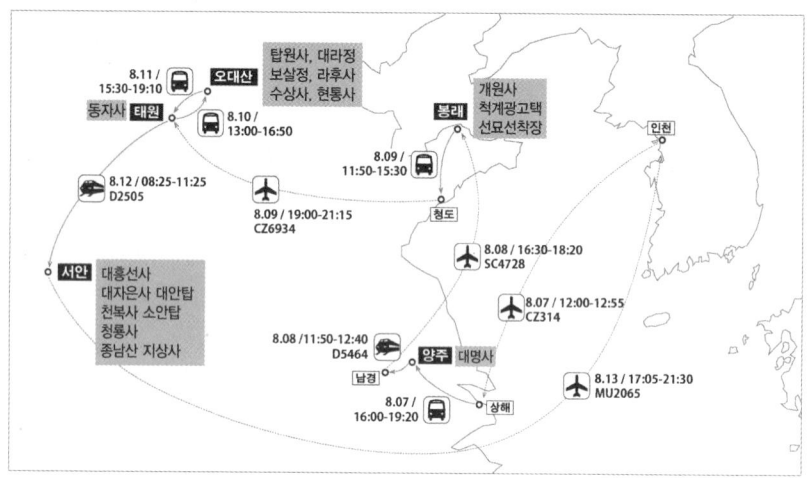

입당구법 건축순례의 길

엔닌 영정(엔랴쿠지)

2부 의상관련 중국 사찰 탐방

대명사 大明寺

중국 절강성 양주揚州에 위치하는 대명사 입구에 들어서면 곧바로 대웅전 앞 중정이 나타난다. 오래된 나무와 향을 피우는 곳으로 중정 공간은 넓지는 않지만 아늑한 공간이다. 대웅전 불상은 최근에 만들어진 듯하며 매우 장대하고 화려하다. 대웅전 뒤 감진박물관에는 감진 상과 일본으로 배를 타고 가는 상황이 그림과 모형배 등으로 묘사되어 있다. 대웅전을 나와 우측으로 새로이 만들어진 13층의 목탑이 우뚝 서 있다. 외관은 목탑의 형태를 보이지만 구조적으로는 철근콘크리트 구조물 같다. 탑을 중심으로 남북자오선의 축으로 와불 전당, 탑, 고루, 종루가 배치되어 있다.

와불 전당 안에는 누워계시는 하얀 부처님이 안치되어 있다. 탑 중

양주 대명사

등주 개원사(고선 박물관내 모형)

척계광 고택

앙의 엘리베이터를 이용하여 7층에 오르니 시원한 바람과 탁 트인 양주시내 전경이 한눈에 들어온다. 다시 탑에서 내려와 종루에 오르니 3번의 종을 치는 기회를 주어 가족의 건강과 행복을 위하는 마음으로 종을 쳤다.

새로이 조성된 거대한 13층탑을 비롯한 사찰의 건축물 대부분은 거의 일본식 목조 건축의 형상을 띠고 있어 마치 일본에 와 있는 듯한 착각이 들 정도이다. 감진과 일본의 관계를 생각하면 일본에서 많은 재원을 들여 건설해 준 것 같다.

개원사開元寺

산동반도 중북부의 항구도시인 봉래蓬萊는 당나라 때에는 등주登州로 불렸다. 개원사로 추정되는 위치는 현재 주택가로 변해 있으며, 그곳에는 척계광戚継光이라는 명나라 장수의 고택이 남아 있다. 개원사는 엔닌의 기록에서도 자주 나타나는 사찰로 의상도 방문하였을 것으로 추정되는 곳이다. 봉래각에서 가까운 곳에 등주고선박물관이 있는데 그곳에 개원사 모델이 전시되어 있어 옛 모습을 추정할 수 있다. 개원사는 언제인지는 모르지만 아마도 폐불 사건 때 폐사되었을 것으로 생각된다.

척계광 고택戚継光 古宅

척계광 고택은 명나라 시대에 세워진 민가 건축물로 약 400여 년의 역사를 갖고 있다. 척계광戚継光(1528-1588)은 등주登州(현재 봉래蓬萊) 출신으

선묘는 의상의 귀국소식을 듣고 선물을 준비함(화엄연기회권, 고산사)

등주 선착장 - 1

의상이 출항한 이후 괴로워하는 선묘(화엄연기회권, 고산사)

등주 선착장 - 2

등주 선착장에서 선묘가 의상을 따라 황해바다로 뛰어들어 용으로 변함
(화엄연기회권, 고산사)

로 16세기 중반에 왜구倭寇를 물리친 공적으로 항왜抗倭의 민족영웅으로 숭앙되어 온 인물이다.

송고승전에서는 의상이 등주에서 선묘를 만난 장소를 믿음직한 선비의 집으로 기록하고 있는데, 필자는 이 선비의 집이 바로 척계광의 고택의 전신이라 생각한다. 이 내용을 바탕으로 일본 묘에고벤明惠高辯 화엄연기회권華嚴緣起繪卷에 그린 의상과 선묘와의 만남을 묘사한 그림을 보면 척계광 고택과 매우 비슷하게 보인다.

봉래각 선묘 선착장蓬萊閣 善妙 船着場

봉래각은 불교와 도교가 혼재되어 있는 곳이다. 이곳은 8명의 신선이 동해를 건너기 전에 잠시 쉬었다 간 곳이라 전해진다. 봉래각 내에 있는 미타사는 엔닌의 입당구법순례행기에서도 나타나는 역사 깊은 사찰이다. 누각에 오르면 북측으로 장산長山열도와 넓은 바다가 펼쳐져 보이는데 이곳에서 신기루 현상이 잘 나타난다고 한다.

봉래수성 내에 있는 봉래고선박물관에는 시대별 선박 모형이 전시되어 있으며, 등주와 한반도의 교역에 관한 자료가 전시되어 있어 고대 등주가 한반도와 해상 교역의 중요한 항구였음을 쉽게 알 수 있게 한다.

봉래각에서 서쪽으로 전횡산田橫山에 오르면 황해가 광활히 펼쳐지는데 곡선으로 깎아내린 듯한 절벽이 절경을 이룬다. 그 절벽 아래에는 지금도 관광용 배를 탈 수 있는 선착장이 운영되고 있다. 선착장 주변에는 기암으로 가득한데 그 모습은 마치 용이 굽이치는 듯한 느낌을 준다. 송고승

용산 석굴 동자사

오대산 전경

전에서 선묘가 의상을 위해 선착장에서 바다로 뛰어 들어 용으로 변한다는 기록이 있는데 과연 기암절벽에서 의상을 만나기 위해 바다로 뛰어드는 선묘와 변신한 용의 모습이 바다와 함께 중첩되어 아른거리다.

용산 석굴 동자사龍山石窟 童子寺

용산龍山 석굴은 태원 남서부에 있는 용산봉龍山峰 정상에 위치한다. 태종太宗 때 송덕방宋德芳이 만든 도교道敎 사원이다. 산 정상에 가까운 절벽 위에 만들어진 8개의 석굴 내부는 도교 분위기의 소박하면서도 위엄이 있어 보이며 현재 복원 중이다.

동자사童子寺는 산서성 태원시 서남쪽에 위치한 용산龍山 석굴의 동쪽 계곡에 위치한다. 동자사는 용산 석굴로부터 북서쪽으로 약 1km 거리에 있으며 15분 정도 걸어가면 도착할 수 있다. 동자사는 파괴된 모습에서 한창 발굴 중에 있다.

엔닌은 840년 7월 26일에 동자사를 방문한다. "태원 성의 서문을 나와 서쪽으로 3-4리를 가면 진산晉山이라는 돌산에 이른다. 산 주위에 석탄이 많아 부처님의 은혜라 믿고 있다 … 산문에 석문사石門寺라는 작은 절이 있고 석문사로부터 서쪽으로 언덕을 올라 2리 남짓 가면 동자사童子寺가 나온다 … 이곳은 법상종의 개조인 자은대법사慈恩臺法師 규기窺基(632-682)가 신라 승려인 현측법사玄測法師(원측圓測을 말함)를 피하여 장안으로부터 와서 유식론唯識論을 강의한 곳이다. 걸터앉은 아미타여래불의 몸체의 높이가 17길이며 넓이가 100자이다. 관음보살觀音菩薩과 대세지보살상大勢

至菩薩像의 높이가 각각 12길이다"라고 기록되어 있다.

지금은 17길이나 된다는 아미타여래불의 모습은 찾아볼 수 없고 석등만이 동쪽 끝단에 건립한 보호각 안에 보존되어 있다. 엔닌의 기록과 비교해 보면 현 용산 석굴은 옛 석문사에 해당된다.

오대산은 4대 불교 명산 중에 으뜸으로 문수보살의 성지로서 중국불교 역사상 중요한 위치를 차지하고 있으며 별칭으로 청량산淸涼山으로 불리운다. 문화혁명의 여파로 많은 불상과 법당들이 파괴되었지만 아직도 모든 면에서 중국 화엄종의 본산이라 할 만한 위풍당당한 규모를 자랑하고 있다. 자장慈藏, 도의道義, 무착無着 등의 신라 고승이 오대산에서 문수보살을 친견하셨다.

탑원사 塔院寺

탑원사는 초기에는 현총사의 탑원이었는데 영나라 성종때인 1598년에 대탑원사로 분리된다. 탑원사에는 56.4m의 하얀색 티베트 형식의 사리라마탑인 대백탑大白塔이 있다.

혜초가 인도 부다가야에 도착한 후에 '내가 원하는 소원이 이뤄진 것 같아 기쁘다' 하며 읊은 오언시五言詩가 왕오천축국전往五天竺國傳에 실려 있다. 탑원사 대백탑의 수도승과 마음을 함께하며…

탑원사 수도승

不慮菩提遠 불려보리원
보리대탑 멀다지만 걱정 않고 왔으니

焉將鹿苑遙 언장녹원소
녹야원의 길인들 어찌 멀다 하리오

只愁懸路險 지수현로험
길이 가파르고 험한 것은 근심되지만

非意業風飄 비의업풍표
개의치 않고 업풍에 날리리라

八塔誠難見 팔탑성난견
여덟 탑을 보기란 실로 어려운 일

參差經劫燒 참차경겁소
세월이 지나 본래 그 모습은 아니지만

何其人願滿 하기인원만
어찌 이리 사람 소원 이뤄졌는가

目諸在今朝 목제재금조
오늘 아침 내 눈으로 보았네

대라정 黛螺頂

오대산의 중심부 우측 산등성에 위치한 대라정은 명나라 헌종憲宗 성화成化(1465-1487)년간에 최초로 세워진다. 사찰은 서향 배치를 하고 있으며 중심축 선상에 천왕전, 전단전旃坛殿, 문수전, 후전 등이 있다. 오대산은

대라정 대웅보전

보살정 윤장대

문수보살의 성지이다. 오대산의 다섯 봉우리에 있는 사원에 모신 모든 문수사리 부처상을 볼 수 없는 여행객들을 위하여 5개의 문수사리보리살타를 안치한 오방문수사리궁五方文殊師利宮이 대라정에 있다.

대라정에 오를 때는 지혜의 계단이라 부르는 1,080계단을 오르거나 케이블카를 이용하면 된다. 삼보일배로 계단을 오르는 스님들도 쉽게 만날 수 있다. 절 내부에는 향을 피우며 기도하는 신도들로 가득하다. 불심이 살아 있는 사찰이다. 케이블카에서 보면 보살정, 라후사, 현통사, 수상사 등 사찰 전체가 오대산 전경과 함께 한눈에 들어오는데 마치 티베트의 사원을 보는 듯하다.

보살정 菩薩頂

보살정은 현통사의 북쪽 끝의 영취봉靈鷲峰에 위치한다. 보살정은 북위 효문제(471-499) 때에 건설되어 1403년에 재건된 티베트 라마교 불교 양식의 사찰로 문수보살을 모시고 있다. 108개의 가파른 계단을 거쳐 오르면 보살정에 이른다. 계단 아래쪽에는 "불佛"자가 크게 새겨진 장식 벽이 눈에 뜨인다. 계단을 올라가면 산문 앞에는 목재 비루碑樓가 있고 천왕전, 대웅보전, 대문수전, 문수당, 장경루가 중심축을 이루며 배치되어 있다. 보살정에 오르면 아래로 탑원사의 대백탑이 한눈에 들어오며, 뒤로는 오대산 풍경이 한눈에 들어온다. 황금색 지붕과 붉고 검은 벽돌 벽으로 세워진 사찰로 화려함을 자랑한다. 인간의 소망으로 가득한 티벳의 분위기의 윤장대가 눈에 띄인다.

수상사 목어

수상사 문수보살상

라후사羅睺寺

현통사 동쪽에 위치한 라후사는 당나라 때 창건되어 1492년에 재건되었다가 1705년에 개축된다. 라후사에는 나무로 제작된 연꽃 모양의 꽃이 있는데 장치를 돌리면 꽃잎이 열렸다 닫히는 개화헌불開花獻佛로 유명하다. 천왕전, 문수전, 대불전, 장경각, 곁채, 배전, 낭실 등이 매우 보존이 잘 되어 있다. 라후라는 석가모니의 아들이며 10대제자 중의 한 사람이다. 석가모니는 "나의 제자 중 라후라 비구가 밀행제일密行第一이다"라 하였다지만 10대 제자는 후세에 만들어진 이야기이다.

수상사殊像寺

수상사는 탑원사 아래 남동쪽에 위치한다. 동진東晋(317-420)때 창건되었으며, 화재로 소실되었다가 명나라때인 1496년에 재건된다. 대문수전 안에 안치되어 있는 청사자靑獅子를 타고 있는 문수보살상은 1200여년전인 당나라때에 만들어졌으며, 높이 9.8미터로 오대산에서 최대의 규모를 자랑한다. 이 문수보살상을 공양주가 메밀로 빚어 만들었다는 전설이 유명하다. 대문수전 내부 벽면에는 푸른색 바탕의 화려하고 입체적으로 조각된 나한상들이 인상적이다. 사찰 한 구석에 임시로 놓여있는 듯한 용머리의 목어가 의상과 선묘를 생각나게 한다.

라후사 대장경루

현통사 동전

현통사顯通寺

　　현통사는 낙양洛陽의 백마사白馬寺와 함께 중국의 2대 고찰古刹이다. 후한後漢 명제明帝 때인 68년에 오대산에 최초로 건축된 사찰이며 가장 규모가 크다. 현통사의 원래 이름은 대부영취사大孚靈鷲寺로 불렸으며, 화엄 4대조인 청량국사淸凉國師 징관澄觀(738-839)은 776년 오대산 다섯 대에 오르며 이곳에서 화엄경소華嚴經疏를 지었다. 측천무후 때에 대화엄사大華嚴寺로 개명하고 명 태조 때부터 현통사로 부른다. 이는 현수 법장의 화엄강의에 심취한 측천무후의 마음을 표현한 것으로 생각된다. 중국불교와 티베트라마불교가 공존하는 독특한 건축 양식으로 현재 건물은 명청 시대에 지어진 것이다.

　　현통사의 종각과 정문을 지나면 관음전觀音殿이 나타난다. 그 뒤를 이어서 대문수전大文殊殿, 대웅보전大雄寶殿, 무량전無量殿, 천발문수전千钵文殊殿, 동전銅殿, 후고전后高殿 등 7개의 전각이 남북자오선상에 배치되어 있다. 묘봉조사전妙峰祖師殿에는 징관澄觀의 초상이 모셔져 있었다 전한다.

　　무량전에는 화엄경의 본전불인 비로자나불이 모셔져 있다. 회교식(라마식)의 무량전은 7칸 2층 구조로 폭 28.2미터, 높이 20.3미터나 되는 아치형의 하얀 벽돌 구조인 건축 양식으로 위풍당당하며 매우 특징적이다. 내부에는 중앙에 화엄의 주불인 비로자나불이 안치되어 있고 깊은 사색에 잠긴 참선 승려들의 조각이 있다. 사찰 제일 안쪽으로 들어가면 언덕 위에 황금색의 화려한 전각인 동전銅殿이 있는데 내부에 일만 개에 이르는 불상이 안치되어 있고 그 가운데 문수보살이 안치되어 있다. 동전銅殿은 일본 교토에 있는 금각사金閣寺를 연상시킨다. 현통사 역시 매우 화려하다. 한국의 사찰이 얌전하고 경건하다면 중국은 사찰들이 강하고 화려한 느낌이 든다.

• **중국 4대 불교 명산**(佛敎名山)

아미산(峨眉山) – 쓰촨성(四川省) – 보현보살(普賢菩薩)

구화산(九华山) – 안후이성(安徽省) – 지장보살(文殊菩萨)

오대산(五台山) – 산시성(山西省) – 문수보살(文殊菩萨)

보타산(普陀山) – 저장성(浙江省) – 관음보살(观音菩萨)

신라승 자장慈藏은 636년에 대라정과 중대에 올라 문수보살의 진신을 배알하고 가사와 사리를 받고 불도를 닦았다고 전해진다. 중국에 밀교를 전달한 인도승 금강지金剛智의 제자이며 왕오천축국전을 쓴 혜초慧超(704~787)도 오대산의 건원보리사乾元菩提寺에서 여생을 보내고 787년에 입적한다. 명적 도의明寂道義(생몰년대 미상)는 선덕왕 784년에 입당하여 강서江西 홍주洪州 개원사開元寺에서 남종선南宗禪 마조馬祖의 제자인 서당 지장西堂智藏의 제자가 되며 오대산에서 문수보살을 친견한다. 일본의 헤이안平安 시대부터 입당승入唐僧 혹은 입송승入宋僧 대부분이 천태산과 오대산을 꼭 방문하였다고 한다.

대흥선사 大興善寺

대흥선사는 265년에 준선사遵善寺의 명칭으로 창건된 장안 최고最古의 사찰이다. 수 문제 때인 582년에 대흥선사로 개명하였으며, 이때 장안에서 가장 규모가 큰 사원이 된다. 북주의 폐불 사건 이후 밀교가 중국에 본격적으로 소개되기 이전인 597년에 대흥선사에서 해옥海玉법사를 중심으로 화엄경 결사가 열린다. 이때 초청된 영간靈幹화상이 화엄경을 강의하다가 도솔천에 갔다 왔다는 이야기로 유명해진 화엄사찰이다. 때문에 의상이 당연히 방문하였을 곳이라 생각한다.

당나라 때에 중국에 밀교가 전래되면서 대흥선사는 크게 번성한다. 그러나 주술적이고 은폐적인 경향이 강하다는 이유로 당이 멸망한 이후 쇠퇴의 길을 걷는다. 대흥선사는 중국 밀교의 본산으로 유명하지만 현재는 거의 명맥만 유지하고 있다. 또한 이곳은 중국에 밀교를 처음 전파한 금강지와 불공화상의 제자이자 "왕오천축국전"이란 명문을 남긴 신라승 혜초가 불경을 번역한 곳이기도 하여 한국인에게는 더욱 의미가 깊다.

엔닌圓仁이 840년 8월 22일에 기거하였고, 공해空海도 이곳에서 수행하였다는 기록이 있으며, 사찰 내에 공해 동상이 세워져 있을 정도로 일본과 깊은 인연을 갖고 있다.

대흥선사 대웅보전

대자은사와 현장

대자은사 대안탑 大慈恩寺 大雁塔

서안시 남동쪽에 위치하는 대자은사는 당 태종의 태자 이치李治가 648에 모후인 문덕황후文德皇后의 명복을 위해 창건한 사찰이다. 대안탑은 내부에 목조계단이 있어 오를 수 있는 구조의 전탑이다. 각 층마다 동서남북으로 작은 창이 나 있어 서안 시내를 잘 볼 수 있다.

대자은사는 현장의 제자인 신라승 원측이 번역사업을 위해 기거한 곳이다. 무종 회창 폐불 사건(842-846) 때에 대천복사, 서명사, 대장엄사와 함께 폐사를 면하고 명맥을 현재까지 유지해 오고 있는 사찰이다. 서유기의 주인공인 삼장법사로 유명한 현장이 창건한 사찰인데, 손오공, 사오정, 저팔계 등은 눈에 잘 안 뜨인다.

지금의 대안탑은 명나라 때인 1550년에 개축한 것이지만 현장 시대의 아름다운 불상 등이 잘 보존되어 있으며 공산주의 국가인 현재 중국에서도 중국이 낳은 세계적인 영웅으로서 현장의 업적을 기리기 위해 대안탑을 중심으로 대공원 계획이 진행되고 있다. 대자은사 내에 모란정牡丹亭은 모란의 명소로도 유명한데 당 태종이 신라 선덕여왕에게 선물로 보낸 모란꽃 그림이 바로 이 대자은사의 모란이라 전해진다.

피휴일皮休日
- 작자미상

殘紅落盡如吐芳 잔홍락진여토방
봄의 잔홍이 지고 난 다음에 꽃을 피우니

佳名喚爲百花王 가명환위백화왕
아름다운 그 이름은 백화왕이라
競誇天下無雙艶 경과천하무쌍염
천하무쌍의 아름다움을 서로 다투어서
獨占人間第一香 독점인간제일향
이 세상에 으뜸가는 향기를 홀로 차지하네

○ **현장**玄奘**과 법상종**

629년 40명의 제자와 함께 장안을 출발한 현장(602-664)은 4년 만에 인도의 나란다 사원에 도착한다. 그곳에서 106세의 계현戒賢법사(?528-651)를 만나는데, 법사의 꿈에 세 분의 보살이 나타나 말하길 '지금 중국에서 유가사지론을 배우러 비구가 출발하였다. 법사는 때를 기다려 그에게 불법의 요체를 전수하고 육신을 떠나야 할 것이다.'고 하였다. 꿈에서 깨어난 후에 현장을 만나보는 순간 법사의 병세가 나아졌다 전해진다.

17년간 인도 구법 여행을 마치고 645년에 장안으로 돌아온 현장은 총 21권의 대당서역기大唐西域記를 저술하여 당 태종에게 진상한다. 현장은 당 현종의 보호를 받으며 대자은사에 높이 180척의 대안탑을 세워 그곳에서 대규모의 경전 번역 사업을 일으킨다.

이러한 현장의 활약으로 그의 명성은 당나라는 물론 주변 국가에 널리 알려졌을 것이다. 현장이 번역한 불전은 75부 1,335권이 있으며 그 가운데 대반야경大般若經 600권과 마하반야바라밀다심경摩何般若波羅蜜多心經이 유명하다. 현장이 교학敎學으로서 전하고 싶었던 것은 인도 나란다 사원에서 배워온 "모든 현상은 마음의 활동이다"라는 유식종唯識宗이었다. 이후 현장의 제자인 자은대사慈恩大師 규기窺基가 법상종法相宗(유식종唯識宗)을 개창하며, 신라에서는 경덕왕 때 진표眞表가 금산사에서 법상종을 개종開宗하며, 일본에는 법륭사法隆寺로 전해진다.

○ 현장과 원측과 의상

신라승 원측圓測이 현장의 경전 번역 사업에 참가하여 특출한 능력을 발휘하였다는 기록은 유명하다. 현장의 귀국 사건은 아마도 전국적으로 알려지게 되었을 것이며, 중국은 물론 외국에서도 수많은 승려들이 현장이 인도에서 가져온 신유식新唯識의 지식을 구하기 위해 입당을 하게 된다. 의상의 구법 입당 역시 이러한 시대적 요청에서 이루어진 것이라 할 수 있다. 송고승전에서 의상이 당나라 교종의 왕성함을 듣고 원효元曉와 함께 입당을 시도하였다 함은 현장玄奘이 인도에서 새로 들여온 신유식을 배우기 위함이라 생각된다.

그런데 의상이 661년 양주로 입당한 후 곧바로 지상사로 갔다는 기록은 있는데, 당시 불교 연구의 중심지 장안에 있는 현장의 불사인 대자은사에 간 기록이 보이지 않는다.

당시 장안에는 651년에 입당한 문왕을 대신하여 김인문이 있었으며, 의상이 종남산 지상사로 가기 위해서는 우선 장안에 머물 수밖에 없었을 것이다. 따라서 의상은 현장법사가 계신 대자은사에 갔을 것으로 추정된다. 그렇다면 현장 제자로서 번역 사업을 하고 있던 원측도 만날 수 있었을 것이다.

천복사 소안탑 薦福寺 小雁塔

소안탑은 의정義淨(653-713)의 승탑僧塔이다. 의정義淨은 671년 광주廣州를 떠나 인도로 가서 25년간 불법을 공부한 후 695년에 귀국한다. 699년에는 화엄경 80권을 완성하는 등 63부 280권에 달하는 많은 불전을 번역한다.

소안탑은 대안탑과 모양이 비슷하며 규모는 좀 작은 탑이지만 13층 43미터에 달한다. 대안탑처럼 탑 안으로 들어가 가장 높은 층으로 올라갈 수 있으며 각 층마다 사방으로 개구부가 뚫어져 있다. 가장 높은 곳은 2평 정도의 옥상 구조로 되어 있다.

현장이 입적할 즈음인 당 고종 시절에는 도선불후道先佛後의 상황이었는데 측천무후 시대에 들어 불선도후佛先道後로 바뀌게 된다. 불교를 숭배한 측천무후 시대에는 괴승의 사이비 불교가 일시적으로 횡행하지만 훌륭한 불교계의 지도자들이 많이 나타난다. 당 태종 때의 현장에 버금가는 승려가 바로 측천무후가 존경한 의정이다.

청룡사 青龍寺

최근에 다시 지어진 청룡사는 마치 영화 세트처럼 보인다. 약간 높은 언덕 위에 위치하고 있어 서안 시내가 한눈에 들어오는 조망 좋은 곳이다. 사찰 전체가 일본 풍의 건축 양식으로 만들어져 중국 속의 일본을 느낄 수 있을 정도이다. 당나라 시대에는 중요 사찰이었지만 845년 당 무종

천복사 소안탑

청룡사

때 회창폐불 법난으로 모두 소실된다.

　　밀교의 대표적 사찰인 청룡사는 엔닌圓仁(794-864)과 공해空海(774-835)가 머문 곳이며 대흥선사처럼 공해 기념탑이 세워져 있어 일본과의 깊은 관계를 알 수 있다. 공해는 804년 7월 6일 일본 큐슈九州를 출항하여 같은 해 11월 3일에 당나라 복주福州에 도착한 후 12월 23일에 장안에 도착한다. 공해는 청룡사 동탑원에서 스승인 혜과화상惠果和尙을 만나게 된다. 혜과는 당나라에 본격적으로 밀교를 정착시킨 불공不空삼장의 후계자로서 대종代宗, 덕종德宗, 순종順宗의 3대에 걸쳐 황제들의 후의를 받았으며, 그의 덕을 사모하여 아시아의 각지에서 천 명이나 되는 제자들이 모였다 전해진다. 공해는 청룡사를 거점으로 서명사와 예천사 등에서 진언眞言 밀교密敎를 배우고 806년 8월 귀국한다.

　　공해와 혜과의 만남을 의상과 지엄의 만남과 서로 비슷하게 설화적인 꿈 이야기로 표현한 예가 있어 소개한다. 혜과는 공해를 만나서 이렇게 말한다. '나는 당신이 올 것을 알고 있었기 때문에 목을 길게 하며 기다리고 있었다. 이제 만날 수 있게 되어 매우 기쁘고 근사하지 않는가. 나는 내게 주어진 수명이 거의 다 되었는데 밀교의 법을 전할 계승자가 없다. 꼭 그리고 빨리 공물을 준비하여 관정단灌頂壇에 오르시오.'라는 기록이 청래목록請來目錄에 나온다. 당시 당나라의 고승들은 예지력이 대단했던 모양이다.

지상사 대웅보전

종남산 지상사 終南山 至相寺

의상義湘은 661년 당나라 사신使臣의 배를 타고 양주揚州에 도착한 후, 662년 장안長安의 종남산終南山 지상사至相寺에서 화엄華嚴 2조 지엄二祖 智儼에게 수학修學한다. 671년 등주登州를 출발하여 신라新羅로 귀국한 후 해동海東에 화엄종華嚴宗을 개창開創한다. 의상전교義湘傳敎에서 찬讚 한다.

披榛跨海冒烟塵 피진과해모연진,
덤불을 헤치고 바다를 건너 연기와 티끌을 무릅쓰니,
至相門開接瑞珍 지상문개접서진.
지상사 문이 열려 귀한 손님 접대했네.
挾挾雜花栽故國 앙앙잡화재고국,
화엄을 캐다가 고국에 심었으니,
終南太伯一般春 종남태백일반춘.
종남산과 태백산이 함께 봄을 맞았네.

중국에서는 동서로 800킬로미터 퍼져 있는 장안 남쪽의 종남산을 기점으로 북방과 남방으로 구분한다. 종남산 자오곡 깊은 계곡을 따라 좁은 산길을 오르는 곳에 지상사가 있다. 중국에서 종남산은 역사적으로 불교와 도교의 성지로서 잘 알려져 있다.

예상보다 작은 규모인 정문에 들어서면 선종을 의미하는 보리달마가 중앙에 안치되어 있다. 사찰 내부는 대규모 공사 중으로 어수선하다. 지상사는 오래전에 파괴되어 잠시 사라졌다가 90년대 초에 복원이 시작된다.

최근 한국, 일본, 싱가포르 등에서 자주 방문하고 있으며, 신도들의 기부에 의해 사찰의 규모도 점점 확대되면서 새 건축물 건설에 한창이다. 대웅전 앞 정원에는 한국에서 제작하여 직접 옮겨온 방문 기념 비석이 있다. 불상을 만들기 위해 수입한, 몇백 년 됐는지 알 수 없는 커다란 아프리카산 통나무가 눈에 띄인다. 대웅전 우측으로는 승방이 있는데 이곳에서 의상이 화엄을 수학하였으리라 생각해 본다.

의상대사가 종남산 지상사에 있을 때 지엄의 권유로 중국 계율종 남산파의 개조인 정업사淨業寺의 도선율사道宣律師(596~667)를 만나는 기록이 삼국유사 전후소장사리前後所將舍利에 전한다. 일설에는 자장율사가 정업사에서 3년간 수도하였다고 한다. 이 종남산 산기슭 어디쯤에 자장율사가 3년간 수행을 하였다는 정업사가 있다 전한다. 도선율사는 시간은 다르지만 의상과 자장 모두 만났을 것이다.

○ **시경**詩經 **종남**終南

終南何有 종남하유　　有條有梅 유조유매
종남산에 무엇이 있나　산추나무와 매화나무 있네
君子至止 군자지지　　錦衣狐裘 금의호구
우리 님이 오셨는데　　비단 옷에 여우 갑옷 입으시고
顔如渥丹 안여악단　　其君也哉 기군야재
얼굴은 붉은 칠한 듯 하시니 정말로 우리 임금일세
終南何有 종남하유　　有記有堂 유기유당

종남산에 무엇이 있나 구기자나무 배나무 있네
君子至止 군자지지   **黻衣繡裳** 불의수상
우리님이 오셨는데   불 무늬 저고리에 수놓은 바지
佩玉將將 패옥장장   **壽考不忘** 수고불망
패옥소리 찰랑대는데   만수무강 하소서

시경에서는 종남산이 꽃나무가 많고 아름다운 산의 모습으로 묘사되어 있다. 그 때문인지 불교보다는 자연주의적인 도교에 더 어울린다는 느낌이 든다.

후기

　　오랜 숙원을 마무리해야 한다는 굳은 의지에서 출발한 원고 정리는 쉽게 진행되지 못한다. 이야기하고자 하는 내용이 서로 관련이 있는 듯 없는 듯이 갈팡질팡…. 때문에 가볍고 얕은 필자의 글 솜씨는 언제나 원고 진행을 방해한다.

　　수 많은 자료와 정보를 어떻게 하면 이해하기 쉽게 제공할 수 있을까라는 강박 관념으로 머릿속이 가득한 채 한 어설픈 원고 진행은 의외로 새로운 세계를 만들어준다. 의상에 대한 더 깊은 호기심이 발동하면서 의상의 마음을 이해하기 위해 새로운 관련 자료를 얻을 수 있게 되고, 그래서 더욱 흥미로워지고 더욱 친밀감이 깊어감을 느낄 수 있다. 한편으로 과거의 추억을 하나 둘씩 더듬어 가면서 자신의 능력 부족을 아쉬워하면서도 한편으로는 즐거운 시간을 보낼 수 있었다.

의상대사의 위대함에 다시 한 번 감사를 드리면서 동시에 구법을 위한 정진하신 수많은 스님들에 존경의 마음을 드린다. 과거를 찾기 위해서는 무엇보다도 기록의 중요함을 절실히 느끼며, 또한 현지 답사를 통한 체험의 경험은 더욱 몸과 마음이 하나가 된다는 체용의 일체감을 느낄 수 있는 좋은 기회가 되었다.

　　661년 의상의 입당과 838년 엔닌의 입당은 177년이라는 시간적 차이는 있다. 의상은 종남산 지상사를 근거지로 화엄종을 수학하였으며 엔닌은 장안의 청룡사 대흥선사를 중심으로 밀교를 수학하면서 서로 다른 종파의 불교 정신을 배워 귀국한다. 그렇다 하더라도 거의 동시대의 당나라 유학승이라는 점에서 당 유학 생활은 그 상황이 비슷하였을 것으로 추측이 가능하다. 일본 엔닌의 입당구법순례행기는 참으로 귀중하고 우리에게는 부러운 기록이다. 일본의 기록 정신은 그렇다 하더라도 "천태종 비예산의 최징"과 "정토종 고야산의 공해"에 대한 연구와 수행처의 계속적인 유지 관리는 더욱 부러운 부분이다.

　　당시 유학승들이 중국 승려와는 필담으로 소통하였다는 점에서 생활 수행 기록은 자연적으로 이루어진다고 가정한다면 의상의 입당순례행기 역시 존재할 것이라고 필자는 생각한다. 의상의 기록은 어딘가에 숨겨져 잠자고 있을 것이며 사라진 부석본비 역시 어디엔가 묻혀 있을 것이다. 아직 부석사의 본격적인 발굴이 이루어지지 않았다는 소리에 안도의 마음과 기대를 함께 한다.

　　의상이 최종적으로 선택을 한 화엄종은 화엄경을 근본으로 한다. 그런데 화엄경을 이해하는데 가장 어려운 부분은 역시 그 방대함과 난해

함에 있는 것 같다. 더욱이 화엄경은 언어로 표현할 수 없는 부처님의 깨달음의 경지를 언어로 표현하는데 그 특색이 있어 더욱 이해하기 어려움이 있다. 때문에 화엄경을 보면 우선 반복적으로 이어지는 교설에 당혹감을 느끼게 되며, 이어서 그 심오하고 포괄적인 사상을 이해하기 어려움에 자신의 얕은 지식에 대한 탄식만이 남을 뿐이다.

불교의 이해는 인간 석가모니의 이해부터 출발하고자 한다. 이제는 이미 신적 존재로 되어버렸지만 인간의 아들로 태어나 다시 자연으로 돌아가는 인간 석가모니에 대해 연민의 정을 느끼게 된다. 불교의 세계는 인간들이 만들어 낸 이야기로 생각되지만, 비록 이 시대의 가치관으로 보면 허황되어 보이지만 인간의 고뇌를 위로해주고 한편으로는 나태함을 엄히 꾸짖으려는 교훈적인 내용으로 아직도 우리들의 마음속에서 유효하다.

인생은 괴로움이라는 대전제 하에 이를 극복하기 위한 방안을 모색하고자 하였던 석가모니를 출발로 하는 불교 사상은 시대의 요청에 따라 각 시대별로 많은 버전의 스토리가 만들어진 것 같다.

불교는 기본적으로 윤회전생이라는 대전제에서 출발한다. 인간의 본질은 정신, 즉 혼魂이며 죽어 육체인 백魄이 없어지더라도 혼은 생전의 업과에 대응하여 여러 가지 형상의 세계로 재생한다는 가치관이다. 이런 혼백魂魄이 존재한다는 생각이 바로 체용론과 동일하다.

영원히 해결할 수 없는 인류의 근본이 되는 고뇌인 늙음(老), 아픔(病), 죽음(死)을 극복하기 위하여 젊음, 건강, 영원한 생명을 추구하려 함은 불가능한 목표를 원하는 인간의 무지와 번뇌의 안쓰러운 표현이라 할 수 있다. 인간이 무지의 감각 속으로 빠지면서 일어나는 고통의 괴로움으로부터 탈피할 수 있는 길을 찾는 것이 깨달음이라는 석가모니의 말씀을 새기면서 쉽게 이해하기 어렵지만 석가모니의 마음에 조금이라도 가까이 갈 수 있지 않을까 하는 안이한 생각이 종교라는 측은한 마음도 든다.

의상의 사상과 부석사 공간은 한국불교를 대표하는 역사이며 건축이다. 한국·중국·일본에서 의상의 행적을 더듬어 보면서 새로운 목표가 자연스레 정해지는 느낌이다. 부석사를 거점으로 의상과 그의 제자들이 수행을 계속해온 산중구도의 길이 눈앞에 어른거린다.

맹자가 이르길 "우환에 살고 안락에 죽는다."고 하였다. 인간의 가장 근원적인 고민을 말함일 것이다. 보통 인간들은 누구나 가슴속에 근심과 걱정을 가지고 살아간다. 인간은 모두가 생로병사라는 인간의 운명 속에서 살아가야만 한다. 우리들은 이를 극복하겠다는 헛된 욕망과 기대 속에 살고 있지만 결국 언제나 불안 속에서 살아가고 있다. 이런 우환을 이미 알고 그 해결안을 만들어 주신 석가모니와 이를 달성하기 위해 수행을 거듭하신 구도자 의상의 행적을 더듬어 보면서 수많은 욕망과 후회를 거듭하며, 바쁜 세속의 생활에 허덕이는 자신의 모습에 측은한 마음마저 느끼게 된다. 구도자 의상의 엄격한 수행을 그대로 따라할 수는 없지만 의상이 지나온 순례의 길을 더듬어보면 어느새인가 마음의 평온을 찾을 수 있지는 않을까 기대해 본다.

원고를 마무리하면서 이제까지 간과한 중요한 사실을 깨닫게 된다. 의상에 대한 개인적인 호기심만으로는 이런 방대한 자료의 축척과 논리를 만들어 낼 수 없었을 것이다. 그 원동력이 된 것은 바로 학생이었다는 생각이 든다. 광운대학교와 원광대학교 건축학과에서 한국건축사 강의 내용으로 1988년부터 현재까지 30년간을 꾸준히 진행해 온 셈이 되어 버렸다. 절반은 교원의 의무감으로서, 절반은 개인적 호기심에서 진행이 되었지만 이러한 소중한 기회를 준 대학에도 감사하지만 무엇보다도 필자의 강의를 열심히 경청해 준 학생들에게 고마운 마음을 드린다.

    마지막으로 본 서적의 출판에 많은 도움을 준 김진덕 군과 손석의 군 그리고 조계종출판사 관계자 모두에게 감사의 마음을 전한다.

2018년 1월 연구실에서

김 승 제

의상대사 구법 건축순례행기

초판 1쇄 펴냄 2018년 1월 2일
초판 2쇄 펴냄 2019년 3월 15일

지은이. 김승제
발행인. 정지현
편집인. 박주혜
부문사장. 최승천

펴낸곳. 조계종출판사
　　　　서울 종로구 삼봉로 81 두산위브파빌리온 230~2호
　　　　전화 02-720-6107~9 | 팩스 02-733-6708
　　　　출판등록 제300-2007-78호(2007. 04. 27.)
　　　　구입문의 불교전문서점(www.jbbook.co.kr) 02-2031-2070~1

ⓒ 김승제, 2018
ISBN 979-11-5580-104-8　93220

값 20,000원

- 이 책에 수록된 작품의 저작권은 해당 저작자에게 있습니다.
- 저작자의 허락 없이 일부 또는 전부를 복제 · 복사하는 것을 금합니다.
- 조계종출판사의 수익금은 포교 · 교육 기금으로 활용됩니다.
- 이 도서의 국립중앙도서관 출판예정도서목록(CIP)은 서지정보유통지원시스템 홈페이지
(http://seoji.nl.go.kr)와 국가자료공동목록시스템(http://www.nl.go.kr/kolisnet)에서
이용하실 수 있습니다.(CIP제어번호: CIP2017030234)